漫遊者編輯室 編

經典中國童話

從文學經典中採集童話，從閱讀童話中親近文學！

目次

第六部 在這些國家，動物或昆蟲當道

第一部

原來，我們這樣看待宇宙和大自然

當我們試圖對自然界各種現象提出解釋，日月星辰、山川河泊，都各自有了故事……

夸父追日

出自：《山海經》

夸父追著太陽跑，靠近太陽時，焦渴難耐，想要得到水喝，於是他痛飲黃河、渭水之水。黃河、渭水的水還不夠他喝，又去北方的大湖喝水。還未到達，就渴死在半路中。死後，他丟棄的手杖變成了一片桃林。

關於《山海經》

《山海經》是中國最早的一部百科全書性質的典籍，共十八卷，三萬餘字。神話研究學者袁珂（1916~2001）認為此書由多人寫成，採集撰寫年代約從戰國初年到漢初。

《山海經》內容涉及神話、宗教、天文、地理、動物、植物、歷史、民族、醫藥等，其中對海內外諸國的地理風物、遠古鳥獸的描寫，呈現了古人的想像力，也包含了許多中國古代神話的基本來源。

精衛填海

出自：《山海經》

從前有一種鳥，牠的形狀像烏鴉，頭部有花紋，白色的嘴，紅色的腳，名叫精衛，牠的叫聲就像是在呼喚自己的名字。

傳說這種鳥是古時候炎帝小女兒的化身，名叫女娃。

有一次，女娃去東海遊玩，不幸溺死，再也沒有回來，於是化為精衛鳥。經常用嘴銜著西山上的樹枝和石塊，用來填塞東海。

偃師造假人

出自：《列子》／列禦寇

周穆王到西方視察，越過了崑崙山，快到傳說中太陽落下的弇山便折了回來。還沒有回到國都時，就在路上碰到一個製作工藝品的匠人，名叫偃師。穆王特別接見他，問他：「你有些什麼特殊的才能啊？」偃師回答：「我可以任憑您吩咐製造任何東西。不過，我已經造好一件作品，希望大王先看看。」穆王說：「好，明天一道帶來吧，我跟你一起看看是什麼特殊的好東西。」

第二天，偃師又來拜見穆王，穆王見他身旁另有一個人，便問他：「跟你一起來的是什麼人？」偃師回答：「這是我製造能夠表演技藝的假人。」穆王很驚奇的看著，這個假人走路、彎腰、仰頭，無不像極了真人，十分的靈巧！輕輕搖一搖它的下巴，便唱起歌來，歌聲悅耳，也很合旋律；撥弄一下它的手，便手舞足蹈起來，也很有節奏感，可以千變萬化，想要它做什麼便做什麼。穆王把它當成了真人，連他寵愛的美人、侍妾也一起來欣賞表演。沒想到表演快結束時，這個假人竟轉動眼珠，向穆王的侍妾眉目傳情。穆王大怒，認為偃師戲弄自己，要馬上懲處偃師，偃師嚇壞了，立刻拆散了假人，一個個零件指給穆王看。原來都是用皮革、木頭、樹膠、生漆等原料組合，再塗上白、黑、紅、青等顏料而成。穆王仔細的觀察那假人體內的肝、膽、心、腎、脾、肺、腸、胃，以及體表的筋絡、骨頭、四肢、關節、皮膚、毛髮、牙齒等，都是假造的，而且樣樣齊全。把這些東西組裝起來，又恢復了一開始看到它的樣子。穆王命令摘掉它的心，它便不能說話；摘掉它的肝，便不能看東西；摘掉它的腎，便不能走路。

穆王高興的讚嘆說：「人為的技術，竟然能夠跟造物者一樣巧妙啊！」

關於《列子》

《列子》又名《沖虛真經》，相傳作者為列禦寇，春秋時的人。後人懷疑原書已散佚，今存的內容出於晉人之手。唐代時與《道德經》、《莊子》、《文子》並列為道教四部經典。《列子》一書的內容形式多為民間傳說、寓言故事和神話等，並包含深刻的哲學思想。

兩小兒辯日

出自：《列子》／列禦寇

孔子到東方去遊歷。

有一天，孔子來到一個村莊，看見兩個小孩兒正爭論得面紅耳赤，誰也不肯認輸。

孔子便從車上下來，問他們在爭什麼呢。

兩個小孩兒說：「我們在爭論一個問題，不關你的事，你走你的路吧！」

孔子看到兩個小孩兒還沒有平靜下來，便和藹地說：「爭論什麼問題？讓我也聽聽行嗎？」

一個小孩兒問：「你是誰？」

孔子回答：「我是魯國的孔丘。」

另一個小孩兒高興地說：「正好聖人來了，讓他給我們評評理吧！」

孔子謙虛地說：「我還算不上聖人，只是多讀了些書罷了。」

一個小孩兒說：「我說，太陽剛出來的時候離我們近，到了中午，離我們遠。」

另一個小孩兒說：「我說，太陽剛出來的時候離我們遠，到了中午，離我們近。」

孔子覺得這個問題很有意思，就說：「你們能說說理由嗎？」

一個小孩兒說：「太陽剛出來的時候像車輪那麼大，到中午時候變得像盤子那麼大。這不就是因為太陽離我們近時，我們看它就大；離我們遠時，我們看見它就小嗎？所以我說太陽早上離我們近，中午離我們遠。」

另一個小孩兒說：「太陽剛出來的時候涼颼颼的，到中午時就像手伸進開水裡熱辣辣的。這不就是因為太陽離我們遠時，我們就覺得它涼；離我們近時，我們就覺得它熱嗎？所以我說太陽早上離我們遠，中午離我們近。」

孔子也判斷不出誰對誰錯，只是一笑了之。兩個小孩兒嘲笑孔子說：「誰說你這個聖人知識淵博呢！」

女媧補天

出自：《淮南子》／劉安

在很久很久的從前，在天跟地之間支撐四方的四根擎天柱子倒了，於是大地裂開，天沒辦法覆蓋萬物，地也不能容載萬物。熊熊的大火終日不滅，洶湧的大水無法退去，有殘暴的野獸吞吃善良的百姓，有凶狠的鷙鳥用爪子攫取老人和小孩。於是，女媧冶煉五色石來修補蒼天的漏洞，砍斷巨龜的腳來當作撐起四方的擎天柱，殺死黑龍來拯救中國，用蘆灰來堵塞洪水。天空被修補了，天地四方的柱子重新豎立了起來，洪水也退了，中國的大地上恢復了平靜，兇猛的鳥獸都死了，善良的百姓才終於得以生存下來。

關於《淮南子》

西漢淮南王劉安與其門客共同編撰的著作，故事大多以寓言、神話傳說為主，思想內容接近道家黃老，同時夾雜先秦各家各派學說。古代許多的神話傳說，像是〈女媧補天〉、〈后羿射日〉、〈共工怒觸不周山〉、〈嫦娥奔月〉等古代神話，主要也是因為本書才得以流傳後世。

相傳，劉安因為母親患病，於是每天用泡好的黃豆磨成漿給母親飲用，劉母之病因此逐漸好轉。而另有一次，劉安跟著「八公」（傳說是八位能夠使喚鬼神的仙人，投奔劉安門下）到山上煉丹時，不小心將煉丹用的石膏混入豆漿裡，沒想到竟然凝結變成了豆腐。於是，豆漿與豆腐就從此傳到民間，現在在安徽淮南，更因此而有「豆腐之鄉」的美名。

而更神奇的傳說是，劉安因為謀反之事敗露，中央派來的欽差還沒抵達淮安國前，「八公」熬了一鼎仙藥，勸劉安和家人一起服用。於是劉安全家三百多人都吃了仙藥，成仙飛天而去。而熬藥的鼎裡剩下的一點藥渣，也被家中養的雞和狗舔食，結果連這些吃了藥的雞和狗也都一同隨主人飛升。「一人得道，雞犬升天」這句成語，就是從這個有趣的故事來的。

后羿射日

出自：《淮南子》／劉安

堯統治天下的時候，天空同時出現了十個太陽。灼熱的陽光曬焦了田裡的農作物，花草樹木都乾枯而死，老百姓們都沒有東西可以吃。

猰貐、鑿齒、九嬰、大風、封豨、修蛇這些怪獸紛紛出沒危害人民，於是堯派遣后羿去為民除害。后羿到南方水澤地區的荒野殺了鑿齒，到北方的凶水消滅了九嬰，到東方的青丘大澤，用繫絲繩的箭來射大風，再把十個太陽射下來九個，接著又殺死猰貐，到洞庭湖砍斷修蛇，在中原一帶的桑林擒獲封豨。后羿把那些災害一一清除後，民眾都歡欣鼓舞，並推舉堯為天子。

嫦娥奔月

出自：《淮南子》／劉安

很久以前，后羿到山中狩獵的時候，在一棵月桂樹下遇到嫦娥，二人便以月桂樹為媒，結為夫妻。

後來，后羿從西王母那裡得到了不死藥，交給嫦娥保管。逢蒙聽說了這件事，就前去偷竊靈藥，偷竊不成就要加害嫦娥。情急之下，嫦娥吞下不死藥飛到了天上。由於不忍心離開后羿，嫦娥滯留在月亮廣寒宮。廣寒宮裡寂寥難耐，於是就催促吳剛砍伐桂樹，讓玉兔搗藥，想配成飛升之藥，好早日回到人間與后羿團聚。后羿聽說嫦娥奔月之後，痛不欲生。月母為二人的真誠所感動，於是允許嫦娥每年在月圓之日，下界與后羿在月桂樹下相會。據說民間有好多人都曾經聽到后羿與嫦娥在月桂樹下竊竊私語呢。

南海大蟹與山神

出自：《廣異記》／戴孚

從前有個波斯人，常常說自己曾經乘船飄洋過海的故事，像天竺國這麼遠的國家就已經去了六、七次。他最後一次航海時，船在大海裡隨波逐流，不知道漂泊了幾千里，到了一個海島邊，在島上看見一個外國人，穿著草葉綴成的衣服，與他同行的人都很害怕，上前問這外國人。外國人回應：「從前我和幾十個同伴的船被海水淹沒，只剩下我順著流水，漂到了這裡。我採摘樹上的果實和挖掘草根當作食物，才存活至今，沒有餓死。」大家都很同情他，於是讓他也搭上船。那外國人說：「島中有一座大山，山上全是非常珍貴的玉石、瑪瑙、水晶等各種珍奇寶貝，多到數都數不清。」於是船上的人都紛紛丟棄自己的廉價貨物，前往撿拾島上的珍寶。等到船已裝滿，這個外國人又催大家趕快開船，因為山神如果到了，一定會非常生氣痛惜，於是大夥兒很快地趁著順風，掛好船帆駛離海島。

船開了四十多里，遠遠看見有個山峰上有赤紅色長蛇形狀的東西，慢慢的越來越大。外國人說：「這是山神為了保護他的珍寶，來追我們了，這該如何是好？」船上的人都非常驚慌害怕！這時突然看見兩座山從海中浮現，有幾百丈高。外國人高興的說：「好了，好了，這兩座大山是大蟹的兩隻螯，這隻大蟹經常和山神爭鬥，山神多次被牠打敗，很怕大蟹。現在牠的螯一出現，我們可以得救，不必擔心了。」果然大蛇不久就靠近了大蟹，兩者纏鬥了很久，蟹螯夾住了蛇頭，巨大的蛇死在水面上，像連著的山一樣，船上的人因此都平安獲救。

關於《廣異記》

唐代筆記故事集。作者戴孚，生平不詳，本書記錄當時傳聞，內容涉及神仙、法術、公案、鬼怪、因果、奇遇等故事。本書上承六朝志怪，對唐傳奇小說創作有深遠影響。原書已散佚，《太平廣記》中保留了大部分故事。

城隍抗河神

出自：《廣異記》／戴孚

唐代開元年間，滑州刺史韋秀莊，閒暇時來到城樓上眺望黃河。城樓中忽然出現了一個人，高三尺多，身穿紫衣、頭戴紅冠，通報自己的名字前來拜見。

韋秀莊知道他不是人類，便問他是何方神聖，他答說：「我是本城城隍。」接著又問他有什麼事，他說：「黃河河神想毀掉本城，用來取直河道，我堅決不同意，約定五天之後，在河岸大戰。我怕我的力量微薄，所以來向大人求助。如果能派兩千人來，手拿弓箭，看清陣勢相助，一定能克敵致勝。滑州是大人的城池，還請大人協助謀劃。」韋秀莊答應下來，城隍就不見了。

到了約定的那一天，韋秀莊率領了兩千精兵登上城樓。只見河中忽然一片昏暗，一會兒，有團白氣直衝十餘丈高，接著城樓也有團青氣衝出，兩團氣在空中互相纏繞。韋秀莊命令士兵用弓箭對著白氣亂射，那團白氣漸漸的縮小，最後消逝了，剩下青氣獨存，逶迤彎曲好像雲霧籠罩了整座山峰，最後回到城樓中。先前黃河原本俯臨滑州城樓之下，之後水勢漸退，到現在離城已經有五、六里地遠了。

龍女招親

出自：《大唐西域記》／玄奘

遠在西域有一個瞿薩旦那國，在王城東南方一百多里，有一條向西北方流去的大河，國人都用它來灌溉田地，受惠於這條大河很多。有一天，大河的河水卻突然乾涸斷流，國王覺得事有蹊蹺，於是親自前去請教一位高僧：「我國人民一直以來取用大河的水生活，現在不知道為何忽然斷流了？是我施政有不公正的地方，還是我的品德不合乎神的旨意？上天降下這個懲罰實在太嚴厲了！」高僧說；「大王您治理國家，已使全國上下和諧、清明和順。這條河水斷流，是河裡的龍造成的。您必須趕快向龍祭祀祈求，河水就可以恢復流通，繼續給人民使用了。」

國王回宮之後，馬上安排在河邊祭祀河龍，忽然有個女子，踩著水面飄然而至，她說：「我的丈夫早已去世，沒個依靠的人可以發號施令，所以河水才會斷流，讓農民失去以往的便利。只要國王您在國內選一名尊貴的大臣配給我當丈夫，河水就能恢復奔流了。」國王說：「謹聽您的吩咐，一切隨您的意願。」龍女於是就明白表示自己喜歡國家裡的某位大臣。

國王祭祀後回到王宮，對群臣感嘆說：「大臣呢，是國家的重要保障；農業呢，是生產人民賴以活命的食糧。國家失去保障就會危殆，人民斷了糧食就會死亡。國危與民死這兩者，我該怎麼選擇好呢？」被龍女選中的大臣上前跪下說：「我早已功虛才薄，不配擔任大臣這樣的重職大任，一直渴望能報效國家，可惜又遇不到機會。現在既然被選上了，哪裡還敢推卸這個責任呢？只要是有益於百姓的事，又何必捨不得一個大臣！其實為臣的只是國家的輔佐，百姓才是國家的根本，請大王不要再猶豫了。還希望日後大王能行善積德，建造一座供僧人住的佛寺。」國王答應了大臣這些要求。

佛寺修好不久，大臣又請求國王讓他早入龍宮。於是全國的官員和百姓，都擂鼓奏樂為他設宴餞行，大臣穿著白衣，騎上白馬，和國王辭別，又向送行的百姓們鄭重道謝後，揮鞭催馬下到河裡，馬蹄踏在水面上竟不沉下去，就這樣一直走到河中間，大臣這才揮馬鞭朝水面一劃，水從正中分開，大臣就從分開的水縫裡消失了。

不一會，白馬單獨浮出水面，背上負著一面檀香木做的大鼓，還封著一封信。信中大意是說：「大王不遺棄我這個小臣，讓本不夠格的我被龍神選中。我祝禱祈求大王能多積善造福，才能給國家和臣民帶來福氣，請把這面大鼓懸掛在王城東南側，往後如果有敵寇來犯，這面鼓就會先發出聲音來警示大家。」

從此河水又滔滔奔流了，當地人也享受大河的好處直到今天。隨著年代漸漸久遠，那龍早已不見了，只是原來懸掛龍鼓的地方，至今仍掛著一面鼓，河旁的佛寺已荒廢倒塌，裡邊也沒有和尚了。

關於《大唐西域記》

《大唐西域記》由玄奘（602～664）口述，門人辯機記錄編寫，是唐代著名旅行筆記。為玄奘西行求法，遊歷印度、西域之見聞錄，記載了他足跡所至的各地山川地理、風土人物、信仰習俗、城市交通、語言文字、歷史傳說等等。這部著作保留了珍貴的史料，對研究中外文化交流、佛教史、印度史、中亞史等皆有重要價值。

水怪無支祁

出自：〈古嶽瀆經〉／李公佐

唐貞元丁丑年間，隴西人李公佐泛舟於瀟江、湘江。有一天在蒼梧山下，偶然遇到征南將軍的部屬楊衡，是弘農人。他們將船停靠在岸邊，住在靠近江邊的一所寺院裡，夜裡看著一輪皓月懸掛在縹緲的江面上，就聊起了一些神奇怪異的傳說。

楊衡告訴李公佐說：「永泰年間，李湯任楚州刺史。那時有位漁人在龜山下釣魚，不料魚鉤被東西鉤住了，拉不上來，這漁人深諳水性，迅速潛入五十丈深的水中，發現了一條大鐵鎖鏈，盤繞在山腳下，卻找不到起點。漁人上岸後向李湯稟告，李湯命令這漁人和幾十個精於水性的人一起打撈大鎖鏈，但大鎖鏈根本絲毫不動，直到再加上五十多頭牛一起拖拉，鎖鏈才終於漸漸移動，慢慢的被拖上岸來。當時，原本風平浪靜，卻突然間興起狂濤巨浪，圍觀的人都萬分驚恐。只見大鐵鎖鏈的末端居然鎖著一頭長得像猿猴的怪獸，頭上有長長的白毛、雪亮的牙齒、金色的爪子，衝衝撞撞地上了岸。這怪獸約莫五丈高，蹲踞的樣子像猿猴，只是兩隻眼睛睜不開，呆呆的像昏睡一般；怪獸的眼睛、鼻子，還像泉水般流著腥穢的涎沫，氣味逼人，十分難聞。又過了一會兒，怪獸打著哈欠，伸展身體，雙眼忽然睜開，那目光像閃電般耀眼。怪獸望了望人群，眼見似乎要發怒了，圍觀的人群沒命的奔跑躲逃。那獸卻轉過身去，慢慢地將鐵鎖鏈帶著牛群一起拽到水裡去，不再出來。當時楚州許多知名人士和李湯在場，大夥兒一起看得目瞪口呆，嚇得不停顫抖，也不清楚是怎麼回事。在場的漁人都知道鎖怪獸的所在，只是那怪獸後來再也沒有出現過了。

到了元和九年的春天，李公佐在東吳一帶地方訪古參觀，有一次和太守元公錫遊覽太湖，登上包山，住在道人周焦君的屋子裡。他們一行人進山洞探求仙書，結果在石穴中得到《古嶽瀆經》第八卷。這經書文字古怪，穿經書的繩子都已被蠹蟲毀壞，以致篇次散亂難以解讀。後來公佐和焦君一起詳細推敲，書上說：「大禹治水時，三次到過桐柏山。所到之處，無不狂風大作，雷鳴電閃，山石樹木發出呼呼叫聲。原來是五位河神不服治理，故意興風作浪，天老領兵幫助大禹，但也無法順利動工，大禹發怒，召集眾多神靈，命令夔、龍協助作戰。桐柏千君長叩見大禹，表示願意領命效力。大戰之後，大禹囚禁了鴻蒙氏、章商氏、兜盧氏、犁婁氏幾位怪神，並捉住了淮水、渦水的水神無支祁。這無支祁精通人言，善於應對，熟悉江、淮水域各處深淺及地形變化。無支祁的長相似猿猴，塌鼻子、高額頭、黑身軀、白腦袋，還有金光閃閃的雙目和雪亮的利齒，脖子可伸長到百多尺，力氣超過九頭大象，無論是搏擊、跳躍、奔跑都迅速俐落，只是聽力和視力不能耐久。大禹將牠交給童律，童律制伏不了牠，交給烏木由，還是制伏不了它，最後交給庚辰，庚辰才將牠制伏。當時，牠勾結聚集鴟脾桓、木魅、水靈、山妖、石怪等妖怪騷擾嚎叫，為害長達幾千年之久。庚辰將牠們一一打敗驅逐，將無支祁的脖頸鎖上大鐵鎖，鼻子間穿上金鈴，移到淮陽的龜山腳下，鎮治淮水，使淮水安流入海。以後的人，都畫上庚辰伏怪的圖片張貼起來，避免淮水的狂風暴雨造成災難。」

關於〈古嶽瀆經〉

作者李公佐，生卒年不詳，唐代傳奇的重要作家，有四篇作品傳世，除本篇外，尚有〈南柯太守傳〉、〈謝小娥傳〉、〈盧江馮媼傳〉。魯迅在《中國小說史略》裡認為大禹收服水怪無支祁的故事，影響了明代吳承恩《西遊記》中所寫的孫悟空形象。

李靖替龍行雨

出自：《續玄怪錄》／李復言

衛國公李靖在還沒有顯達之前，經常在山西的霍山打獵，在山村中寄食。村裡的老人認為他奇特不凡，時常送給他許多食物，相處的時間久了，交情也越深。

一次，李靖打獵時忽然遇到一群鹿，便追趕了過去，天漸漸的黑了，他想放棄卻又心有不甘。不久，天色昏暗，李靖迷失了方向，茫茫然不知該從哪條路回到山村，他心緒惆悵，只好漫步而行，越走越是倦煩。正當此時，望遠方看去，有燈光閃爍，他快馬加鞭的向燈光處趕去。到了一看，原來是一處大戶人家，朱紅的大門，圍牆十分高峻，屋宇軒昂。李靖敲了很久的門，才終於有一個人出來應門詢問。李靖告訴他，自己迷了路，請求能在此借住一宿。那人回答說：「公子們都出門去了，只有太夫人在家，按理不方便客人借宿。」李靖又拜託說：「請試試替我稟報一下吧。」那人進去稟報後又出來說：「夫人起初是不願答應，但天色如此黑，客人您又說迷了路，不留客的話就太不近人情了。」李靖便同他進入廳中。隔了一會兒，一個侍女出來通報：「夫人到了。」夫人年紀大約五十多歲，穿著青色裙子，素白色短襖，神氣清朗高雅，氣質風度就像士大夫家的貴婦人一般。李靖上前拜見，夫人也回拜說：「我幾個兒子都不在家，按理不應當留客侍奉。只是現在天色已晚，又陰沉黑暗，您迷了路，不留您的話，您能到什麼地方去呢？只不過，我們這裡是山野住所，兒子們來來往往的，也許晚上會有些喧鬧，請您不用害怕。」李靖說：「您太客氣了，實在不敢當。」接著，夫人吩咐擺上飯菜，菜餚滋味甚好且鮮美可口，但魚特別多。吃完飯，夫人便退入內堂，兩個侍女送來了被褥、墊席等寢具，被鋪乾淨，氣味芳香，鋪設得十分講究。兩個侍女整理好床鋪，關了門，扣上門扣後便離開了。

李靖心裡猜疑：在這荒山野外中，深夜會有什麼喧鬧的事情呢？他感到有些害怕，不敢安心入睡，於是正襟危坐，細聽門外的動靜。快到半夜時，忽然傳來急促的敲門聲，又聽見有人出來答應。敲門的人說：「上天指示：來通知大郎應當行雨了。圍繞著這座山方圓七百里內的地方，到五更時雨必須下足，不得拖延，也不能下得過猛造成傷害！」那開門出來答應的人接了天符，進屋呈給夫人。只聽夫人說道：「兩個兒子都還沒回來，卻來了行雨的天符，又不能強行推辭，若耽擱了時辰又要受罰。就算要派人去通知兩個兒子，也太遲了。又沒有讓僕人代理要職的道理，該怎麼辦才好啊？」一個小侍女在旁說：「見剛才廳中那位客人，不像是平凡人，何不考慮請他幫忙呢？」夫人聽了大喜，親自來敲著廳門問李靖：「年輕人，您還醒著嗎？想請您出來商討一事。」李靖應好，便走下台階來拜見夫人。夫人說：「此地並非凡人居住的地方，這是龍宮。我的大兒子到東海參加婚禮去了，小兒子送他妹妹出外也還未返家。剛才接到天符，下令我們住的這一帶必須下雨。從我們這邊到兩個孩子那兒，路程都超過萬里，想必來不及通知他們了，臨時要找其他人代理又有困難，想麻煩您片刻時間，不知是否可行？」李靖說：「我只是個凡夫俗子，不是騰雲駕霧的神仙，如何行雨呢？您若能教我仙家乘雲行雨之術，那我可以接受命令。」夫人說：「如果能照我的話做，就沒有什麼困難的。」夫人吩咐龍宮水兵替青驄馬配上馬鞍，牽到廳外，又命人取來下雨的器具，原來只是一只小瓶子，把它繫在馬鞍前。夫人告誡李靖說：「公子您騎在馬上時，不要勒緊馬韁，讓馬自己任意奔馳，等馬在原地跳躍盤旋、嘶鳴不停的時候，您再從瓶中取一滴水，滴在馬的鬃毛上，可千萬不要滴多了。」

於是李靖跨上馬，馬縱躍前行，馬腳越行越高，李靖只是驚訝馬跑得又穩又快，卻不知道自己和馬都已經飛上雲端了。風聲呼呼，急如飛箭；馬蹄踏處，雷聲轟隆。就這樣，李靖等到馬在原地跳躍盤旋時，便從瓶中取出水滴在馬鬃上。不久便電光閃射、雲霧散開，李靖從雲端向下一望，看到了自己打獵時寄食的山村，便想到：「我打擾這個村子很久了，非常感激村人的恩德，卻一直苦於無法報答。這裡乾旱已久，禾苗莊稼都要枯死，現在下雨的操控權在我手裡，我怎可以吝惜呢？」他認為一滴水不足以滋潤村裡的莊稼，便接連從瓶中取了二十滴水，沒多久行雨完畢，便騎馬回到龍宮。

夫人正在廳堂上哭泣，看到李靖回來就說：「您誤了我的大事呵！本來說好只取一滴水，您怎麼可以為了私自報恩就連下二十滴呢？天上這麼一滴水，就是地上一尺雨啊。這個村莊半夜裡忽然平地水深兩丈，哪裡還能活人呢？我已經受到懲罰，被杖責八十大板。」夫人露出背，遍布血痕說：「我的兒子也受到株連，該怎麼辦才好？」李靖又愧又怕，不知如何回答，夫人又說：「公子是凡間的人，不懂得天上雲雨變化，我自然不該埋怨您。只是擔心龍官來尋人，會驚嚇您，您必須立即離開這裡。只是麻煩了您，而我還未報答。住在這山村裡沒有什麼貴重物品，只有兩個奴僕送給您，您全部帶走也可以，只要一個也可以，隨您的意願來決定。」於是便叫兩個奴僕出來，一個奴僕從東廂房出來，容貌溫和，儀態自若，安樂自在的樣子。另一個奴僕從西廂房出來，氣勢洶洶，強忍著勃然怒氣站在那兒。李靖心想：「我是個以打獵為生的人，以勇猛爭鬥為業，如果選那溫和的，人們說不定把我當作懦夫。」於是便說：「兩個人都要，那我不敢當。夫人既然要我選擇，那我就選那個滿臉怒容的。」夫人微笑說：「公子的要求也只是如此啊。」李靖便作揖與夫人告別，那面帶怒容的奴僕也同他一起離開。出門走了幾步，李靖回頭一看，那房子已經消失了，再掉轉頭來要問自己的奴僕，沒想到奴僕也不見了。他便獨自一人尋路回來，等到天亮，遠望那個村莊，一片茫茫大水，僅有一些大樹露出一點樹梢而已，再也看不到一個人了。

後來李靖手握兵權平定了戰亂，軍功天下第一，可是卻始終沒能當丞相，不就是由於沒有把那個容貌溫和的奴僕一起要來的緣故嗎？人們相傳：「關東出丞相，關西出大將。」這不就是比喻東廂悅奴和西廂怒奴這兩人嗎？之所以把從東廂房和西廂房出來的兩個人都說成是奴僕，也是作為臣下的暗示。倘若當時李靖把西廂東廂兩個奴僕都要了來，那他就能一身兼任將相，當上極品高官了。

關於《續玄怪錄》

作者李復言，生卒年不詳。唐代著名傳奇故事集。李復言受牛僧孺撰寫的《玄怪錄》影響，而將自己的書取名《續玄怪錄》。

高僧一行捉北斗

出自：《酉陽雜俎》／段成式

唐代高僧一行博覽群書，從沒有不知道的事，他尤其擅長算術，學識深奧廣博，當時的學者沒有人能夠超越他。一行小的時候，家中十分貧困，鄰居中有位王婆婆經常接濟他們家，前前後後共幾十萬錢。到了開元年間，一行承蒙皇帝的敬重禮遇，可以在皇帝面前說任何話而毫無禁忌。一行常常想要報答王婆婆，卻沒有合適的機會。

後來，王婆婆的兒子犯了殺人罪，訴訟的官司還沒了結，王婆婆就找一行求救，一行回答說：「婆婆若是要金銀細軟，我理當用十倍的財物來報答您，但當今是明君執法，這事難以請託，我實在沒有辦法。」王婆婆氣得用手指著一行大罵：「何必結識你這和尚，一點用也沒有！」一行跟在王婆婆後一再向她道歉，王婆婆始終也沒回頭看他一眼。

一行於是心裡有了算計。當時，渾天寺中有數百名工人僕役，一行要他們將他的房間搬空，又搬來了一口大甕。接著祕密的挑選了兩名僕人，交給他們倆一個布袋，對他們說：「在某個街坊的某個角落，有一座荒廢的園子，你們到那兒去潛伏守候著，從午時到黃昏，一定會有東西進到園裡來，一共有七隻，你們要趁其不備把它們全部捉住，若是跑了一隻，回來可要杖打你們！」僕人照著他的吩咐去了。到了黃昏時分，果然有一群豬進了園子，兩個僕人將它們盡數捕獲回來，一行看了大喜，下令放入甕中，用木蓋蓋上，用泥封好，還用朱砂在上面寫了幾十個梵文。弟子們都不懂他在做什麼。

到了第二天一早，宮中派出的使者前來叩門，緊急召一行進宮。到了便殿，唐玄宗急著問一行說：「太史上奏說昨天夜裡北斗七星不見了，這是什麼預兆呢？大師可有什麼辦法能去邪除惡嗎？」一行回說：「後魏之時，火星曾經不見了。而現在，北斗七星不見了，這可是從來沒有過的事情，是上天給陛下的嚴厲警告呀！一般的老百姓不能安居樂業，天就會降下嚴霜或赤旱千里。倘若能有盛大德行感應上天，那麼星體才會再移位復出。而能最深切感應上天的事，大概就是讓逝世的人得到安葬，讓關押的人獲得釋放吧。佛門認為，瞋怒之心會毀壞一切的善果，慈悲之心則能降伏一切的邪魔。照臣下的偏拙之見，陛下不如大赦天下吧。」玄宗聽從他的意見，當天晚上，太史上奏說北斗七星中出現一顆了，一連七天，北斗星就全部復原歸位了。

關於《酉陽雜俎》

唐代筆記小說集，作者段成式（？～863）。內容包羅萬象，大體可分博物與志怪兩類，保存了唐朝大量的珍貴史料和逸事，是研究唐人生活和思想的重要文獻。

後代許多學者都推崇這本書的內容及其成就，清代紀曉嵐在《四庫全書總目提要》裡認為，本書雖然多收詭怪不經之談、荒涉無稽之物，但遺文祕笈亦往往參雜於其中，所以歷來談論到此書的人雖然詬病其內容浮誇，卻又不能不旁徵引用，自唐以來推為小說之翹楚……而周作人也曾在《談鬼論》裡提到：「四十前讀段柯古的《酉陽雜俎》，心甚喜之，至今不變……」

有此一說

雜俎是雜錄、雜記的意思。酉陽在今湖南沅陵縣，相傳山下有石穴，中有秦人避亂隱居時的藏書千卷。梁元帝為湘東王時，喜歡收集書籍，曾有「訪酉陽之逸典」句子。段成式以此傳說為書命名，加上其書內容廣泛駁雜，故稱《酉陽雜俎》。

雨師陳鸞鳳鬥雷公

出自：《傳奇》／裴鉶

唐代元和年間，海康這地方有個叫陳鸞鳳的人，行俠仗義，不懼鬼神，鄉鄰們都稱他「後來周處」。海康有座雷公廟，當地人都很虔誠的祭拜供奉，但沒想到祈禱祝願過了頭，妖邪妄誕之事也就多了起來。

這地方的人，每年聽到第一聲雷，就得記住這天的天干地支，若十天之內再逢到干支相同的日子，各行各業都得停工，不敢工作，若是有人不信邪違禁，過不了當夜，必定遭雷擊而死，報應就像回聲般靈驗。當時正逢海康大旱，當地人虔誠祈禱祭祀都不管用。一日，陳鸞鳳怒氣沖沖的說：「我們家鄉是個雷鄉，但是當神仙的享受如此豐富的祭祀酒食，卻不降福鄉土。莊稼烤焦了，池塘乾涸了，還要這廟幹什麼？」就放火將廟給燒了。

當地還有個風俗，不能將黃魚和豬肉一起吃，否則也會受雷擊而死。陳鸞鳳燒毀了廟，還拿著柴刀站在田野中，大吃大嚼黃魚拌豬肉，等著看會發生什麼事。果然，天空怪雲橫生，惡風四起，急雨撲面而來。陳鸞鳳舉著柴刀往上揮，竟一刀砍斷了雷公的左腿，雷公墜地。它的外形像熊、豬的合體，渾身都是毛，頭上長角，背後長著青色的肉翼，手握著短柄的堅硬石斧，斷腿處鮮血淋漓。頓時雲散雨收。陳鸞鳳這才知道雷公並沒有那麼神奇，急忙跑回家，四處告訴親戚朋友們說：「我把雷公的腿砍斷了，你們快去看！」大家懷著驚恐的心情前去，果然見到斷腿的雷公。陳鸞鳳舉刀就要砍掉雷公的頭，吃它的肉，大家連忙拖住他，說：「雷公是天上的靈物，你只是下界凡人，你要是殺害雷公，一定會連累全鄉居民的。」大家一起拉住他的衣袖，讓他無法施展。不一會兒，陰雲密布，雷聲轟隆，雲層將受傷的雷公和斷腿一起捲去。傾盆大雨從中午下到傍晚，乾枯的禾苗受到滋潤都挺立起來。

陳鸞鳳因此被全村驅逐，不許他返家。他拿著刀走了二十多里，到妻兄家借宿。一到晚上，霹靂不停，天火燒掉了妻兄的房屋。陳鸞鳳又持刀站在庭院中，雷公卻不敢擊他。有人就將他砍傷雷公的事告訴他的妻兄，他又被趕出來。陳鸞鳳只好到和尚住的廟裡避難，廟也被雷擊燒毀。他知道自己無處可以容身，舉著火把，鑽進了鐘乳石洞中安身，雷就再也無法擊到他了，過了三個晚上，他才平安回家。

從此以後，只要海康有旱情，當地人就湊錢給陳鸞鳳，拜託他像以前一樣手持柴刀，在田野裡吃黃魚拌豬肉，如此一來就會大雨滂沱，雷卻始終擊不到他。就這樣過了二十多年，大家改稱陳鸞鳳為「雨師」。

到了大和年間，刺史林緒得知此事，召見陳鸞鳳，詢問他來龍去脈。陳鸞鳳說：「我年輕時，內心堅定如鐵石，根本不把鬼神雷電這些放在心上。我寧願捨棄我這條性命，也要搭救千家萬戶。因為，天帝也不會讓雷鬼為所欲為呀！」後來他把自己的那把柴刀獻給林緒，林緒很讚賞他，還重重賞賜了他。

關於《傳奇》

唐代傳奇故事集，作者裴鉶，生卒年不詳，約唐末時人。本書所載主要是神仙劍俠故事，後代很多戲劇、話本小說皆取材於此。唐人小說會以「傳奇」得名，應該與此書有關。

第二部

眾生皆有靈，或凶險奸邪，或講信重義

當鳥獸動物、花草樹木，開始有人的種種特性，
原本各自殊異之萬物，
也變得可愛、可恨、可親、可感起來。

姑獲鳥的羽衣

出自：《玄中記》／郭璞

姑獲鳥是一種夜晚飛翔，白天躲藏，像是鬼神一樣的飛禽。她穿上羽衣時是飛鳥，脫掉羽衣就變成女人的樣子。她的名字叫天帝少女，又稱為夜行遊女、鉤星、隱飛。這種鳥沒有子女，喜歡搶奪人間的小孩，把他們當成自己的子女養育。很多民間傳說有提到，晚上不要把小孩子的衣服晾曬在屋外，就是因為這種鳥會用血點在小孩的衣服上做標記，然後就奪走這個小孩。因此，世人替這種鳥取名叫「鬼鳥」。這種鳥在荊州這個地方很常見。

從前，在豫章這地方有名男子，看見田中有六、七個女子，他不知道這些女子是鳥，偷偷地趴著往田裡爬行，偷走了一件羽衣藏起來後，又再度靠近她們，這群女人受了驚嚇，趕緊穿起羽衣化為鳥飛走了。只有一人因為找不到羽衣無法飛走，這男子便娶她為妻，而且還生了三個女兒。後來這個母親指使女兒想辦法套出父親的話，才知道羽衣壓在稻草堆下，母親拿到羽衣，穿上之後就飛走了，後來她又帶著羽衣回來迎接三個女兒，她們穿上羽衣也跟著母親一起飛走了。

關於《玄中記》

六朝志怪故事集，相傳為晉郭璞（276～324）所撰。內容多為神話、精怪異獸、奇境異聞等。全書已佚，清代學者和魯迅的《古小說鉤沉》有輯文。

有此一說

郭璞博學多聞，對經術玄學很有興趣，且精通陰陽五行卜筮之術，當時丞相王導的堂兄王敦手握兵權，想起兵推翻晉明帝，就召郭璞來為他占卜。王敦問郭璞說：「我昨夜夢見自己在石頭城外的江中扶犁耕田，請你幫我占一卦？」郭璞說：「在大江裡耕田，就是不能造反的意思，如果你一定要造反的話，是不會成功的。」王敦聽了大怒，又問郭璞：「那你算算，你能活到什麼時候？」郭璞說：「我的大限就在今日！」於是王敦就殺了郭璞。

斑狐與華表

出自：《搜神記》／干寶

晉惠帝時，張華擔任司空。當時，戰國時代的燕昭王墓前住著一隻斑狐，多年修煉，已能變化多端。有天變成一個書生，想去拜見張華，斑狐先拜訪墓前的華表，問它的意見：「憑我的才能和相貌，能見張司空嗎？」華表說：「憑你高明的才識，沒有什麼不行的。只是以張司空的才智見識，恐怕很難瞞過他，你去一定會受到侮辱，說不準還回不來，不僅會喪失你修煉千年的身體，連我也會受到牽連，脫離不了干係。」斑狐沒有聽從華表的勸告，還是拿著名帖去拜見張華。

張華見他年少風流，膚色潔白如玉，舉動從容大方，左顧右盼風度翩翩，便很看重他，與他談論文章，辯論名實。少年書生的見解與論點，張華從沒聽說過。然後又與他研究《史記》、《漢書》、《東官漢記》，探討諸子百家的深奧理論，談論老莊哲學的奧妙，剖析詩經中不為後人知曉的意義。討論的範圍，包括堯舜以下的歷代聖君賢哲，貫通天、地、人的道理，批評孔子以後的儒家八派，闡明各種禮制。

談論中，張華經常對答不上，於是嘆氣道：「天下竟有這樣博學的少年？如果不是鬼怪，大概就是狐狸吧。」於是整理床鋪留他夜宿，並派人監視他。少年書生知道了，就說：「您應當尊重人才，容納人才，獎勵有才能的人，而憐惜沒有才能的人。為什麼憎恨別人有才能學問呢？墨子主張兼愛，難道是鼓勵人這樣做的嗎？」說完，就要離開，但張華已經讓人守住大門，於是書生又對張華說：「您在門前安排武士和巡邏的騎兵，一定是懷疑我。您這樣做，恐怕會使天下有才能的人，捲著舌頭而不敢說話；有智謀的人，看到您的家門也不敢進來。我實在為您感到十分遺憾。」張華沒有回答，只交代手下防守得更加嚴密。這時，豐城縣令雷煥來拜訪張華，他是個博學多才的人，張華把書生的事告訴雷煥，雷煥建議說：「如果懷疑他是狐狸，為什麼不用獵狗試一試他呢？」於是用狗去恐嚇書生，書生竟然一點也不怕，書生說：「我天生才高智高，你們竟認為我是妖怪，用狗來試我。儘管試吧，難道我會怕嗎！」張華聽後更加生氣：「這一定是真妖怪。聽說鬼怪怕狗，但狗只能分辨出有幾百年修行的鬼怪，卻分辨不出有千年修為的老怪。若是燃燒千年枯木來照射他，就能立刻讓他現出原形。」雷煥說：「千年神木要如何取得？」張華說：「傳說燕昭王墓前的華表木柱，至今已經有千年歷史了。」於是派人去砍伐華表。

被派遣的使者快到華表所在處時，忽然空中有個身穿青衣的小孩走來，問使者說：

「你是來做什麼的？」使者說：「有一個少年書生拜訪張司空，多才巧辯，但司空懷疑他是妖怪，派我砍伐華表取得千年木柱去照他。」青衣小孩說：「老狐狸固執不明智，不聽我的話，現在災難牽連到我了，難道我還能逃得了嗎？」說完放聲大哭，就突然不見了。使者砍伐華表的時候，木柱流出血來，使者便把它帶回去。點燃後照射書生，一看，原來是隻斑狐。張華說：「這兩樣東西千年也難遇到像我一樣的剋星。」於是就把狐狸給烹煮了。

關於《搜神記》

漢魏六朝最具代表性的志怪小說集，作者干寶（？～336），東晉著名史學家及文學家，他從民間大量蒐集了各種關於鬼怪、奇聞、神異以及方士神仙的傳說，也有採自正史中記載的祥瑞、異變等事蹟。原書後來散佚許多，後人從其他許多書中轉載的內容，輯錄在一起，才成為流傳到今天的《搜神記》。

它對後世的中國傳奇小說影響鉅大，像是「唐人傳奇」，以及清初的《聊齋志異》，都有相似的寫作手法。書中的故事，除了生動有趣，也深具警世的意味。

干寶年輕時，父親娶了個妾，十分疼愛，令干寶的母親非常妒忌生恨。父親去世後，干寶的母親趁著夫君下葬的時候，把妾推下墓穴一起活埋。十年後，干寶的母親去世，干寶要挖開父親的墓穴將母親一起合葬，竟發現那被活埋的妾趴在父親的棺木上，尚有體溫，於是趕緊將妾救回家，過了幾天才甦醒過來，自稱被埋入墓穴後，干寶的父親常常拿水跟食物給她吃喝，兩人依然相當恩愛。而且，這個妾突然有了超能力，可以預言並斷人吉凶，非常靈驗。後來還改嫁，生了兒子，又活了好幾年。因為這件怪事，干寶於是對鬼神之說產生了濃厚的興趣，寫下了這部《搜神記》。

馬皮姑娘

出自：《搜神記》／干寶

有個古老的傳說，上古的時候，有個女孩住在十分偏僻的地方，她的父親出外遠行，家裡只有這個女孩子和一匹公馬，由女孩餵養牠。女孩很想念父親，就跟馬開玩笑說：「如果你能替我把父親接回來，我就嫁給你。」馬聽了女孩的話，就掙脫韁繩跑了出去，直到找著了女孩的父親。父親看到馬很驚喜，便騎了上去，馬卻看著跑來的方向，不停的悲哀鳴叫。父親想：「這馬無緣無故這麼焦急的鳴叫，難道是家裡出了事嗎？」便急忙騎馬回家。

因為這匹馬如此的特別，因此主人總是給牠更多的草料，但馬都不肯吃，每次看到女孩子進進出出，就激動的狂亂踢腳。這樣的情況不止一次的發生，女孩的父親十分不解，問女兒是否知道其中緣故，女兒這才把從前對馬開玩笑的事稟告父親。父親緊張地說：「千萬不要聲張，這件事恐怕會使我們受辱，妳這段時間暫且不要出門了。」於是就用弓箭把馬射死了，還剝下牠的皮放在庭院中曝曬。

有一日，父親外出時，女孩與鄰家的女孩子們在曬馬皮的庭院中嬉戲，女孩用腳踢了馬皮一下說：「你是畜生，居然想娶人當妻子嗎？最後被人剝了皮，根本就是痴心妄想啊！」話還沒說完，馬皮居然飛了起來，包裹了女孩飛走了。鄰家的女孩子們又慌又怕，也不敢救她，跑去告訴女孩的父親，父親趕回來四處搜尋，遍尋不到女兒。

過了幾天，父親看到女兒和馬皮變成了蠶，在一棵大樹的樹枝間結了絲，這個蠶繭又厚又大，與平常的繭不同。鄰居的婦女把它取下來餵養，所收的繭是平時的好幾倍大。因此給那株樹取名叫「桑」，就是「喪」的意思。從此，百姓都種養這種樹和蠶，直到現在。

李寄斬蛇

出自：《搜神記》／干寶

東越閩中地方有座叫庸嶺的大山，高數十里，在山的西北邊窪地，有條身長七、八丈的大蛇，身體有十多人合抱那麼粗。百姓都很怕這條蛇，甚至連很多官員都被牠害死了，就算人們用牛羊祭祀，依舊不能消災免禍。大蛇有時託夢給人，有時通知巫師，說牠想要吃十二、三歲的女孩。都尉、縣令等官員都非常害怕，但大蛇帶來的災禍還是無法平息，於是當地人只好尋求奴婢所生的女孩和犯罪人家的女孩去餵大蛇，每年的八月初一舉行祭獻，將女孩送到蛇洞口，大蛇會從洞裡出來把女孩吞了。好多年都是這樣，前前後後已經犧牲了九個女孩。

後來，居民又要繼續搜求祭獻用的女孩，但一直沒有找到。住在將樂縣的李誕，家裡有六個女兒，沒有男孩，最小的女兒名叫李寄，她跟父母說，願意應官府的召募前去，她的父母當然不肯答應。李寄說：「父母沒有福氣，只生六個女兒，沒有男孩，就跟沒有兒女一樣。我不像孝順的緹縈那樣能有幫助父母的功勞，也不能供養父母，只有浪費衣食，活著一點益處也沒有，不如賣了我，還可得點錢，用來供養父母，難道不好嗎?」父母疼愛她，始終捨不得讓她去。李寄還是不聽勸阻，偷偷的去了。

八月初一，李寄帶著一把鋒利的好劍和一隻擅長抓蛇的狗坐在廟中。她用很多糯米、蜜糖和炒香的麥粉攪拌在一起，做成一個大的糯米糰放在蛇洞口。不久後，大蛇出來了，牠的頭像是個圓形穀倉那麼大，眼睛像直徑兩尺寬的銅鏡，牠聞到糯米糰的香味，一口就吞下肚吃了。這時李寄放出狗，狗撲上前去咬住蛇，李寄從後面用劍奮力砍牠，大蛇忍不住疼痛，從洞口竄了出來，竄到廟前空地便一命嗚呼了。李寄進洞查看，看到九個女孩的頭骨，一起拿了出來，惋惜的說：「妳們太懦弱了，才會被蛇給吃了，真是可憐！」說完後慢步返家。

越王聽說這件事，就聘娶李寄為皇后，封她父親作將樂縣令，母親和姊姊們都有豐厚的賞賜。從此那裡不再有妖邪之物，至今還流傳著歌頌李寄的歌謠。

楊生與忠狗

出自：《搜神後記》／陶潛

晉太和年間，廣陵人楊生養了一隻狗，非常的疼愛牠，不管到什麼地方都帶著狗在身邊。有一次，楊生喝醉酒，走進大沼澤的野草叢中，睡得不省人事。沒想到這時，正好冬天放火燒荒，風勢又非常大，眼看就快要燒到楊生了。狗驚恐的來回奔跑想要喚醒楊生，但楊生醉得太厲害了，毫無所覺。剛好附近有一窪水坑，狗便跑到水中弄濕自己，再奔回來，小步小步地把身上的水灑在楊生周圍的草地上，狗就這樣來回水坑好多次，把草都打濕了，因此火燒過來，才沒有燒到楊生。直到楊生醒來，才發現狗救了自己。

後來又有一次，楊生在暗夜裡行走，不小心掉入了一個枯井中，狗一直吠叫到隔天天亮，才有人經過。那人看狗一直對井中號叫感到奇怪，前來察看，才發現枯井中的楊生。楊生說：「請您救我出來，我一定會報答您豐厚的報酬。」那人回答：「把這隻狗送給我，我就救你出來。」楊生不願意，說：「這隻狗曾經將我從死裡救活，不能送給您，其他的東西我都不會吝惜。」那人說：「如果不給我，那不救你出來。」狗於是探頭往井裡張望，偷偷向楊生示意。楊生了解狗的意思，便答應路人說：「好，我把狗送給您。」那人於是救了楊生，把狗牽走了。但五天後，狗在夜裡偷偷逃走，回到了楊生的身邊。

關於《搜神後記》

又名《續搜神記》、《搜神續記》，六朝志怪故事集。相傳作者是陶潛（365～427），但所記內容有其死後之事，可能是後人假託陶潛之名或者增補篇目。本書記述鬼神怪異、神仙洞窟之事，以及人鬼之間的婚戀愛情，表現人們追求美好生活的幻想。

大龜與桑樹

出自：《異苑》／劉敬叔

東吳孫權時，有個人在浙江永康縣山裡捉到一隻大烏龜，就把牠捆起來帶回家，這時，大烏龜突然開口說話：「出來的不是時候，被你捉住了。」那人覺得很奇怪，便坐船準備將大龜進獻給孫權。

夜裡，那人將船繫在江邊的大桑樹下停泊休息，半夜聽見大桑樹對大烏龜說：「元緒公受苦了，你怎麼會落到這般地步？」大烏龜說：「我被人抓住，馬上就要被人煮來吃了，但不要緊，他們就算燒盡南山上所有的柴火來煮，也不能把我煮爛。」桑樹說：「聽說朝廷中有個叫諸葛元遜的人，知識廣博，一定會要了你的命。如果他用我們這些大桑樹來煮你，那你可怎麼辦？」大烏龜說：「子明，不要多言，恐怕你也逃不了這場大禍。」桑樹於是就沉默不語。

到了南京，這隻大烏龜被送到了孫權那兒，果然燒了很多柴還是煮不爛。諸葛元遜就稟告說：「用老桑樹當柴來煮，一定可以煮熟。」捕龜人這時就把在途中聽到烏龜和桑樹的對話告訴了孫權，孫權於是命令砍伐桑樹並運來做柴薪，才一刻鐘的工夫就把烏龜煮爛了。到如今，煮烏龜多用桑樹當柴，當地老百姓也把烏龜稱作元緒。

關於《異苑》

作者劉敬叔，生卒年不詳，約晉末至南朝宋時人。《異苑》收錄的內容基本上都是各種奇聞異事，包含天文地理、古今名人、動植物靈異、自然民俗等神異怪奇之事，敘事概略，語言簡練，但所記內容為後世的史書和民俗學留下珍貴的史料參考

懂得團結的紫荊樹

出自：《續齊諧記》／吳均

京兆地方有一個人名叫田真，和兄弟三人一起商量著如何分配家產。都平均分配完以後，只剩廳堂前的一棵紫荊樹，於是他們商量著要把紫荊樹砍成三份。第二天才剛準備要去砍樹時，樹就立刻枯死了，而且像被火焚燒過一樣。

田真看了非常吃驚，對他的弟弟們說：「樹本來是同一個樹幹，聽見要被砍開就悲傷的枯死了，我們人還不如樹啊！」田真因此難過不已，決定不砍樹了，紫荊樹就又立即枝葉茂盛了起來。兄弟們都被深深感動，於是又把財產合併起來，成了以孝聞名的一家人。日後田真當官，當到了大中大夫的職位。

關於《續齊諧記》

六朝志怪故事集。南朝梁吳均（469～520）撰。本書內容主要是寫鬼神怪奇故事，但也記錄了一些民間習俗。

白猿搶妻

出自：〈白猿傳〉

南朝梁武帝大同末年，朝廷派平南將軍藺欽到南方征討叛亂，部隊到達桂林後，打垮了叛軍李師古、陳徹。與藺欽配合作戰的另一支部隊的將領歐陽紇，也率部隊攻到了廣西東部的平原，平定當地山區，並將部隊帶進了險要的深山峻嶺裡。

歐陽紇的妻子，長得清秀苗條，容貌十分白淨美麗，歐陽紇所統治的山區居民看到後，都對歐陽紇說：「將軍您怎麼帶這麼美的女人到這荒郊野外來？這個地方有妖怪，喜歡偷取年輕的女子，漂亮女人都難逃牠的手掌心，您要小心保護夫人才好。」歐陽紇聽後非常驚恐害怕，夜裡親自帶著士兵守衛在住宅的四周，並把妻子隱藏在一間密室裡，門窗釘牢關緊，還加派了十多個女僕守候。當天晚上，陰風慘慘，天昏地黑，直到五更天，都沒有什麼動靜。守護的人因為通宵疲乏，才打了一下盹，忽然間好像有什麼東西，他們驚醒一看，這時歐陽紇的妻子已經不知去向了。門窗卻還像先前一樣關得緊緊的，看不出來人是從哪裡被抓出去的。屋外山勢險峻，夜晚漆黑迷茫，寸步難行，追趕不易，等到了天亮，還是一點線索也沒有。

歐陽紇非常著急痛心，下定決心一定要找到妻子，於是便請了病假，把他的部隊駐紮在那兒，每天深入山澗，攀登險峰，遍及遙遠的四處去尋找妻子。一個月後，終於在百里外一處野生的細竹叢上，找到了一隻繡花鞋，那鞋子雖然被雨水打濕，但還可以辨認出是他妻子丟下的。睹物思人，歐陽紇越加悽惻懷念，尋妻的決心和意志更加的堅定。他挑選出三十個壯丁，親自帶著他們，手拿武器，肩背乾糧。睏了，就露宿山岩；餓了，就在野外採食。又這樣找了十多天，在離他們駐地大約兩百里的地方，往南看見一座山，蔥鬱秀麗，昂然聳峙。走到山下一看，深深的溪水環山而過，他們編了一道木筏才能渡河。從那陡峭的山岩和青翠的竹林的縫隙間，不時看到紅衫晃動，聽見一些歡聲笑語。他們便攀藤蘿、牽繩索，費了好大的力氣爬上去。一看，珍貴的樹木栽種得井然有序，樹木之間點綴著名花異草，地上長滿了密茸茸、軟綿綿的綠草，就像鋪的地毯，清幽靜寂，宛如世外桃源。

朝東的石門外，有幾十個穿著鮮豔亮麗的女人，在那裡唱唱跳跳，進進出出，嬉笑遊樂，他們看見歐陽紇等人，驚疑的目瞪口呆，仔細打量他們，等歐陽紇走近，她們問道：「你們怎麼會到這裡來？」歐陽紇將事情的原因和經過告訴她們。這些女人對望一眼，嘆口氣說：「您的妻子到這裡已經一個多月了，現在生病，正躺在床上休息，應該讓您進去看看她。」

歐陽紇被領著從石門進去，轉過一扇木頭做的小門，裡面像廳堂般寬敞開闊的房間有三、四間，靠牆放了一些床鋪，床上都鋪著錦緞製成的被褥。歐陽紇的妻子睡在一張石床上，身上墊著幾張毯子，蓋了幾層被褥，床前還擺滿了珍奇食品。歐陽紇走近看她，她回頭瞧了歐陽紇一眼，便馬上揮手示意要他趕快離開。那些女人說：「我們這些人與您的妻子，先後來到這裡，久的已經十年了。這是妖怪住的地方，這妖怪法力極大，能取人性命，即使來了上百人拿著武器也無法制伏牠。幸好牠現在還沒有回來，您趕快逃走吧。只要您去找兩斛美酒、十頭肉狗和幾十斤麻，我們會想辦法幫您殺死牠的。只是您必須在中午以後來，而且千萬要小心，不能太早。請十天以後再來吧。」然後催促歐陽紇等人趕快離開。

歐陽紇立即下山，準備了美酒、肉狗和麻，如約再回到那裡。那些女人說：「這傢伙非常喜歡喝酒，每次都要喝得酩酊大醉，喝醉以後，總愛發洩力氣，叫我們用彩絹把牠的手腳綁在床頭，然後牠用力一蹬，彩絹就全給蹦斷了。我們曾試著將三幅彩絹縫在一起去綁牠，牠才無法掙脫。現在我們把麻暗藏在彩絹中去綁牠，如此一來牠肯定掙脫不了。牠全身都堅硬如鐵，只有肚臍下幾寸處的地方常用東西遮護著，那個地方肯定是他最脆弱之處，不能抵禦刀槍。」又指著旁邊的一塊岩石說：「這是牠貯藏食物的倉庫，你可以躲在這裡，靜靜的等候時機。把酒放在花叢裡面，把狗散開拴在樹林裡，等我們準備好叫你時，你再出來。」歐陽紇按照她們說的，屏住呼吸，小心又緊張的等待著。

到了下午，有一個東西像一匹白色的絲絹從另一座山上直飛過來，直直飛進洞裡，不一會兒，一個長著漂亮鬍子的男人，大約六尺多高，穿著白衣，拖著拐杖，在那些女人的簇擁下，從洞裡出來了。牠一看見樹林中的肉狗，驚疑的注視一會兒，忽然就騰地跳起來，撕咬肉狗並吸吮著牠們的血，吃得飽飽的。那些女人搶著用玉杯向牠進酒，諧戲調笑，非常快樂。喝了幾斗酒後，女人們便扶著牠離開樹林花叢，回到洞裡，又聽到洞裡傳出嬉笑逗樂的聲音。隔了許久，一個女人出來叫歐陽紇。歐陽紇拿著武器進去，只看見一隻大白猿，四隻腳被綁在床頭。牠看見歐陽紇，便氣得四腳亂踢，扭動身子掙扎著，雖用盡了力氣，但仍無法掙脫捆綁，雙眼發出閃電般的寒光。歐陽紇急忙跑上前去，使力用武器去刺殺牠，但好像刺在鐵石上頭，直到刺中牠的肚臍下方，才刺了進去，鮮血像噴泉一樣飛射。這時，白猿嘆口氣，悲愴的對歐陽紇說：「這是天意要滅了我，並非你的本領能做到的，只是你的妻子已有身孕，你不要殺這個孩子，他將會遇上聖明天子，一定會光宗耀祖。」說完便斷氣了。

歐陽紇搜尋白猿藏匿的東西，發現許多寶物，各種美食擺滿桌子。凡人間所有的珍品，沒有一樣缺少的，還有名貴香料數斛、寶劍一對。婦人三十多個，個個漂亮無比，來得早的，已來了十年，據她們說，這裡的女人，到年老色衰時，就會被帶走，但都不知到哪裡去了。白猿在捕捉人獸、採摘花果時，都獨自一個，沒有其他同伴。早晨起來，先是洗漱一番，然後就戴上帽子，罩上白夾衣，披上青色羅衣，不論寒暑，都是這副裝扮。牠全身長滿幾寸長的白毛，住在洞裡，經常閱讀木簡，木簡上的字像符上畫的花紋，其他人一個字也認不得，牠讀完後，便把木簡放在石階下面。若是晴天，就揮舞雙劍，舞劍時，銀光閃閃，好像閃電圍著牠飛轉，光華渾然一體，舞到極致時，彷彿一輪明月。牠的飲食沒有一定的規律，但愛吃果子，尤其喜歡吃狗肉、喝狗血。過了中午，就杳然不知去向，半天內能往返幾千里，一到傍晚，就必定回來，生活非常有規律。需要什麼東西，馬上就可以得到。……今年初秋，白猿突然悲愴的說：「我被山神告發，將要被判死罪。我會向眾神靈請求寬恕，或許可以免罪。」上個月初三，石階忽然起火，牠的木簡全部被燒毀了，見到這情景，牠愴然失意的說：「我已經一千歲了，卻一直沒有兒子。現在好不容易有了兒子，我的死期卻就要到了啊！」說完牠看了看身邊的女人們，悲傷落淚了許久，接著又說：「這座山險峻陡峭，從來沒有人能到這裡來，站在高處遠眺，連一個樵夫也見不到，山下又有許多虎豹豺狼等凶猛的怪獸，如果真有人能夠平安來到這裡，若不是老天爺在幫他，那又是什麼呢？」

當天，歐陽紇就取了白猿的珍寶，帶了那些女人返家了，她們有的還記得自己的家在哪兒，就各自回去了。一周年後，歐陽紇的妻子生了一個兒子，模樣很像那隻白猿。後來歐陽紇被陳武帝殺了，所幸歐陽紇生前與大臣江總交情很好，歐陽紇妻子生的這個孩子聰明過人，江總很喜歡他，收養了他，這孩子因此逃脫了這場大難。長大以後，果然學問與文采俱佳，書法寫得尤其好，非常有名。

關於〈白猿傳〉

唐初傳奇故事，作者不詳。故事主角歐陽紇是唐代書法家歐陽詢之父，據說歐陽詢容貌瘦削有如猿猴，人們寫了這篇小說來諷刺他。

自漢魏以來，民間早流傳著猿妖盜竊美婦的傳說，漢代焦延壽《易林・坤之剝》：「南山大玃（大猴），盜我媚妾。畏不敢逐，退而獨宿。」干寶在《搜神記》裡描述的「猳國」，則和晉張華的《博物志》記載相似，四川南部山上，有長得像獮猴的動物，身長七尺，能像人一樣直立行走，叫做猴玃。牠們會躲在路旁，看到有長得美貌的婦人，就會搶來作妻子。

類似的故事經過口耳相傳，到唐代〈白猿傳〉時已有更高的文學價值和藝術成就，並且影響後世。宋代話本〈陳巡檢梅嶺失妻記〉、志怪小說《稽神錄》〈老猿竊婦人〉，明代話本小說《喻世明言》〈陳從善梅嶺失渾家〉，以及清代筆記小說《剪燈新話》〈申陽洞記〉，都是以此故事為本。

郭元振除妖

出自：《玄怪錄》／牛僧孺

唐朝的代國公郭元振，年輕時科考落第，要從晉州到汾州。某一天晚上不小心迷路了，走了許久才發現遠方有閃爍的燈火，以為是人居住的地方，便直接投奔那裡去，看見有住宅，房屋很高大。進門後，只見廂房下面和堂屋下面，燈火燭光明亮輝煌，各種祭祀的牲畜及鮮美的酒食排列在一起，像是嫁娶的場合一樣，但偌大的房子卻死寂一片。郭元振將馬拴在西廂房前面，拾級而上，在堂屋前走來走去，卻不知身在何處。

一會兒聽到東邊的屋裡有女子的哭聲，嗚嗚咽咽不停啜泣。郭元振問：「是誰在裡面哭？是人是鬼？」那女子答說：「我是鄉裡的女孩，這裡是鄉裡的祠堂。有一位烏將軍，能使人遭禍得福，但每年他都會向鄉裡求娶一個妻子，鄉人也都會挑選一位漂亮的女子嫁給他，最後那些女子的下場都非常悽慘。我雖然醜陋笨拙，但父親卻為了要得到鄉人的五百貫錢，在今天晚上，設計讓我跟同鄉的姑娘一起來到這兒遊玩，她們在這房子裡把我灌醉，將我鎖上便離開了，才知道原來是要把我嫁給將軍啊。我的父母拋棄我，我的心中充滿了怨恨，公子啊，拜託您解救我於危難中，我願一輩子替您做牛做馬。」郭元振聽完之後問：「那烏將軍什麼時候會來？」女子說：「二更夜裡。」郭元振說：「身為一個男子漢，我一定盡力救妳。如果不能夠，我寧願與妳玉石俱焚，也不會讓妳冤死在淫鬼的手裡。」女子輕聲感謝，慢慢停止哭泣，於是郭元振坐在西邊的台階上，將他的馬牽到堂屋北面，並叫僕人站在自己前面，聚精會神的等待。

不一會兒，突然出現火光，接著車馬來來往往，十分熱鬧，兩個穿紫衣的官吏進門後又重新出來，說：「相國公在這兒。」很快的，兩個穿黃衣的官吏進門又出來，也說：「相國公在這兒。」一會兒，烏將軍慢慢的下車，引導的官吏重新把相國公在這兒的話告訴他。烏將軍說：「進去。」於是有一些拿著戈、劍、弓箭的士兵站在兩側，恭請將軍入內。烏將軍從車上下來，郭元振上前並且拱手作禮：「郭秀才求見將軍。」將軍說：「秀才怎麼來到這裡？」郭元振回答說：「聽說烏將軍今晚舉行婚禮，我願意來做主持婚禮的司儀。」那將軍高興起來，並請郭元振坐下來，兩人開始吃吃喝喝，有說有笑。郭元振的口袋中有鋒利的刀，正謀劃著用來刺殺烏將軍，他便問烏將軍說：「將軍您曾經吃過乾鹿肉嗎？」烏將軍答說：「這個地方很難遇到有乾鹿肉。」郭元振說：「我有一點點精美的乾鹿肉，是從御廚那裡得來的，願意割一些獻給將軍您。」烏將軍大悅，郭元振於是取出乾鹿肉和小刀，便割了起來，並把肉放在一個小盤子裡，讓烏將軍自己拿。烏將軍不疑有他地伸手去拿乾鹿肉。郭元振趁他沒有防備，把乾鹿肉一拋，抓住他的手腕將它砍斷。烏將軍驚叫跑走。那些跟從他的官吏，一時間也驚慌散去。郭元振拿著烏將軍的手，脫下衣服包起來，叫僕人出去看了看，外頭安靜得連呼吸聲都顯得突兀，郭元振打開門對那哭泣的女子說：「烏將軍的手腕已經在這裡了。我們可以追尋他的血跡去鏟除他，妳已經得救，可以出來吃點東西了。」哭泣的女子於是出來，年紀大約在十七、八歲左右，明麗動人。她在郭元振前下拜說：「救命之恩，沒齒難忘。」郭元振勸慰她一番。天剛亮，郭元振打開衣服看烏將軍的手，卻是一隻豬蹄。

不久，聽到哭泣的聲音慢慢地由遠而近，原來是這女子的父母兄弟和鄉里的老人們，他們抬著棺材一道走來，要收這女子的屍首，準備裝殮埋葬。大家看到他們兩人都還活生生的，很驚奇地問他們倆，郭元振鉅細靡遺告訴他們始末，鄉中耆老們對郭元振殺害他們的神靈都十分惱怒，他們說：「烏將軍是鄉里的鎮守神，鄉人進獻供養他很久了，每年把一名姑娘配給他，才沒有其他的禍患。這個禮品若準備稍晚一點，便有風雨雷電冰雹殘害我們。你什麼都不知道，就這樣傷害我們英明的神靈？你招來暴虐禍害人，但我們卻要背負災厄，我們怎麼承受得起！我們要殺了你來祭拜烏將軍，就算不這樣，也要把你繩之以法！」說著便命令青年人捉拿郭元振。郭元振告訴他們：「你們活了這麼一大把歲數，卻怎麼這麼沒有見識。我雖然見識淺薄，但也請你們聽我講。神靈，是承受天命而來鎮守的，不也正像諸侯受命於天子來治理國家嗎？假使諸侯們在他的領地用不正當的手段奪取漂亮的女子，天子能不發怒嗎？殘害人民，天子能不討伐攻打他們嗎？假使你們稱為將軍的人，真是神明，神明的手怎麼會是一隻豬蹄？上天怎麼會派遣奸淫的妖畜來啊？況且濫行奸淫的妖畜，在天地間當然是有罪的啊，我伸張正義而誅殺牠，難道不可以嗎？你們愚昧無知，使你們的年輕姑娘年年橫死在這妖畜之下，這畜牲累積的罪行已經驚動上天，怎麼知道不正是上天派我來為無辜死去的少女們昭雪沉冤啊？請你們聽從我的話，我替你們除掉這畜牲，以便永絕禍患，你們看怎麼樣？」鄉里人聽後面面相覷，過了一會兒，大家恍然大悟並高興地說：「一切遵從您的指示！」

然後，郭元振命令好幾百人帶著武器，跟隨自己追尋血跡而去。才走了二十里，血跡進入一個大墓穴中。他們動手挖了起來，剛一動手挖，墓穴就有甕口那麼大。郭元振命令綁一捆柴，點燃投進去照一照，裡面像一間大房子，只見一頭大豬，已經沒有左前蹄，渾身是血睡在地上。牠從被柴薪點燃的火中衝了出來，被圍著的人們打死了。

鄉里的人們都十分高興，互相慶賀，所有的人蒐集錢財，要酬報郭元振。郭元振不肯接受，說：「我是為百姓除害，並不是以打獵為生的人。」得救的那女子向她的父親、親戚、族人辭別說：「我幸而為人，託身於父母，溫良恭儉讓，沒有一樣德行有所缺失，本來就沒犯什麼可殺的罪名。現在父母卻貪圖五百貫錢，把我嫁給妖畜，忍心把我鎖起來並拋棄我，這難道是人所應該做的事嗎？假如沒有郭先生的仁慈和勇敢，我怎能還有今天？我被父母拋棄，但他是我的再造恩人，請讓我跟從郭先生，不再掛念過去的家鄉了。」她哭著拜辭親人，而要跟隨郭元振。郭元振多方說服開導她，都勸服不了她，於是便納她為妾，後來還生了好幾個兒女。

關於《玄怪錄》

唐代著名的傳奇小說集。牛僧孺（779～847）編撰。魯迅《中國小說史略》說：「選傳奇之文，薈萃為一集者，在唐代多有，而烜赫莫如牛僧孺之《玄怪錄》。」本書故事新奇，篇幅較長，對於細節和人物對話多所著墨，並且影響後代文人的寫作。李復言的《續玄怪錄》，張讀的《宣室志》，薛漁思的《河東記》，都可說是其續作。

護花公子崔玄微

出自：《酉陽雜俎》／段成式

唐代天寶年間，隱士崔玄微在洛陽城東有一所宅院，崔玄微崇尚道術，服食白朮、蒼朮和茯苓等延年益壽的藥材有三十年了。有一次因為藥物用光了，他帶領道童與僕人到嵩山上採靈芝，過了一年才回來。他的宅院因此長期無人居住，長滿了荒草。

當時，正值春末的夜晚，風清月朗，崔玄微還沒有就寢，獨自一人待在院子裡乘涼，要家裡人無事不要進來打擾。三更後，有一位青衣女子進來對他說：「您在院中呀。我們今天正好和幾位女伴路過，到上東門表姨那兒去，希望暫借此處歇息，方便嗎？」崔玄微應允了。過了一會兒，又來了十幾個人，由那青衣女子引領進來。其中，有個穿綠色衣裳的女子上前自我介紹說：「我姓楊。」指著另一個女子說：「她姓李。」再指著一人說：「這姓陶。」又指著一位穿大紅衣裳的少女說：「她姓石，名叫阿措。」她們各自都有侍女，崔玄微與她們招呼完畢，就坐在月光下，問她們出門要做什麼。她們回答：「我們要到封十八姨那裡去，早幾天她說要來看我們，但一直沒有來，今晚索性我們大夥兒去看她。」大家還未坐定，門外有人報信說：「封家姨來了！」在座的人又驚又喜的出迎。楊氏說：「這家主人很客氣、好客，這園子寬敞，景致又優美，沒有比這兒更好的地方了。」崔玄微又出來與封氏相見問候，封氏言語態度清朗，氣質沉靜大方，兩人相互揖讓入座。所有的女子都是絕色天姿，滿座芬芳，馥馥撲人。行令時，大家作歌送酒，玄微只記得其中兩首。有一首是穿紅衣裳的人為穿白衣裳的送酒時作的歌，歌詞是：「**皎潔玉顏勝白雪，何況當年映芳月。沉吟不敢怨春風，自嘆容華暗消歇。**」又有一首是白衣人做的送酒歌，歌詞是：「**絳衣披拂露盈盈，淡染胭脂一朵輕。自恨紅顏留不住，莫怨春風道薄情。**」輪到十八姨持杯勸酒時，舉止輕佻，一不小心將酒弄翻，弄髒了阿措的衣裳。阿措臉色一變怒道：「別人奉承妳、講好聽話，我可做不到！」說著就拂衣而起。十八姨笑著說：「小女娃兒發酒瘋！」說完就起了身，走出院外，往南邊去了，其他人則往西到花苑中去才各自分開，崔玄微並未察覺出怪異之處。

第二天夜裡，女子們又來，說要到十八姨處，石阿措氣憤的說：「何必老要到封老媽家去！有什麼事只管拜託崔處士，大家覺得如何？」大家都非常贊同說：「好好好！」阿措又走上來說：「大夥兒們都住在花苑中，經常被惡風騷擾，居住得十分不安，常常要請求十八姨庇護。昨天，我阿措沒能順從奉迎她，怕是再難得到她的幫助了。處士您倘若能庇護我們，我們也會略盡心力報答您的。」崔玄微說：「我有什麼能力，可以幫助大家呢？」阿措說：「只要處士在每年正月初一那天，作一面朱紅色旗子，旗上面畫日、月和金、木、水、火、土五星的圖案，豎在花苑的東面，就可以幫助我們，使我們免於災難。今年已過了時間，但請您在本月二十一日早上，當微微有東風時，還是立上旗子，就可以助我們免於災難了。」崔玄微就同意了。女子們齊聲答謝說：「您的大恩大德，我們銘記在心！」然後各自拜離去。崔玄微在月色中相送，穿越了花苑圍牆，進入苑中，女子們就又都不見了。後來崔玄微就照阿措的話去做，在那時候立上了旗子。

這天，東風大作，震得地都晃動了。洛陽以南一帶，飛沙走石，樹木也折倒了許多。但崔家花苑中盛開的花朵卻動也沒動一下。崔玄微這才恍然大悟，這些女子說他們姓楊或姓李，姿色如此出眾，衣服又這麼奇異，原來她們都是花的精靈。穿大紅衣裳的叫阿措，那是石榴；封十八姨，其實是指風神。幾天後的夜晚，她們一群女子又再度來到院裡深表感謝，各自帶了桃花、李花等好幾斗，向崔玄微說：「吃這些花可以延年益壽，防止衰老。希望您長期繼續這樣住在此地，護衛著我們，您就可以長生不老。」

到了元和初年，崔玄微還活在世上，看上去卻像是三十多歲的人一樣年輕。

三隻妖狐相鬥

出自：《宣室志》／張讀

唐德宗貞元年間，江陵縣有個姓裴的少尹。他有個十來歲的兒子，聰明敏捷，有文才學識，容貌又長得俊秀，裴少尹很喜歡他。有一次這兒子患了病，十多天後病情加重，求醫吃藥都沒有起色，裴少尹四處尋找術士，想用咒語驅退病魔，減輕兒子的痛苦。

忽然，有個自稱高氏子的人來訪，說他平日以驅鬼召神的法術為業。裴少尹一聽說，馬上就請他進來，讓他看看兒子的病。高生說：「你的孩子並不是生什麼特別的病，只是因為妖狐作怪罷了，但我施法就可以治好他。」裴少尹立即道謝，並懇請高生幫忙，高生於是用法術驅鬼召神，花了將近一頓飯的工夫，他的兒子忽然坐起來說：「我的病好了。」裴少尹非常高興，讚美高生是真正的術士，準備好酒好菜款待，又送給高生很多錢和織錦，十分感謝的送走他。高生臨走時還說：「以後我每天都會過來看看。」說完就離開了。

然而裴少尹的兒子病雖然好了，卻經常魂不守舍，常常口出狂語，有時哭，有時笑，無法控制自己。高生每次來，裴少尹都會請求他，高生說：「這孩子的精魂被妖魔纏住，現在還沒有回來。但不用十天就會好，不用擔憂。」裴少尹暫且聽信了他的話。

又過了幾天，來了一個姓王的，自稱有神奇的符令，能用法術驅逐因妖魔引起的疾病。王生拜見裴少尹說：「聽說你的愛子患病，還未好轉，我想見一見他。」裴少尹就讓他見了兒子。王生大驚失色指說：「這孩子的病是妖狐造成的，如果不趕快治，病情會更加嚴重的。」裴少尹對王生談起了高生，王生笑著說：「你怎麼知道高生不是害他的狐狸呢？」於是開始準備，正擺好案席要用咒語為孩子驅病時，高生突然來了，一進門，他就破口大罵說：「難怪這孩子病治不好！原來是把狐狸給請進家裡了，這就是生病的原因啊。」王生見高生來了，也反罵他：「果然是妖狐作怪，現在還敢跑來，也好，這樣我就不需再花力氣再去尋找啊！」兩人都非常憤怒，互相辱罵不止。

裴家人驚駭萬分，忽然又來了個道士，私下對家僮說：「聽說裴公有個兒子因妖狐作亂而患病，我善於看鬼，你只管通報主人，說我來拜會。」家僮趕忙跑進去告訴裴少尹，裴少尹出門跟道士講了這件事。道士誇口說：「這很容易對付的啊。」進屋來看見那兩人，那兩人又聯合起來罵他：「這也是妖狐，怎麼變成道士來騙人！」道士也回罵他們：「狐狸應當回郊野的墓墟中去，怎麼可以在這裡打擾人！」說完三人就關上門互相鬥毆。鬥了幾頓飯的工夫，裴少尹更加恐懼，家僮們也惶恐緊張，但大家都想不出什麼對策。到了晚上，房中變得寂靜無聲，打開門偷看，只見三隻狐狸躺臥在地上喘息，無法動彈，裴少尹就把牠們全殺死了。過了十幾天，他兒子也就慢慢痊癒了。

關於《宣室志》

唐代傳奇故事集。作者張讀，生卒年不詳，是《玄怪錄》作者牛僧孺的外孫。本書多記神仙鬼怪故事，而書名「宣室」，就是取自漢文帝曾在宣室召見賈誼問鬼神之事。

孫恪與袁氏

出自：《傳奇》／裴鉶

唐代廣德年間時，有個叫孫恪的秀才，因為沒有考取科舉，於是在洛陽一帶遊歷。有一次，他信步走到魏王池邊，見到一個很大的庭院，牆院與樓房的顏色看起來很新。有路人指著說：「這是袁氏的家院。」孫恪走上前去敲門，無人答應。孫恪見正房旁有間小房，門簾很乾淨，看起來像是接待客人的地方，就掀了簾子進去。

過了許久，才聽到開門的聲音，一個女子走了出來，她容光照人，豔麗奪目，像剛被清洗過的珍珠，閃耀熠熠光輝，像翠綠柔嫩的新柳，也像芳香的蘭花，神靈那樣似的聖潔，晶瑩得像玉一般，毫無一點塵俗氣息。孫恪猜想這是房主的女兒，只敢躲在簾後偷看。女子摘取庭院裡的萱草，沉思良久，吟詩說：「**彼見是忘憂，此看同腐草。青山與白雲，方展我懷抱。**」吟念完詩，只見她神色慘然，走過來掀開簾子，忽然發現了孫恪躲在後面，大吃一驚，紅著臉就跑回正房去了。不一會兒，有個婢女前來詢問孫恪：「請問您是什麼人？怎麼這傍晚時候還在這庭院裡？」孫恪說明自己是想租房過夜的旅客，又說：「沒想到冒昧撞見妳家小姐，我為自己的魯莽無禮感到十分羞愧，請代向小姐轉達我的歉意。」婢女將這番話稟告小姐。小姐又傳話來說：「我又醜又笨，也沒有收拾打扮，先生在簾子後面一定看了很久，我這醜樣子都被看透了，哪裡還敢迴避先生。請先生在廳裡稍候一會兒，我草草化一下妝就出來。」孫恪愛慕她的容貌美麗，聽了高興得不得了，就問婢女：「小姐是誰家的女兒？」婢女回答說：「是已故袁長官的女兒，小時候就成了孤兒，也沒什麼親戚，只和三五個像我這樣的婢女，住在這座院子裡。小姐至今尚未許配給人，還待字閨中哩。」

過了很久，袁小姐出來見孫恪，比剛才見到的模樣更加漂亮動人了。袁小姐邊喚侍女給客人端茶進果，邊對孫恪說：「既然先生沒有住處，可以將行李帶過來住在寒舍院裡。」又指著婢女對孫恪說：「如果有什麼需求，您吩咐她就行了。」孫恪慚愧得連聲道謝，表示接受這片好意。

孫恪還未娶妻，又見小姐如此美貌，於是請託媒人來求親。袁小姐也欣然接受，於是孫恪就與她成了親。

袁氏很富有，擁有很多錢財和布帛。而孫恪向來貧困，忽然間他的車馬煥然一新，服裝打扮和平時的消遣玩樂也變得奢華昂貴，親友們都十分驚訝，紛紛跟他打聽是怎麼回事，但孫恪從不據實相告。

孫恪經濟無虞之後，開始漸漸鄙夷功名，不再想參加科舉考試求取功名，終日只與豪門貴族往來交遊，縱酒狂歌。就這樣過了三、四年的時間，孫恪都沒離開過洛陽。

一天，孫恪偶然遇到了表兄張閒雲處士。孫恪對表兄說：「好久不見了，真希望能和您從容的敘敘舊。您帶著被褥來吧，我倆聊個通宵！」張閒雲依約來了。夜深時，張閒雲握住孫恪的手，悄聲問他：「愚兄我曾在道教門下學過一些，剛才言談中觀察弟弟的神色，渾身妖氣，不知道弟弟是不是遇到了什麼？希望不管事情大小，都能一一說給我聽。不然的話，恐怕災禍臨頭啊！」孫恪仍然否認，只說：「沒遇到過什麼。」張閒雲又說：「人哪，出生後就有屬陽的精神；鬼怪呢，卻只有屬陰的氣息。若是屬陽的魂占上風，屬陰的魄居下風的話，這個人就能長壽；反之，屬陰的魄若是占上風，而屬陽的魂離體不歸，這個人大限就到了。所以呀，沒有形體的鬼怪全部屬陰，沒有形體的仙人則完全屬陽。天地間，陰與陽的盛衰變化，魂與魄的此消彼長，在人的身上只要稍微有一點失衡，都會顯現在人的氣色上。我來到這裡後，就觀察弟弟的神色，發現你陰侵陽位，邪干正腑，真精耗損，失聰少神，精津玉液不斷外洩，命根在飄搖不定，骨頭已快成渣滓，面色也無半點紅潤，這顯然是有妖怪在吸耗你的生命精氣啊，為什麼還苦苦隱瞞，不肯說出實情呢？」孫恪這才猛然頓悟，敘說起他娶袁氏為妻之事。

張閒雲大為驚駭，說：「就是這個原因導致的！但現在該拿她怎麼辦呢？」孫恪說：「我估量她沒有什麼不正常的地方。」張閒雲說：「袁氏一家人普天之下沒有一個半個親戚，這非常不合理！你又說她聰明有才幹，這就足以作不正常的證據了。」

於是孫恪請教張閒雲：「我素來貧困，在飢寒中過了這麼多年，只因娶了她，環境才好起來。我又不願違背道義，這該怎麼辦才好呢？」張閒雲生氣的回答：「大丈夫不效力於人類，難道要效忠於鬼怪嗎？古書上說：『妖由人興，人無過失，妖不自作。』況且道義與你的生命相比，哪個比較要緊？你已經命在旦夕了，還考慮什麼鬼怪的恩義。即使只有三尺高的小孩也會覺得不可如此，虧你還是個大男人！」張閒雲又說：「我有一柄寶劍，和古代干將那樣的名劍不相上下，不管什麼樣的妖魔鬼怪，都有辦法消滅，屢試不爽，已說不清它滅了多少妖鬼了。明天我拿來借給你，只要你帶寶劍到睡房裡，肯定能見到她原形畢露的狼狽模樣，就好像從前王度帶著寶鏡照出婢女是隻老狐狸那樣的厲害。如果你不這樣做的話，就無法與她斷絕關係。」

第二天，孫恪接了寶劍，張閒雲告辭離去前，握著孫恪的手再三囑咐：「千萬要好好把握時機。」孫恪把劍帶進內室藏好，但臉上顯得十分不自然，袁氏馬上就發覺了，很生氣的斥責孫恪說：「你忘了原本窮苦潦倒的日子了嗎！是我讓你舒泰富足，而你竟不顧恩義就想下毒手，這樣的黑心肝，連豬狗畜牲都不願吃你的渣，怎麼還能在人世上樹立節操品德！」孫恪挨了罵，慚愧得滿面通紅，心中非常畏懼，磕著頭說：「是表兄教我這麼做的，這不是我的本心，我願意喝血酒發誓，再不敢有任何一點對妳不忠的念頭！」他一邊說一邊冷汗淋漓，伏倒在地。袁氏在房裡找到那柄寶劍，用手一寸一寸的折，就像折斷嫩藕一樣容易。孫恪更加恐懼，忍不住想要爬起來逃走。袁氏這時才露出一點笑意說：「張閒雲這傢伙，不用道義教育自己的表弟，還教唆表弟殺人行凶，他要是再來，我一定給他難看。不過看你的本性，應該不是這樣的人。況且我跟著你也好幾年了，你還不能信任我嗎？」孫恪這才安穩了一點。

幾天以後，孫恪外出碰上張閒雲，說：「你叫我去捋虎鬚，差點害我落入虎口出不來了！」張閒雲問劍到哪裡去了，孫恪據實相告。張閒雲大吃一驚說：「那這就不是我能對付的怪物了！」從此深懷恐懼，不敢再來袁氏宅院。

十幾年後，袁氏生育了兩個兒子，她治家嚴謹，不喜歡外人打擾。後來孫恪到長安，拜見了擔任相國的老友王縉，王縉將孫恪推荐給南康的張萬頃大夫，孫恪被任命為經略判官，於是孫恪便帶著家人赴任。途中袁氏只要看到青松和高山，就會凝視許久，神情變得很不快樂。到端州時，袁氏說：「離這裡五里處，江邊有個峽山寺，我家裡過去供養的惠幽和尚，就住在這座寺廟裡，分別已經幾十年了。惠幽和尚的道行和年紀都很高，能夠不被形骸所牽累，滌盡了塵世間的污濁。如果經過他那兒時能夠準備齋食供奉，也可以替這次南行添一些福氣。」孫恪答應了，於是準備妥了齋米蔬菜。

到達峽山寺時，袁氏顯得很開心，換了衣服也理了妝，帶著兩個兒子造訪老僧的內院，像是對路徑十分熟悉，孫恪對此感到有些疑惑。袁氏將她一個碧玉環獻給老和尚，說：「這是您寺院裡的舊物。」老和尚也不明白是怎麼回事。等到大家吃完齋飯，有幾十隻野生的猿猴，挽臂連膀的從高高的松樹上跳下來，吃桌上的齋食。後來猿猴們發出悲嘯，攀著樹藤盪著鞦韆離去了。袁氏很傷感，提筆就在寺院的牆壁上題詩：「**剛被恩情役此心，無端變化幾湮沉。不如逐伴歸山去，長嘯一聲煙雲深。**」寫完擲筆在地，撫摸著兩個孩子，抽泣了幾聲，對孫恪說：「好好保重，我要與你們永別了！」突然撕開衣服變成一隻老猿，往樹上騰跳，追上長嘯遠去的猿群，快進深山時又再回頭看了一看。

孫恪嚇得魂飛魄散，過了很久，才抱著兩個孩子一起慟哭。詢問老和尚，老和尚才醒悟過來說：「這隻猿是貧僧還在做小沙彌的時候養的。開元年間，天子的使者高力士經過此地，喜歡牠的聰明機靈，用一捆布和我換了去。聽說被帶到了東都洛陽，獻給天子。這寺廟常有朝廷使者路過，看過牠的，都說牠比人還聰明，平時被馴養在上陽宮裡。但安史之亂發生後，就不知牠到哪兒去了。唉，沒料到今天看到了這麼奇異的事！這個碧玉環，是一個訶陵國的人送的，那時套在牠的頸上一起被帶走的。我現在才明白啊。」

孫恪難過惆悵，停船等待了六、七天，才帶兩個孩子掉轉船頭往回走，他悲傷得無法上任當官了。

東郭先生與中山狼

出自：〈中山狼傳〉／馬中錫

春秋時晉國的大臣趙簡子在中山國一帶大規模的狩獵。打獵的官員在前面做前導，獵鷹和獵犬成群跟在後面。即使是敏捷的飛鳥或凶猛的野獸，弓弦一響就被射倒的，也不計其數。突然，有隻狼出現在路中間，就像人一樣站著嗥叫。趙簡子見了，從容的登上車子，手拉用堅韌桑柘木製造的良弓，搭上肅慎國製造的名箭，一箭射過去，連箭末的羽毛都射進了狼的身體裡了。狼痛得大吼一聲，拚命逃跑。趙簡子大怒，連忙驅車追趕。車馬揚起的塵土遮蔽了視線，奔馳的腳步聲像雷鳴般震耳欲聾，聲勢浩大，十步之外，完全分不出狩獵隊伍中的人和馬。

有一位信仰墨子兼愛學說的東郭先生，要到北方的中山國謀求官位。他一路上趕著一頭跛腳的驢子，驢背上還馱著一袋重重的書，因為清晨趕路而迷失了方向，望著滾滾飛揚的塵土，他更是嚇得心驚膽顫。就在此時，狼突然跑了過來，仰著頭看著東郭先生說：「先生不是立志要救助萬物嗎？從前毛寶因為救了一隻白龜放生，後來因為白龜的幫助，才得以渡江逃命；隋侯也救了一條受傷的大蛇而得到一顆寶珠。你知道，蛇和龜的靈性是比不上狼的呀！今天這樣的情況，請讓我趕緊躲進你的書袋中，延續我垂危的生命吧？先生的恩德，可說是使死者復生，讓白骨長肉！將來倘若我有出頭之日，我一定努力仿效白龜和大蛇報恩！」

東郭先生嘆氣說：「唉，偷偷的庇護你，我可能因此會冒犯大官，觸怒權勢，禍患尚且無法預料，哪裡還敢指望你來報恩？但是墨家主張『兼愛』為根本，我總得想辦法救你的命。即使可能招來災禍，也應當在所不辭啊！」於是就從袋中取出書籍，倒空了口袋，慢慢的把狼裝進去。可是袋子小，往前裝擔心狼的腳爪踩到牠自己的下巴，往後裝又怕狼的屁股壓住牠自己的尾巴，前前後後裝了好幾次都沒有成功。

東郭先生遲疑不決，因而動作緩慢，追趕的人越來越靠近。狼請求他說：「現在情況萬分緊急，難道你真要如此慢吞吞的打躬作揖去搶救受火燒水淹的人，或是大聲響著車鈴來躲避盜賊嗎？拜託先生趕快想想辦法吧！」於是狼蜷縮著四條腿，讓東郭先生用繩子先捆綁起來，再把頭彎下來湊到尾巴上、彎著背脊、縮著下巴，像刺蝟般縮成一團、像蠕蟲般彎著身體、像蛇般捲成盤狀、像龜似的縮進殼中，屏住呼吸，任憑東郭先生擺布。東郭先生照著狼的指點，把狼裝進口袋，捆緊袋口，用肩扛起放到驢背上，然後再躲在路旁，等待趙簡子的人馬通過。

不一會兒，趙簡子到了，他因為找不著狼，非常生氣，憤而拔劍砍掉車轅的一頭，對著東郭先生警告罵說：「要是誰敢隱瞞狼的行蹤，我就讓他跟這斷轅一樣！」

東郭先生慌忙趴伏在地上，爬到趙簡子跟前跪著說：「我雖是個愚蠢的人，但也希望能為世上奉獻一點心力。可是我到處奔走，現在連自己都迷了路，又怎能知道狼的蹤跡，好為您指引獵鷹獵犬呢？不過我曾聽說過『大道以多歧亡羊』，羊啊，雖然這樣溫馴，一個小孩就可以制伏，尚且都會因為岔路太多而丟失。更何況狼和羊是不能比的，且中山這一帶可以丟失羊的岔路不計其數，哪能數得清呢？您只是沿著大路來追趕牠，豈不就是『守株待兔』、『緣木求魚』，徒勞無功嗎？況且打獵是狩獵官員管轄的事，請您去問問他們吧。我只是個趕路的人，並沒有犯什麼罪過啊？再說，即使我愚蠢，也不會連狼都認不清楚啊！狼的本性又貪婪又狠毒，跟豺結伴害人，若是您能除掉牠，我本來還應當盡一點微薄的力量幫忙，怎麼可能會隱瞞牠的去向，而刻意不向您稟告呢！」趙簡子聽了以後，默不作聲，掉頭就走了。東郭先生趕緊拉著驢子，用加倍的速度離去。

過了許久，趙簡子一行人漸漸遠去，車馬的聲音也都聽不見了。狼估計趙簡子走遠了，就在口袋裡說：「先生留心了。快把我從口袋裡放出來，解開我身上這些繩子，拔掉我胳膊上的箭，我要走了。」東郭先生解開口袋，把狼放了出來。狼嘶吼著對東郭先生叫說：「剛才我被那群獵人追趕，他們來得太快，多虧先生救了我一命。可是現在我餓極了，餓的時候如果沒有東西吃，最終也是死路一條罷了。與其在路上餓死，或是被其他的野獸吃掉，還不如剛剛就被獵人打死，作為貴族的食物。先生既然是墨家學說的信徒，勞碌奔波受盡了辛苦，為天下人謀福利，何必捨不得把身體送給我吃，成全我這條小命呢？」狼說著，就張牙舞爪，要向東郭先生撲去。

東郭先生急忙赤手空拳的跟狼格鬥，邊打邊退，還用驢子作掩護，圍著驢子打轉。東郭先生極力抵抗，狼始終也占不到上風，雙方鬥得都很疲倦，隔著驢子大口喘氣。東郭先生大叫著：「你這隻狼對不起我！對不起我！」狼說：「我也不是故意要對不起你，只是老天爺生下你們這樣的人，本來就是要給我們吃的啊！」雙方僵持了許久，太陽逐漸西斜。東郭先生心裡盤算著：這天色漸晚了，如果再有狼成群結隊而來，鐵定小命不保！就騙狼說：「按照民間的習慣，有疑難雜事一定要請教三位老者。不如我們現在去找三位老者問問此事，如果他們認為我該被吃，那我心甘情願，你就把我吃掉；如果他們認為我不該被吃，那你就不能吃了。」狼聽了很高興，就答應跟東郭先生一同往前找老者詢問。

過了一會兒，路上都沒看見行人。狼饞得很，這時看見路旁有一棵老樹，狼對東郭先生說：「問問這位老者吧。」東郭先生說：「草木什麼也不懂，問它有什麼用啊！」狼說：「你只管去問，它一定也有它的看法的。」東郭先生沒辦法，只得恭恭敬敬的對老樹作揖，將事情的來龍去脈述說了一遍，然後問樹：「就是這樣，您認為狼應該吃掉我嗎？」

只聽老樹的樹幹裡傳出轟轟的聲音，對著東郭先生說：「我是一棵很老的杏樹啊。從前老園丁種我時，只用了一顆杏核罷了。過了一年開了花，再過一年結了果，三年就長得有兩手手指握起來那麼粗，十年的時間就有兩手合抱那麼粗了，到現在已經過了二十年了。這些年來，老園丁吃我的果實，他的老婆、孩子也吃我的果實，甚至賓客、傭人，都吃我的果實。還把我的果實拿到市場上去賣，賺取了利潤，我對老園丁的功勞實在很大。但現在我老了，只開花結不了果了，老園丁大發脾氣，砍掉我的枝幹，剪去枝葉，還打算把我賣到木材行裡換錢！唉，像我這樣，到了晚年，沒用了，希望能躲過大斧頭的砍伐也是不可能的了。你對狼有什麼恩德啊，妄想牠放過你？照我看來，狼應該馬上吃掉你才是啊！」

聽了老杏樹這番話，狼張牙舞爪，就想衝向東郭先生。東郭先生急忙說：「喂，你失信啊！當初約定請教三位老者的，現在只遇到一棵老杏樹，怎麼就馬上要吃我呢？」狼只得再繼續跟東郭先生一道往前走。

狼越發性急了，看見一頭老母牛靠著破牆在曬太陽，就對東郭先生說：「再問問這位老者吧。」東郭先生說：「剛才那草木不懂道理，胡說一通，險些壞了大事。如今這頭牛不過是隻畜牲，去問牠做什麼？」狼說：「你只管去問牠，不問，那我現在就吃掉你。」東郭先生沒有辦法，只好很有禮貌的對老牛拱了拱手，再把事情從頭到尾說了一遍，然後請教牠的意見。

老母牛皺著眉頭，瞪著眼睛看他，又舔舔鼻子，終於張嘴對東郭先生說：「老杏樹說的沒錯啊。想當初，我是小牛的時候，身強力壯，氣力很大，老農只用賣掉一把刀的價錢就換得了我。一開始我協助別的牛耕地，等到我長大了，其他的牛則是一天天衰老疲憊，後來漸漸的所有工作都由我來擔當。他要趕車，我就低下頭來拉車，選擇近路迅速的奔跑到目的地；他要耕田了，我就到郊外去為他拉犁開荒。老農依靠我工作，就像依靠他的左右手一樣重要。吃的穿的要靠我來供給，結婚成家要靠我來完成，田租稅款要靠我的工作來交納，穀倉裡的糧食也都是我來填滿囤積。我也相信，我死後就只能像馬和狗一樣，頂多就是得到一張席子來埋葬吧。過去他家裡一擔糧食的積蓄也沒有，如今光麥子的收藏就多到十斛了；過去窮困潦倒，誰也瞧不起他，如今他在村社裡卻大搖大擺，氣焰十分囂張；過去他家的酒杯和酒缸空空蕩蕩堆積灰塵，他嘴唇發燥，大半輩子都沒有嘗過酒味，如今釀著酒，就拿著酒樽在妻妾面前放縱擺闊了；過去他穿著粗布短衣，經常混在泥巴堆裡，兩手也不懂得要打躬作揖，也不識得詩書文章，如今卻捧著村塾先生的《兔園冊》這樣的啟蒙教本裝學問，戴著帽子，束著皮腰帶，穿寬大的衣服。他家的每一寸絲，每一粒糧，豈不都是靠我的力氣換來的啊。但是現在他嫌我年老力衰了，甚至把我趕到荒蕪的郊外。冷冽的風刺得我眼睛發疼，在寒冷中，我只能對著自己的影子傷心。我骨瘦如柴，老淚縱橫，口水無法控制的直流，四肢忍不住連連顫抖，想抬動一下都十分困難。我全身的毛都掉光了，皮肉潰爛始終無法康復。老農的老婆還要害我，十分凶狠，一天到晚慫恿老農說：『這牛身上的東西都有用處呢。不但肉可以作肉乾，皮可以製革，連骨頭和角也可以磨製成器皿。』又指著他的大兒子問：『你在廚師那學習手藝這麼多年了，怎麼不快把屠刀磨利好準備宰牛呢？』這種種跡象，都對我不利啊，我連自己會死在什麼地方都不知道呢！我有這樣大的功勞，他們卻對我如此無情無義，我不久後就要大禍臨頭了。而你對狼有什麼恩德呢，卻妄想牠能赦免你！」

聽了老牛這番話，狼又張牙舞爪，想要撲向東郭先生。東郭先生連忙阻止說：「不要急啊！不要急啊！」

就在這時，遠遠望見一個老人拄著藜杖過來，他鬍鬚和眉毛像雪一般白，穿著打扮十分文雅。看樣子，大概是個很有德行的人。東郭先生又驚又喜，連忙撇開狼迎上前去，他跪在地上，邊拜邊哭的對老人說：「求求您說句公道話，救救我的命啊！」老人問他原因，東郭先生回答：「這條狼被打獵的人追趕，急著向我求救。我冒著危險救了牠，牠卻反而要吃掉我，我竭力的懇求他也沒用，看來，我的性命不保了。我沒有辦法，想要稍微拖延時間，就跟牠約定要請教三位老者來辨明是非。一開始遇到一棵老杏樹，狼強迫我去問它，那草木不懂道理，它的一番話差點害我沒命。後來遇到一頭老母牛，狼又逼著我去問牠，那畜牲哪裡懂事，牠的一番話又差點送了我的命。現在遇到您，看來老天爺並沒有要絕我這書生的命！懇請您說句公道話，救救我的命吧！」說著，就連連磕頭，趴在地上聽候老人回應。

老人聽完這件事的始末，再三嘆氣，用藜杖敲打著狼說：「你大錯特錯，人家對你有恩，你卻背叛他要吃他，再沒有比這更不吉利的事了。儒家認為，受了別人的恩惠而不會負義的人，作兒子也必定會孝順父母；又說，即使是虎狼，也應該懂得父子間的情義。現在你卻忘恩負義到這種程度，那就是連父子的情義也沒有了。」說完大聲斥喝：「狼，快滾開！不然，我就用藜杖打死你！」

狼趕緊說：「您只知道一面的說辭，而不知道另一面。也請讓我訴說這件事，希望您能聽一聽後再決定。當初，先生救我的時候，捆住我的腳，把我裝進口袋裡，上面還用書本壓著，我彎著身子，連口氣也不敢出。他又用那麼多話去矇騙趙簡子，大概是想把我悶死在口袋裡，獨占好處吧。這樣的人我怎麼能不吃掉他呢？」

老人回過頭來又對東郭先生說：「如果真是這樣，那你也有不對了啊。」東郭先生不服氣，把他如何辛苦的往口袋裡裝狼、如何為牠著想的種種情況，詳詳細細的說明一番。狼也在一旁不停的狡辯，企圖反駁東郭先生。

老人說：「你們這些話都不能說服我，讓我相信。不妨這樣吧，再把狼裝進口袋裡，我看看牠的樣子是不是真的很難受。」狼高興的表示願意聽從這個安排，於是把腳伸給東郭先生，東郭先生又把狼捆好，裝進口袋裡，用肩扛到驢背上。狼此時還不明白老人的用意，老人貼著東郭先生的耳朵，悄聲的問：「你有匕首嗎？」東郭先生回答有，拿了出來。老人用目光示意東郭先生拿匕首刺殺狼，東郭先生問：「這樣不是就害死狼了嗎？」老人笑說：「禽獸忘恩負義到這種地步，你還不忍心殺牠，固然是個很仁慈的人，但也太愚昧了！跳下井去搭救別人，還脫下自己的衣服去拯救受凍的朋友，這對被救的人當然很好，但若是自己就要陷入死地時又該怎麼辦呢？先生大概就是這一類人吧，仁慈到了愚蠢的程度，君子可不會贊同這樣啊！」老人說罷哈哈大笑，東郭先生也笑了，老人動手幫助東郭先生，一同將狼殺死，丟在路上走了。

關於〈中山狼傳〉

這是一個流傳已久的民間故事，關於作者有眾多說法，比較可能的推測是明人馬中錫（1446～1512）依據前人作品改寫而成，並收入自己的《東田文集》。其學生康海則據此寫了《中山狼》雜劇。

老虎外婆

出自：《廣虞初新志・虎媼傳》／黃承增 編；黃之雋 作

有個人跟我說了一個跟老虎有關的故事，他說，歙縣的叢山峻嶺中有很多老虎，母老虎老了以後經常會變成人去害人。

有一天，一個住山裡的農夫叫女兒提一籃棗子，去探望外祖母。外祖母家有六里多遠，女孩十歲的弟弟也跟著同行，兩姊弟一起前往。太陽下山時，他們迷了路，遇到一位老太婆。這老太婆問：「你們兩個要到哪兒去啊？」姊弟們回答說：「我們要去外祖母家。」老太婆又說：「我就是你們的外祖母啊。」兩個孩子說：「我記得媽媽曾對我們說過：『母親的臉上有七顆黑痣。』老太太您不像是我們的外祖母啊。」老太婆反駁說：「我是啊，只是剛才簸米篩糠的時候給蒙上了一層灰塵，我這就去洗洗。」於是就到了溪溝邊，撿了七顆螺獅的眼蓋貼在臉上。她走過來又問兩個小孩子：「看見黑痣了嗎？」這兩姊弟相信了，便跟著老太婆走。

進入了漆黑的森林裡，穿過了狹窄的林道，終於到了一個住所，外觀好像巢穴一樣。老太婆說：「你們的外公正在召集木匠選擇木料，準備另外蓋一間屋子，所以我們暫時先住在這兒。我事先沒料到你們兩個會來，老人家怠慢你們了。」說著就草草地做了晚餐，吃完晚餐，就要大家早早就寢。老太婆問：「兩個孩子哪個胖些啊？胖點的那個可以枕著我，睡在我的懷中。」弟弟說：「我比較胖。」於是弟弟就枕著老太婆而睡，女孩則睡在老太婆的腳邊。才剛睡下，女孩發覺老太婆身上有毛，疑惑的問：「這是什麼？」老太婆回答說：「這是妳外公的破羊毛襖。天氣這麼嚴寒，穿著它睡會暖和一些。」半夜裡，女孩聽見嚼食的聲音，又問：「這又是什麼聲音？」老太婆說：「我在吃妳送來的棗啊。這夜晚又冷又長，我年紀大了耐不住餓。」女孩說：「我也餓了。」於是老太婆遞給女孩一顆棗，女孩一看，這棗明明是一個冰冷的人指。女孩大驚，卻鎮靜的起身說：「我要去上廁所。」老太婆說：「這深山裡很多老虎，我怕妳會被老虎吃掉，還是小心些，不要起來到處亂走。」女孩卻說：「不然您用繩子綁著我的腳，危急時就趕快拉我回來。」老太婆答應了，於是就用繩子繫著女孩的腳，再握著繩的另一端。女孩於是趕快起身，拖著繩子走出去，在月光下女孩看出這繩子竟是條腸子。女孩急忙解開腸繩，爬到樹上躲起來。老太婆在樹下等了很久，不停的叫喚女孩，但女孩都沒有回應，她又大叫：「小女孩回來啊，要聽老人家的話，不要受了風寒，明天抱病回去，妳母親還要怪我不會照顧你。」於是老太婆拉了拉腸繩，腸繩拉完了，女孩還是沒有回來。老太婆哭吼著起身，邊跑邊吼叫，彷彿看見那女孩在樹上，老太婆繼續喊她下來，她還是不應聲，老太婆在樹下恐嚇她說：「這樹上有老虎。」女孩說：「樹上總比床上好！妳才是真老虎，竟然忍心吃掉我弟弟！」老太婆無計可施，只能憤而離去。

沒多久後天亮了，有個挑擔的人從樹旁經過。女孩呼救：「求求你救救我，這裡有老虎。」挑擔的人便將衣服蒙在樹上，急忙背著女孩逃走了。過了一會兒，老太婆帶兩隻老虎回來，指著樹上說：「人就在這裡。」這兩隻老虎折斷了樹莖，卻只看見一件衣服披在樹上，以為老太婆故意捉弄自己，兩隻老虎大怒，一起咬死了老太婆而去。

關於《廣虞初新志》

清代筆記故事集，仿張潮《虞初新志》的體例，收輯當時的故事。編者黃承增，生卒年不詳。本篇的作者署名黃之雋（1668-1748），康熙時的人。〈老虎外婆〉情節類似《格林童話》的〈小紅帽〉，但年代較早，是中國最早有紀錄的獸外婆型故事。

第三部

訪仙求道，法術幻術

如果能解脫死亡、長生不老，
身負變幻自如的奇妙法術，
現世的不如意，似乎再也沒那麼難以忍受……

洞穴內的仙館玉漿

出自：《搜神後記》／陶潛

嵩山北面有一個深不見底的洞穴，沒人知道它有多深。老百姓逢年過節就會到那兒遊覽。晉朝初年時，有個人不小心掉進洞裡，人們希望他沒有死，丟一些食物進去，想維持他的生命。掉下去的人得到了食物填飽肚子，就沿著洞走，盼能尋找出路。大概走了十多天，終於見到了光明，他看見一座草屋，屋中有兩個人相對而坐，正在下圍棋，棋局旁有一杯可以飲用的白色飲料。掉下去的人告訴這兩人自己又飢又渴，下棋的人便說：「你可以喝了這杯。」掉下去的人便喝了，馬上覺得增加了十倍力氣。下棋的人問他：「你想留在這裡嗎？」掉下去的人表示不想留下來，下棋的人便告訴他：「從這裡往西邊走，會遇到一個天井，裡頭有很多蛟龍，只要你跳進井裡，自然能夠出去。如果餓了，就拿井裡的東西吃。」掉下去的人就照著他所說的路走。大約半年後，他居然從四川出來了！他回到洛陽，請問懂得這方面事情的朋友張華，張華說：「你遇到的是仙館大夫，所喝的是玉漿，吃的則是龍穴石髓。」

迷幻的天台仙女

出自：《幽明錄》／劉義慶

漢明帝永平五年時，剡縣人劉晨、阮肇一起進天台山裡採集樹皮，在山裡迷了路。過了十三天，糧食都吃完了，他們又飢餓又疲憊，性命垂危。這時遠遠看見山上有一棵桃樹，結了許多果實，但山壁上的岩石陡峭，溪谷又深，看不到可以攀登的路。於是他們攀著樹藤與草木，費了很大的力氣，才摘到桃子，劉晨和阮肇各吃了幾個，這才止住飢餓，補充了體力。兩人接著又到溪谷邊，拿杯子舀水，想盥洗漱口，卻看見有新鮮的蕪菁葉子從山中緩緩流下來，接著又有一個杯子漂過來，裡面還有芝麻飯粒。他們想：「這些東西表示我們離有人煙的地方不遠了。」於是一起潛入溪水中，逆流而上兩三里，穿過了山，出現一條大溪。溪邊有兩個女子，姿色氣質十分出眾。她們看見兩人拿著杯子出現，便笑說：「劉、阮兩位郎君，拿來了剛才我們不小心被沖走的杯子。」劉晨、阮肇非常驚訝，他們以前並不認識，但兩位女子居然知道他們的姓，好像對他們非常熟悉，兩人非常的開心。女子邀請他們回家，還問他們：「怎麼來得這麼晚？」她們的住家是黃銅瓦屋，南面和東面的牆壁下各有一張大床，都掛著絳紅色的羅帳，帳子的邊角上掛著鈴鐺，金色、銀色參差錯落，非常華麗，床頭還各站著十名服侍的婢女。兩個女子吩咐說：「劉郎和阮郎跋山涉水而來，剛才雖吃了些仙桃，還是又餓又累，妳們快做些吃的來。」婢女們於是端出芝麻飯、山羊肉乾、牛肉許多美食，都非常美味。吃完後又接著行酒令，有一群女子進來，每個人拿著三五個桃子，笑著說；「慶賀妳們的夫婿到來。」酒酣耳熱時開始奏樂，劉晨和阮肇又害怕又開心。到了晚上，兩個女子請他倆一人進一個帳子休息，聲音語調清秀溫婉，陪著他們，叫人忘記了憂愁。

十天後，劉晨和阮肇想要回家了，女子說：「你們能來到這裡，是前世的福份，為什麼想回去呢？」於是他們又多停留了半年，等到了春天，氣候溫暖、草木茂盛，聽到百鳥鳴叫，他們更加悲傷且思念家鄉，苦苦請求女子讓他們回去。女子說：「實在沒有辦法，塵世的罪孽還羈絆著兩位郎君。」於是叫來以前來過的女子，共三四十人，集會奏樂，一起送別劉晨和阮肇，告訴他們回家的路。

返鄉後，兩人發現，親人朋友早已過世，城市房屋也變得不同，完全見不到相識的人。詢問查訪了一番，才找到了他們的七世孫，七世孫只聽說過祖先進山，迷了路沒有回來，其他的就一概不知了。到了晉太元八年，劉晨、阮肇又再度離開，不知道到哪裡去了。

柏枕幻夢

出自：《幽明錄》／劉義慶

焦湖廟中掌管香火祭祀的廟祝，擁有一個柏木枕，已經三十多年了，枕頭後面有一個裂開的小孔。

有個叫楊林的縣民，出外經商時經過廟宇，便前去祈福。廟祝問說：「您結婚了嗎？可以到柏枕的裂口邊來。」他讓楊林進入裂孔中。楊林進去後看見了朱漆大門、玉砌的宮殿和亭台，比人世間的宮殿還要華麗。他拜見了趙太尉，太尉給楊林作主成婚，他生養了四男二女，共六個孩子。後來楊林被選為秘書郎中，不久又升遷為黃門侍郎。楊林在柏枕中，過了很久都沒有想回去的念頭，不久即遭逢不順遂的事。

廟祝於是叫楊林出來，他才又看見了先前的柏木枕。楊林自認為在枕裡經歷了好幾年，但實際上只過了一會兒而已。

關於《幽明錄》

六朝志怪故事集。南朝宋劉義慶（403～444）撰，書中多記鬼神靈怪之事。原書已佚，最後由魯迅重新校訂前人集本重新輯錄。

有此一說

《幽明錄》中記載的許多篇目，都成為後世文人創作取材的泉源。唐代沈既濟的傳奇《枕中記》、元代馬致遠的雜劇《邯鄲道省悟黃粱夢》、明代湯顯祖的傳奇《邯鄲夢》，以及清代蒲松齡的《續黃粱》等，都是繼承了《幽明錄》中「柏枕幻夢」此篇的題材。而唐代張鷟的《遊仙窟》，元代王子一的雜劇《劉晨阮肇誤入桃花源》，則是以劉晨、阮肇誤入桃源仙界的故事為本，許多詩詞中也可見到兩人的名字。

陽羨書生

出自：《續齊諧記》／吳均

陽羨地方有一個名叫許彥的人，某日挑著鵝籠經過綏安山下，遇到一個大概十七、八歲的書生躺在路邊，說自己腳痛，拜託許彥讓他坐到鵝籠裡。許彥以為書生在開玩笑，沒想到書生一下子就鑽進了籠子。而且奇怪的是，書生沒有變小，鵝籠也沒有變得寬大，他卻可以很自在的和兩隻鵝坐在籠子裡，鵝也沒有因此感到驚慌，甚至連許彥背著籠子走時，也不覺得重。

繼續走了一段路後，許彥到一棵樹下休息。書生從鵝籠出來，對許彥說：「我想準備一些酒菜來回報你。」許彥說：「好啊。」書生便從口中吐出一個精巧的食盒，裡頭有各式各樣的美食，都盛裝在銅製的器皿中，香氣四溢，世間少見。喝了好幾杯酒之後，書生對許彥說：「我帶了一名女子同行，想邀請她來共享。」許彥說：「好啊。」書生就又從口中吐出一個約十五、六歲的女子，不但衣著華麗，容貌也豔麗奪目。三人於是一起飲酒談笑。

不久，書生喝醉睡著了，女子對許彥說：「我雖然和書生結為夫妻，但心裡卻有別人，偷偷帶了一個男人同行，既然書生睡了，想要暫時叫他出來，拜託您不要說出去。」許彥說：「好的。」女子也吐出一個約二十三、四歲，長得聰明可愛的男人，他大方的對許彥招呼問候。過了一會兒，眼看書生就要醒來，女子趕緊吐出一座精緻華美的屏風遮蔽情人，書生醒來又拉女子陪他午睡。沒想到男人悄悄的跟許彥說：「這女子雖然喜歡我，我的心裡卻有一個人。我也偷帶了一個女人跟著，現在也想趁機叫她出來相見，求您不要洩漏這個祕密。」許彥也說：「好的。」男子也從口中吐出一個大約二十來歲的女人，他們共飲，相談甚歡聊了許久。

忽然間，傳來書生翻身的聲音，男人說：「他們兩人醒了。」就拿起他所吐的女人，放回口中。沒多久，書生的妻子從屏風後走出來，對許彥說：「書生就快要醒來了。」才說著就張口吞下男子，自己和許彥相對而坐。

果然，書生旋即醒來對許彥說：「這個覺睡得太久，讓您無聊的獨坐。天色也晚了，也該是和您告別的時候了。」於是就吞下他的妻子和各種器皿。他留下了兩尺寬的大銅盤，對許彥說；「沒什麼可致贈給您，就留下這個銅盤作為紀念吧。」

後來太元年間，許彥當了蘭臺令史，把大銅盤送給宰相張散。張散看了上面的銘文題字，才知道是漢朝永平三年時所製作的古董。

杜子春護爐

出自：《玄怪錄》／牛僧孺

杜子春，是北周、隋朝之間的人。從小性情放蕩，不治理家產，每天縱酒行樂。敗光了所有家產之後，投奔親友，大家都因他不務正業而唾棄他。

正值隆冬，杜子春在長安街上四處徘徊，衣裳破爛，飢寒交迫，只得仰天長嘆。這時，有一個老人拄著拐杖來到他跟前，問：「你為什麼嘆息呀？」杜子春訴說自己的心事，又怪親戚們欺貧嫌窮，疏遠自己，越說越氣，不禁怒形於色。老人說：「你要多少錢才夠用？」杜子春說：「有三、五萬我就可以過日子了。」老人說：「不夠，你再說多一點。」杜子春：「十萬。」老人說：「也不夠。」杜子春便說：「一百萬。」老人又說：「還是不夠用的。」杜子春說：「三百萬！」老人才說：「這還差不多。」於是，從袖中掏出一貫錢來，說：「先拿這點錢給你今晚用。明天中午，我在西市波斯館裡等你，千萬不要遲到。」

隔日中午，杜子春到老人處所，老人果然給了他三百萬貫錢，連姓名都沒留下便走了。杜子春暴富之後，尋歡作樂的欲望又重新燃燒，自以為終身再也不會過著窮日子了，又開始揮霍無度，天天流連於煙花巷中。不過一兩年光景，錢財就漸漸消耗完了，很快就又和當初一樣。

杜子春又一次走投無路，獨自在市集口前嘆氣。才剛嘆了幾聲，老人就又出現了，拉著他的手說：「你居然又如此貧窮，真太讓我驚訝了！我要再一次救濟你，多少錢才夠用呢？」杜子春慚愧得低頭不語。老人又逼著問他，他只能再三表示慚愧，表示感謝。老人說：「明天午時，到上次碰頭的地方去吧。」杜子春只好尷尬地前往，又接受了一千萬貫錢。一開始，他發憤立志，決心從此好好經營產業，發家致富，即使是像石崇、猗頓這樣的巨富在他眼裡也不算什麼。但等錢一到手，他又推翻了原先的想法，縱情享樂，仍然和以往一樣。不到三、四年，竟比舊時還要窮。

杜子春又一次在老地方碰見老人。他無地自容，羞愧得想挖個洞躲起來。老人拉著他的衣角叫他站住，對他說：「你要是逃走就太笨了。」又贈給他三千萬貫錢，並說：「如果這一次還不醒悟，那你的貧窮真的就無可救藥了。」杜子春心想：「我縱情享樂，花天酒地，把生路都斷絕了，親戚宗族沒有一個肯看顧我，獨獨這個老人三次慷慨饋贈，我怎麼承當得起呢？」便對老人說：「得到您這筆錢，我在人世間的事便可以妥善安排，家族裡的孤兒寡婦的衣食有了保障，於情於理，也可算圓滿了。我感謝您老人家的大恩大德，一旦安排好我的事，就一切聽從您的使喚。」老人說：「這正是我的心願。你把人間俗事辦好，明年七月十五中元節，到老君祠前那兩株檜樹下見我。」杜子春因為家族的孤兒寡婦多住在淮南，便把資金轉到揚州去，買下百頃良田，又在城裡蓋起大房子，還在要道設置了百多間客房，把家族內的孤兒寡婦都召來，分給他們住房。資助甥侄們婚嫁成家，幫助族人親戚遷棺合葬。以前對他施過恩惠的報恩，有過怨仇的都和好了。辦妥了這些事後，杜子春及時趕到跟老人約定的地方。

老人正在兩株大檜樹的樹蔭下悠閒的吟嘯。杜子春便跟著他登上華山雲台峰，再進去四十多里，看見一處房屋異常整潔，不像平常人的住處，上面有正堂，中間有煉藥爐，高九尺多，紫色火焰發出奇異的光輝，映照著門窗，有九名玉女，環繞煉藥爐站立；青龍和白虎盤踞在爐前爐後。時間已經到了黃昏，老人不再穿俗人的衣裳，而是作道士裝束。他手拿三顆白色的藥，一盅酒，遞給杜子春，叫他即刻吃下。吃完，老人又拿出一張虎皮鋪在室內西牆旁邊，叫他朝東坐下。告誡他：「千萬不要說一句話，即使出現尊神、惡鬼、夜叉、猛獸、地獄，甚至你的親屬被捆縛受盡萬般痛楚，一切都不是真的。你只要不動、不出聲，內心平靜，毫不懼怕，便不會受到傷害。你要一心記住我的話！」說完就走了。

杜子春看看庭院裡，只有一只巨大的缸，貯滿了清水。道士剛離去，便見成千上萬的騎兵遍布山谷，戰爭的聲音驚天動地。有一個稱為大將軍的，身高一丈多，人和馬都披著金甲，光芒四射。帶著數百個親信，一個個拔出利劍，拉滿強弓，直奔堂前大喝：「你是什麼人，竟敢不迴避大將軍！」左右親信挺劍向前，逼問他的姓名，又問他在幹什麼，杜子春都置之不理。問話的人大怒，催促斬首、爭相射箭的聲音如晴天霹靂，杜子春還是一聲不吭。大將軍怒氣沖沖的走了。

一會兒，猛虎、毒龍、毒蛇、蠍子數以萬計，咆哮吼叫，又抓又撲，爭著衝上前來，要把他吞吃掉，有的還在他頭上跳來跳去。杜子春不動聲色，牠們鬧了一陣也就散了。

接著，大雨滂沱，雷電交加，天昏地暗，一會兒，庭院裡積水一丈多深，電閃雷鳴，彷彿高山大川頓時破裂，勢不可當。一瞬間，波浪淹沒了他的座位。杜子春仍然端坐著，看也不看。

沒過片刻，那個將軍又來了。帶著牛頭馬面的獄卒，奇形怪狀的鬼神，把正在沸騰的大鍋放在杜子春面前，獄卒舉著長槍鋼叉，布滿四周。將軍傳令說：「肯說出姓名，就放了你。再不肯說，就用鋼叉刺穿心膛，拋到大鍋裡。」杜子春還是不作聲。獄卒便把他的妻子綁來，扭到石階下，指著她說：「你講出姓名就饒了她。」杜子春還是不答應。於是，他們就用皮鞭打得她遍體鱗傷，世界上想得到的酷刑都用上了。他的妻子哭喊著說：「我雖然又醜又笨，配不上您。可是有幸做您的妻子，服侍您十多年了。現在被惡鬼捉住，無法忍受他們的毒刑。我也不敢指望您替我跪拜求情，只希望您說句話，我就可以保全性命了。誰沒有憐憫之心，難道你忍心不肯說一句話嗎！」她在庭中淚下如雨，邊咒邊罵。杜子春始終不理她。將軍就說：「難道我就不能對你的妻子用酷刑嗎？」下令取來銼刀和石碓，把她從腳跟起一寸寸的銼成粉末。杜妻哀嚎得愈來愈急，杜子春還是不理睬。

將軍說：「這傢伙妖術已經煉成，不可以讓他久在人世間！」下令左右將杜子春斬首。斬首以後，他的魂魄被領著去見閻羅王。閻王說：「這不是雲台峰的妖民嗎？」下令馬上交給監獄，上刀山，下油鍋，凌遲剝皮，讓他嘗遍各種酷刑的痛苦。可是杜子春心裡記住道士的囑咐，痛苦似乎也就可以忍住，竟然都不吭一聲。

等各種刑罰都已用完。閻王說：「這傢伙陰險狡猾，不能讓他投生變男人，只能叫他做個女子。」於是發配他生在宋州單父縣丞王勤家裡。她生下來就多病多難，又曾經掉進火裡，跌下床來，歷經種種痛苦，可是始終不哼一聲。不久她長大了，姿色美麗得無與倫比，宛如仙女下凡，只是口不發聲，家裡人都把她看作啞女。有些輕佻的親戚，設法調戲她，她就是不開口。

同鄉有一個進士叫盧珪的，聽說她容貌美麗而心生愛慕，請謀人來求婚。王家因為她是啞女不敢允婚。盧珪說：「娶妻看的是三從四德，又何必會講話呢？而且這樣反而可以警戒那些長舌婦呢！」王家便答應了。盧生親自迎娶她做妻子。過了幾年，夫妻感情很深厚。生了一個男孩，剛剛兩歲就聰明出眾。盧珪抱著兒子跟她說話，她不答應；想方設法引誘她開口，但杜子春什麼話都不說。盧珪大怒，說：「從前周朝的時候有位賈大夫，妻子因為瞧不起丈夫醜，婚後三年間不說話也不笑，可是有次當她看到丈夫射中雉雞，才終於不再覺得遺憾。如今在妳眼中我卻連個賈大夫都比不上，我的學問可不是射雉雞那種雕蟲小技能比的，而妳竟敢閉口不言。我被妳這樣一個下賤的女人鄙視，還留著兒子幹什麼！」說著便倒提起孩子的雙腳，將孩子的頭往石頭上使勁摜去，孩子的頭顱應聲砸碎，鮮血濺出好幾步遠。

杜子春愛子之心油然而生，一時忘了道士的囑咐，不覺失聲嘆息：「唉呀！」嘆息聲還未消失，就發覺自己仍然坐在原地，道士也站在他面前，時間才不過剛到五更。杜子春看到紫色的火焰燒穿屋樑，大火從四面八方燒來，房子在不知不覺間都已經著火了。

道士嘆息道：「窮書生竟耽誤我的事到這等地步！」便抓住杜子春的頭髮把他投到水缸中。沒過多久，火熄滅了。道士走上前說：「出來吧。在你心裡，喜、怒、哀、懼、惡、欲等情感都能忘掉，所沒有完全忘懷的，只有愛了。倘若你不嘆息一聲，我的丹藥便可以煉成，你也成神仙了。唉，成仙之材真是難得呀！我的藥可以重煉，而你的身子卻不得不留在塵世上。好生努力吧！」給他遠遠指點出歸路，叫他回家。杜子春勉強站了起來，一看，只見煉藥爐已經毀壞，爐中有一根如手臂粗細的鐵柱，長好幾尺。道士脫去衣服，正用刀子刮削鐵柱。

杜子春回家以後，不停自責，並想登門向道士謝罪。走到雲台峰，卻一點也看不到人的蹤跡，只得感嘆悔恨地回去。

聶隱娘

出自：《傳奇》／裴鉶

唐代貞元年間，魏博地方的大將聶鋒有個女兒叫聶隱娘。她十歲的時候，有個尼姑到她家來化緣討食，看見她之後非常喜歡，對她父親說：「我要向您討這女孩子帶去教導。」聶鋒很生氣，大聲斥責尼姑，叫她離開。尼姑說：「就算您把她藏在鐵櫃裡，我也會偷走她的。」天黑之後，隱娘果然失蹤了。聶鋒大為驚慌，派人到處搜尋，卻遍尋不著。父母每每想起女兒，只能相對流淚而已。

五年後，尼姑把隱娘送回來，告訴聶鋒說：「我已經將您女兒教好了，現在把她送還給您。」說完一閃身就不見了。一家人又驚又喜，圍在隱娘身邊，問她在尼姑那兒學了什麼。隱娘說：「剛開始只是讀經念咒，此外沒學什麼。」聶鋒不信，再三懇切追問。隱娘說：「說真的又怕你們不信，我該怎麼辦呢？」聶鋒說：「妳只管說實話。」隱娘這才說：「我剛被尼姑帶走時，不曉得走了多少里路。天亮後，來到一個大岩穴的洞口，裡邊長寬約有數十步，沒有人居住。那兒有很多猴子，四周都長滿藤蘿蔓草。裡面已經有兩個女孩子，也都是十歲，都很聰明美麗，她們整日不吃東西，能在峭壁上飛一般行走，有如敏捷的猴子爬樹一樣，不會失足。尼姑給我一粒藥丸，還叫我經常握著一口寶劍，劍長二尺多，鋒利至極，毛髮放在刀鋒上，吹口氣就會斷。她命令我專門跟著那兩個女孩攀爬峭壁和樹木，漸漸地我感到自己身體變得輕盈敏捷，行動如風。

「一年以後，我揮劍刺那些猴子，百無一失；後來練習刺虎豹，每次都能砍下虎豹的腦袋拿回來。三年以後我能飛了，刺天空中的鷹，也沒有刺不中的。之後劍刃逐漸磨損縮短到五寸長，飛禽被這劍刺到前，都很難察覺。到了第四年，尼姑留下那兩個女孩子守洞穴，將我帶到一座城裡，我也不知道是什麼地方。尼姑指著一個人給我看，一一細數他的罪狀，說：『給我砍下他的頭來，不能讓旁人察覺。放膽去幹吧，這像鳥飛行一樣容易。』她給我一把羊角匕首，長只有三寸。於是我就在光天化日之下把那個人刺死了，沒有人發現是我幹的。我將人頭裝入袋子，帶回尼姑的住處，用藥將它化為水。到第五年時，她又說：『某個大官有罪，無故害死了許多人，妳晚上到他家去，砍下他的頭取回來！』我又帶著匕首到大官家，從門縫進到室內，毫無阻礙，然後伏在屋樑上。直到天亮，我才帶著大官的腦袋回到岩穴。尼姑很生氣地問我：『怎麼這麼晚才回來？』我說：『我看見這人在逗弄他家的小孩，甚為可愛，不忍心立即下手。』尼姑斥責我說：『以後遇到這種情況，就先殺掉他所愛之人，再殺掉他。』我恭敬地謝罪，感謝她的教導。尼姑說：『我來將妳的後腦開個口，把匕首藏在裡面，這不會傷害到妳，需要時即可抽出使用。』之後尼姑說：『妳的武藝已經學成了，可以回家去。』於是將我送回來，又說：『二十年後，妳才可再跟我見面。』」

聶鋒聽了這番話，心中感到非常懼怕。此後每到天黑，聶隱娘就不見蹤影，到了天亮時才回家。聶鋒已不敢追問她，因此心裡也不太疼愛女兒了。有天，忽然有個以磨鏡為生的少年來到聶鋒家門前，隱娘說：「這個人可以做我的丈夫。」她告訴父親自己的意思，父親不敢不答應，就把女兒嫁給磨鏡少年。她的丈夫只會磨鏡子，其他什麼也不會。父親聶鋒就送給他很豐厚的衣食，讓他和女兒住在外邊的房裡。幾年後，聶鋒就去世了。

魏博地方的軍事主帥略微聽說了聶隱娘的奇異本領，就以金錢財帛委任她為手下。如此又過了幾年，到了元和年間，魏帥與掌管陳州、許州的節度使劉昌裔不合，就派聶隱娘去行刺，取他的腦袋。隱娘夫婦於是辭別魏帥前去許州。

劉昌裔有神機妙算，知道隱娘要來許州，他召來府中的武將，命令他：「明天你一早趕到城北去，等候一男一女，他倆分別騎著白驢和黑驢，到城門邊時，會有隻喜鵲在他倆前面吱喳叫，丈夫拿彈弓射喜鵲沒射中；妻子一把奪過丈夫的彈弓，一射就把喜鵲擊斃了。你就上前對他倆行禮，說我劉某人想與他們相見，所以派你代我來遠道恭迎。」武將按照命令做了。雙方見面之後，隱娘夫婦說：「劉僕射果真是神人哪！不然怎麼會知道我們來了呢？我們願意與劉公見面。」劉昌裔很熱情款待他們。隱娘夫婦感動地拜謝道：「我們原本還想害死僕射大人，真是罪該萬死！」劉昌裔說：「不要這樣說。人各為其主做事，這是人之常情。魏州與許州有什麼不同呢？希望你們倆能留在我這兒，不要有疑慮。」隱娘很感激，說：「僕射大人身邊沒有人手，我們願意投入您門下。我們很佩服大人的神算！」心中明白魏帥比不上劉昌裔。劉昌裔問隱娘有什麼要求，隱娘回答：「每天只要有兩百文錢就足夠了。」便答應了他們的要求。這時隱娘夫婦來時騎的兩匹驢子忽然不見了，劉昌裔派人尋找，卻不知去向。後來他偷偷檢查隱娘的布袋，看見裡面有兩隻紙剪的驢子，正好一黑一白。

一個多月後，隱娘告訴劉昌裔：「魏帥不會罷休，一定會再派人來殺你。今晚請同意我剪下您的頭髮，用紅絲綢綁好，送到魏帥枕前，以示我決不回去的決心。」劉昌裔聽從她的意思。到了晚上四更，隱娘回來了，說：「信物送到了。明天夜裡魏帥一定會派精精兒來殺我，並且取僕射大人的腦袋。我們也要想各種方法對付他們。請大人不必憂慮。」劉昌裔個性豁達大度，也毫無懼色。

這天晚上，劉昌裔點著燈燭等候刺客。下半夜果然出現一紅一白兩面小旗子，在他床頭四角飄來飄去，好像在互相打鬥。過了許久，他看見一個人從空中跌到地上，身首異處。隱娘這時也現出原形說：「精精兒已被我殺死了。」說著將精精兒的屍首拋到大廳，用藥化為水，連毛髮都不見了。

隱娘說：「明天晚上魏帥會接著派高手空空兒來！空空兒的法術很神妙，沒有人能知道他到底有哪些能力，連鬼怪也追不上他的蹤影。他可以上達太虛、潛入地府，來去無形，連影子也沒有。我的武藝無法達到他的境界，全得靠僕射大人自身的福份了！到時候您可用于闐美玉圍住脖子，再蓋著棉被，我就變成一隻蠛蠓，藏進僕射大人的腸子裡，此外再沒別的逃避處了。」劉昌裔照隱娘的話去做。

到了三更，劉昌裔正閉眼假寐，果然聽到脖子上鏗然一聲，聲音甚大。隱娘從他口中跳出來，高興地祝賀說：「僕射大人的危險過去了！這個人像高傲的鷹隼，一擊不中，就翩然而去，他為沒擊中目標而自覺恥辱，離開還不到一更，就已經遠去千里之外了！」事後劉昌裔檢視護住脖子的玉石，果然上面有匕首劃過的痕跡，痕跡很深。

從此之後，劉昌裔對聶隱娘更加禮遇。元和八年，劉昌裔從許州調任京師，隱娘不願跟隨，她說此後要雲遊尋找靈山秀水，拜訪得道的高人。只求給丈夫一個掛名的虛職維生。劉昌裔答應她的要求。後來就漸漸不知道隱娘的行蹤了。

等到劉昌裔在任上去世時，隱娘曾騎著驢到京師，在劉昌裔靈柩前慟哭一番才離去。開成三年，劉昌裔的兒子劉縱被任命為陵州刺史，上任途經蜀地棧道，在那裡遇見隱娘，容貌一如當年。隱娘很高興能與劉縱相見，仍然和以前一樣騎著白驢子。她對劉縱說：「少爺有大禍，不應該擔任官職。」又拿出藥丸一粒，叫劉縱吞下，說：「明年您必須趕緊辭官位回洛陽，才能夠擺脫這場災禍。我的藥丸只能保您一年無患。」劉縱不大相信她。劉縱想送些華美的絲綢給隱娘，她沒有接受，痛飲幾杯酒後就走了。過了一年，劉縱沒有辭去官位，果然死在陵州。

從此之後，再也沒有人看到過隱娘了。

板橋三娘子

出自：《河東記》／薛漁思

唐代汴州的西部有一家板橋旅店，店裡只有一位老闆娘，名叫三娘子，沒人知道她的來歷。她大概三十多歲，一個人住在店裡，沒有丈夫兒女，也不曾見她有親戚往來。三娘子有幾間房屋，靠著開飯鋪為業，可是家裡卻很富足，畜養了很多頭驢子。來來往往乘車騎馬的官差、商人等各種旅客，若是盤纏不足的，三娘子還會少算些食宿的價格予以周濟。人們都稱讚她人品好，遠近來往的旅客，都喜歡到她這兒落腳休憩。

元和年間，許州有個叫趙季和的客人，要到東都洛陽，路過此處投宿在板橋店中。先到店的旅客有六、七個，已經占了方便好睡的床位。趙季和後到，只得睡到最靠裡頭的床位，這張床隔牆就緊挨著店主人的住房。

安排完住宿，三娘子招待旅客們用餐，飯菜豐盛可口。夜深了，她還不斷給大家勸酒，也一起飲酒談笑，十分快樂。趙季和從不飲酒，但也跟著大家說說笑笑。就這樣直到二更時分，旅客們都醉了，精神困倦，於是各自就寢。三娘子也回到自己房裡，關了門，熄了燭。人人都熟睡了，只有趙季和翻來覆去睡不著。他聽見隔壁房裡傳來窸窸窣窣的聲音，好像是三娘子拿動什麼東西。他一時好奇就從壁縫往裡頭窺看，竟看見三娘子從燈罩下取出燈燭，把燈光挑亮些後，從衣箱裡取出一副犁、一頭木牛及一個木偶人，大小皆約六、七寸。她把這些小玩藝兒放在灶前，口裡含水朝它們一噴，木牛、木偶人竟開始行走。木偶人牽著木牛套好犁，就在三娘子床前，一塊席子般大的地上耕種起來，來來去去反覆耕種了幾回。三娘子又從箱子裡拿出一小包蕎麥種子，交給木偶人種進土裡，轉眼麥子就生芽、開花、結出成熟的麥粒。三娘子叫木偶人收割蕎麥、打麥，大約獲得七、八升的麥子。接著三娘子又攏出一副小磨子，讓木偶人將麥子磨成麵粉，這才將木偶人等小玩藝兒收進箱中，她就用這麵粉做了幾個燒餅。

又過了一會兒，雞鳴天亮，旅客們起身準備出發。三娘子先起來點亮了燈，把剛做好的燒餅端上桌，給旅客們當早起充飢的點心。趙季和心生疑懼，馬上向三娘子告辭，假裝離開後，又隨即潛回到旅店窗外暗中觀察。只見旅客們圍著餐桌吃起燒餅，燒餅還沒吃完，忽然都撲倒在地喊叫，旅客竟全變成驢子了！三娘子將這些驢子全趕入店後的驢圈裡，轉身回來搜刮這些人的財物占為己有。趙季和也不把這件事告訴別人，心中暗暗羨慕三娘子的法術。

一個多月後，趙季和從洛陽回來，快到板橋店時，自己預先做了些蕎麥燒餅，大小就和先前三娘子做的一個模樣。

到了板橋店裡，又在此處住宿。三娘子還是像從前那般熱情，因這一晚沒有其他的旅客，三娘子的招待就更加豐厚細心。夜深時，三娘子殷勤的詢問客人有什麼需要。趙季和說：「明天早晨出發前，請給我做一些點心吃吧！」三娘子說：「這事不用費心，您只管安安穩穩的休息吧。」半夜，趙季和偷偷窺視她的舉動，所做之事和前次見到的一模一樣。

天亮時，三娘子準備好食盤，果然盤裡裝了好幾枚燒餅。擺好盤子後，三娘子轉身去拿其他東西，趙季和趁機拿出事前準備好的燒餅，悄悄地調換了盤子中的其中一枚，不讓三娘子察覺。趙季和要開始用餐時，假意對三娘子說：「碰巧我自己也還剩些燒餅，請把妳做的燒餅收起來，留著款待其他旅客吧！」就拿出自己的燒餅吃。正吃著，三娘子奉茶出來，趙季和說：「請妳也嘗一嘗我自己帶來的燒餅吧。」於是把剛剛挑出換來的那個燒餅遞過去給三娘子吃，三娘子才剛把燒餅送入口中，就四肢趴在地上發出驢叫聲，立刻變成了一頭很健壯的驢子。趙季和將木偶人、木牛、種子等法術道具全收歸己有，騎著三娘子變成的驢子出發，但他沒學得三娘子的法術，雖然試著讓木偶人、木牛去耕地種麥，卻一直無法成功。

趙季和騎著這匹驢子周遊各地，從沒遇到阻礙，也從未失足誤事，每天走的路程可達百里。四年後，乘著牠進到函谷關，到華岳廟東邊五、六里處，路旁忽然出現一位老人。老人拍手大笑說：「板橋三娘子呀，妳怎麼變成這副畜牲模樣！」說著牽住驢子對趙季和說：「她雖然犯錯，但受到的懲罰也夠厲害了，可憐可憐她，就在這裡放了她吧。」於是老人就用手從驢的口鼻邊將驢皮撕開，三娘子從驢皮中跳了出來，仍是過去的模樣，她向老人拜謝後就跑走了。從此再也不知她到哪裡去了。

關於《河東記》

唐代傳奇故事集。作者薛漁思，生平不詳，原書已佚，僅存於《太平廣記》中。作者在自序中說此書為續牛僧孺《玄怪錄》而作，內容多記載神怪詭譎之事。

畫中美人

出自：《聞奇錄》

唐代進士趙顏從畫工那兒得到一幅屏障，上面描繪著一位非常美麗的女子。趙顏對畫工說：「世上哪有如此漂亮的人兒啊，多希望能使她變成真人，我願意娶她為妻。」畫工跟他說：「我的畫具有神靈，這女子也是真有其名的，她叫真真，只要你晝夜不停呼叫她的名字，叫上一百天後，她就會答應你。她一答應，你馬上就用百家彩綢燒成灰後所泡的酒餵她，她就能活過來。」

趙顏照著畫工的話做，晝夜不停的呼叫，叫了一百天，畫上的女子果真應聲：「欸。」趙顏急忙用百家彩灰酒餵她，果真活了過來。

真真從畫上走出來，言談笑容、飲食生活都和常人相同。真真對趙顏說：「承蒙您熱心的召喚，我願意當您的妻子。」如此生活了快一年，他們也生了一個兒子。

小孩長到兩歲時，趙顏的一位友人對他說：「那是妖怪呀！他一定會給你帶來災難的。我這裡有一把神劍，你快將她殺了。」

那天晚上，友人將劍送到趙顏家，劍剛進趙顏房間，真真就哭喊著說：「我是南岳的地仙，無緣無故被人畫上外貌，你又不斷的呼喚我的名字，我為了不讓你失望，才與你一起生活。現在你又懷疑我，我再住下去有什麼意思呢！」說完，就嘔出了先前所飲的百家彩灰酒，帶著她兒子退到屏障上。

之後再看那屏障，還是原來的圖畫，只是多了一個孩子。

關於《聞奇錄》

唐代傳奇故事集，作者不詳。〈畫中美人〉的故事也見於唐代詩人杜荀鶴的《松窗雜記》。

廉廣的神筆

出自：《大唐奇事》／馬總

從前有個山東人叫做廉廣，因為在泰山採藥遇上大風雨，就躲到樹下，一直等到半夜風雨才停止。此時已是黑夜，無法分辨四周方向，只能憑感覺向前走。

走了一會兒，廉廣遇到一個人，看樣子像個隱士。他問廉廣：「你為什麼深夜還在這裡？」說著就和廉廣一起坐了下來，二人聊了一會兒，忽然他對廉廣說：「我會畫畫，可以把繪畫的技術傳授給你。」廉廣不知他有什麼意圖，只好恭順地連連點頭。那人說：「我送你一支筆，只是你要好好地藏起來。當你想要什麼的時候就畫什麼，一定會靈驗。」於是那人從懷裡拿出一支五色彩筆給他。當廉廣低頭拜謝時，那人忽然不見了。

廉廣把筆拿回來後，試著畫畫，果然畫什麼就真的出現什麼，只是因為這件事得要瞞著他人，所以他也不敢隨便畫。

後來，廉廣因為採藥到了中都縣，中都縣的縣官姓李，天生愛好繪畫，不知怎麼，他居然知道廉廣的祕密！他把廉廣叫來，設宴款待，酒席間慢慢地談起此事。廉廣隻字片語都不肯透漏，李縣官苦苦哀求，廉廣被他纏得沒辦法，就在縣官官舍的牆壁上畫一百多個鬼兵，那些鬼兵都像準備去出征的樣子。中都縣姓趙的縣尉知道了，也堅決要求廉廣替他作畫。廉廣又在姓趙的官舍牆壁上畫了一百多個鬼兵，鬼兵的樣子各個都像兇神惡煞，那天晚上，兩個地方畫的鬼兵打起仗來了。李、趙二人見了這種怪事，不敢讓鬼兵再留在牆上，就把鬼兵們全部毀掉。廉廣害怕官府怪罪下來，就逃到下邳縣。

下邳縣的縣令得知這個消息，下令要廉廣為他作畫，廉廣很為難地告訴縣令：「我偶然在夜裡遇到神仙，他傳授我繪畫的方法。但是我常常不敢下筆，因為畫出來的東西往往會招致災厄，希望您明察我的難處。」那個縣令根本不聽廉廣的話，對他說：「畫鬼兵才有鬼戰，那你畫其他的東西就好了！」於是命令他畫一條龍。

廉廣迫不得已，只好硬著頭皮畫，才畫完最後一筆，只見風雲變色，剎那間狂風驟起，畫上的那條龍騰空而飛，直上雲端，隨即大雨滂沱，一連幾天下個不停。縣令擔心房子被雨水泡壞，又懷疑廉廣有邪術，於是把他關進監獄。廉廣不斷澄清自己不會法術，但暴雨不停，所有人都不相信廉廣。廉廣在監獄裡大哭，向山神禱告。這天夜裡，夢見神仙對他說：「你畫一隻大鳥，對著牠大聲吆喝，騎著牠遠走高飛，就可以遠離災難了。」

天一亮，廣廉就在牆上畫一隻大鳥，才剛畫完，廣廉大聲吆喝牠，那鳥果然搧動翅膀飛了起來。廉廣坐上去，一直飛到故鄉泰山腳下才從鳥背上下來。

這時候，隱士又出現了，他對廉廣說：「就是因為你洩漏機密，所以才有這場災難，我送你一支小小的筆，本來希望能為你帶來幸福，誰知道反而替你招來災禍，你還是把那隻筆還我好了。」說完，廉廣才剛把筆歸還，那神仙忽然不見了。廉廣因此再也不能畫出神奇的畫了。他在下邳畫的那條龍，也被塗上了泥巴，永遠看不見了。

關於《大唐奇事》

唐代筆記故事集，作者馬總，生卒年不詳。原書已佚，部分收錄於《太平廣記》中。

鈕婆作怪戲主

出自：《靈怪集》／張薦

山東鄆州有個司法參軍關某，家裡有個女僕姓鈕。關某供給女僕衣食，以便使喚她。後來女僕年歲大了，就稱呼她鈕婆。

鈕婆有一個五、六歲的孫子，名叫萬兒，與祖母一起住在關家。關某也有一個小男孩，名叫封六，與萬兒年紀差不多。關妻的兒子常與鈕婆的孫子一同玩耍，每當家人為封六縫製了新衣，必然把換下的舊衣送給萬兒。

有一天早晨，鈕婆憤憤不平，忽然發怒說：「都是小孩子，為何要分貴賤？你的兒子盡穿新衣服，而我的孫子卻總撿舊的穿！」關某的妻子說：「封六是我的兒子，你的孫子只不過是奴僕的後代。我是念他與我的兒子年齡相近，所以才把衣服給他穿，妳怎麼這麼不識大體，不知道自己身分的差別嗎？從此以後連舊衣服也不再給了！」

鈕婆笑著問說：「這兩個小孩子有什麼不同？」關妻說：「奴僕怎麼能跟主人相同？」鈕婆說：「真的不相同嗎？我來試試看。」於是她把封六及孫子萬兒都覆蓋在裙下，按在地上。關妻吃驚地站起來要去奪回兒子，卻發現兩個孩子都是鈕婆的孫子，相貌、衣服都一模一樣，無法分辨。鈕婆說：「你看這就是一個樣啊！」關妻非常害怕，馬上和關司法一同到鈕婆面前誠懇求她：「沒想到有神人在這裡。」從此，一家人對鈕婆恭恭敬敬，不敢再以舊時態度相待。

過了很久，鈕婆又將兩個小孩子按在裙子裡，馬上恢復了本來的模樣。關家又忙著換另外的房間給鈕婆居住，寬厚對待她，不再使喚她幹活。

又過了一年，關家越來越厭惡鈕婆，對她的態度也漸漸變得懈怠了，私下裡還商議要害死她。關某要妻子用酒灌醉鈕婆，關司法自己埋伏在門後，用大鋤猛擊鈕婆的腦袋，鈕婆應聲倒地，但仔細一看，居然變成一根長數尺的栗木。夫妻二人非常高興，用斧子砍碎栗木，再燒了它。

才剛燒完，鈕婆就從屋中走出問道：「你們為什麼對我開這麼殘酷的玩笑啊？」說笑如往常一樣，毫不介意。鄆州的人都知道這件事，關司法無計可施，準備稟報觀察使。到了觀察使住所，忽然看見另一個關司法，已先拜見觀察使並稟報了這件事，模樣與自己沒有任何區別。關司法於是返回，走到家裡，堂前又有一位關司法先到家，妻子無法辨認真假。他們又苦苦哀求鈕婆原諒，哭哭啼啼的跪地央求許久，兩個關司法才漸漸靠近，合為一人。

從此，關家不敢再有加害鈕婆的想法，鈕婆就這樣在關家住了數十年，也不再有禍患。

關於《靈怪集》

中唐傳奇故事集，作者張薦（744～804），他的祖父張鷟也是個有名的文學家。《靈怪集》原書已佚，《太平廣記》中收錄了部分篇目。

點睛成真的牧童與馬

出自：《夷堅志》／洪邁

宋代崇寧年間，婺源縣有個商人叫汪大郎，有一次得到了一匹好馬。那馬的毛色明亮，筋骨挺拔有神，高昂駿秀。汪大郎找了一個牧童照料牠，那牧童也善於調理馬匹，馬每日起居正常，越來越發健壯。

從外縣有一個雕塑匠來到此處，縣民們出錢，請他為當地的五侯廟塑一匹馬的雕像。有人戲謔地說：「如果能塑得像汪大郎的馬一樣駿，那就可以稱做高手，答謝的酬金也就會增加。」那雕塑匠正想大展身手，顯露他的技藝，於是馬上去拜訪那位牧童，拿果子送他吃，討好他，慢慢的與他親近。

雕塑匠每天到馬廄去偷偷觀察汪大郎的馬，又不時請牧童喝酒，並把他引到山上，乘著牧童喝醉昏睡時，丈量馬的高矮肥瘦，甚至連耳目口鼻和鬃毛等微小的細節，都弄得一清二楚，甚至對那牧童也是一樣地記錄清楚。雕塑匠完全掌握了馬和牧童的外形後，才開始到祠堂雕塑。

完工後，那雕塑活靈活現，像極了汪大郎的馬和牧童。雕塑匠選了一天給馬和人畫上眼睛，眼睛才點上，汪大郎的馬忽然發狂奔跑，牧童追趕著也騎上了馬，那馬帶著牧童逕自朝城南的杉木潭跑去，結果和牧童一起淹死在潭中。

從此以後，廟前雕塑的馬每晚都會到西湖邊去喝水，或者到鄰近的村莊吃莊稼。第二天，湖畔和田間就會看見馬蹄印的蹤跡，而廟前泥馬的唇邊還會沾著浮萍和泥漿，吃過的禾穗零落散在路旁。而那牧童也有神跡，人們到廟裡祭祀祈禱，牧童都託夢給他們。直到宣和年初，民變的起義軍進攻此處，廟遭焚燒，泥馬和牧童的怪事才消失滅跡。現在老一輩的人偶爾還談起此事。

關於《夷堅志》

宋代筆記小說集。洪邁（1123～1202）編撰，書名取《列子．湯問》「夷堅聞而志之」之意，專門記載怪異之事，後世不少話本和戲曲都從此書取材。本書內容搜羅廣泛，篇幅是宋代志怪小說之冠。除了神仙鬼怪之事，書裡也記載了許多奇聞軼事、民間故事、城市生活等，是研究宋代社會的珍貴史料。

勞山道士

出自：《聊齋志異》／蒲松齡

某縣有個王生，在家中排行第七，本是世家子弟。自年輕就很羨慕道術，他聽說勞山有很多神仙，便挑著書箱前去遊歷。

王生好不容易登上山頂，見到一座非常清幽寂靜的廟宇，一位道士坐在蒲團上，白髮長垂兩肩，但容光煥發，氣度非常豪邁。王生鼓起勇氣嘗試著和他交談，沒想到道士精通玄理，王昇想拜道士為師，道士卻說：「恐怕你嬌生慣養，沒辦法吃苦。」王生連忙回答：「能吃苦，能吃苦。」道士的門徒很多，傍晚時都回來了，王生向他們一一行禮，留住在廟中。

第二天清晨，道士把王生叫去，交給他一把斧頭，讓他跟著大家進山砍柴。王生恭敬從命，就這樣過了一個多月，手腳都磨出了厚繭，他越來越受不了這苦頭，暗地裡產生回家的念頭。

一天晚上，王生回到廟中，看到師父陪同兩位客人飲酒，當時天色昏暗，也沒有燈燭。師父就用紙剪成一面鏡子，黏貼在牆上，一會兒，屋內如同明月照射一般，亮得能看清一根根的頭髮。門徒們伺候著客人，不停的奔走，一位客人說：「這麼美好的夜晚，飲酒作樂，不可不一同分享。」於是，就從桌上取下一把酒壺，分別倒給眾門徒，並且囑咐大家不醉不歸。王生心想：「這裡有七、八個人，那麼一小壺酒怎麼讓大家醉倒？」但大家仍分頭尋找杯碗，爭先喝酒，深怕酒壺空了。但是，多次你斟我酌的，酒壺中的酒竟也不見減少。王生心中覺得奇怪。不久，另一位客人說：「承蒙皎潔明月照耀，我們卻如此默默喝酒，為何不請嫦娥來一起同歡？」師父便拿一根筷子向月中拋去，只見一個美女從月亮中走了出來。這美女起初不足尺把長，落地後卻和常人沒有兩樣，長頸細腰，翩翩跳起了霓裳舞，後來還唱起歌：「神仙啊神仙，你回來呀，為什麼將我幽禁在廣寒宮中？」那歌聲清亮高揚，優美得像管簫。嫦娥唱完後，旋轉起身，跳到桌上，大家正看得驚訝，卻又變成了筷子，三人大笑。客人又說：「今夜真是非常盡興，但我已經醉了，你們可以在月宮為我餞行嗎？」於是三位移動席位，漸漸搬到月中。大家看見三人坐在那月中喝酒，鬍鬚眉毛都看得清清楚楚，就像那鏡中的人影。不久後，月色漸暗，門徒點燃蠟燭，卻只有道士獨坐，客人都不見了。桌上那些吃剩的東西，也都還放著。牆上的月亮這時看起來，也只不過是圓得像鏡子的一張紙罷了。道士問大家：「喝夠了嗎？」門徒回應：「足夠了。」師父又說：「喝夠了就早點休息睡覺，別耽誤了明天砍柴的工作。」大夥應聲後散了。看到這天晚上的事，王生心中高興，打消了回家的念頭。

又過一個月，王生又覺得苦得難受。道士卻仍舊不傳授半點方術，王生實在無法再繼續等待，便向師父告辭說：「弟子走了好幾百里路，拜師受業。即使不能學到長生術，也請師父傳授一點小功夫，滿足我好學的求教心。如今卻已過了兩、三個月，都是早出晚歸，砍柴的工作罷了。弟子在家從沒有受過這樣的苦。」道士笑著說：「我早就說你不能吃苦，如今果然如此。明天應當早早送你走。」王生說：「弟子操練這麼久，還請仙師傳授一點小小法術，才不辜負此行。」道士問他：「你想學些什麼？」王生說：「每次看到師父行走，牆壁都無法阻擋，要是我能學會這種本領那也就滿足了。」道士笑著答應他。便傳授他一段口訣，要他自己念完，再喊：「進去！」王生面對牆壁不敢撞。道士又鼓勵他：「再試試！」王生只好慢慢走到牆下，停步不前。道士說：「低下頭就可以穿過去，不要遲疑！」王生便離牆幾步，跑步向前；碰觸到牆壁時，果真虛若無物；回頭一看，真的待在牆外了。他十分高興，忙進去向師父道謝。道士叮嚀他：「回去後，應該潔心自持，否則法術就不會靈驗。」就給了王生路費，打發他回家去。

回到家，王生自誇遇到神仙，堅固的牆壁也無法阻擋他。妻子不信，王生要示範給她看，離牆幾尺，快步奔來，頭碰到堅硬的牆壁，卻猛然倒地。妻子扶他起來，一看，額頭已經腫得凸出來，好像一顆大蛋。妻子譏笑他，王生又氣又羞愧，只能痛罵老道士沒良心。

關於《聊齋志異》

清代著名的文言小說集。作者蒲松齡（1640~1715），全書共有將近五百篇故事，內容大多是鬼魅妖狐的幻想故事，主題大致有對愛情的歌頌、對官場的抨擊，對司法等社會黑暗面的揭露，以及對世情的諷喻。

有此一說

蒲松齡自小聰明好學，但卻始終科場失意，懷才不遇，一生清苦，於是用創作這些故事來寄託悲憤。據說他在寫此書時，常在路旁以菸和茶招待過路客人，請他們講述各種奇聞異事，他再加以記錄成書。

《聊齋志異》的創作受到六朝志怪小說影響，但具有更高的文學和藝術成就，所描寫的人事物無不生動逼真，情節曲折宛轉，描寫深刻，語言精妙。蒲松齡的好友王士禎對本書評價甚高，甚至欲以五百兩黃金購買手稿而不可得。

這本書在在清代十分風行，諸如紀昀的《閱微草堂筆記》、袁枚的《新齊諧》、沈起鳳的《諧鐸》等等，均受其影響。

第四部

人間與鬼界的第三類接觸

《禮記》：「眾生必死，死必歸土，此謂之鬼。」

而鬼怪的世界，無非是人間的縮影……

宗定伯賣鬼

出自：《列異傳》

河南南陽有個叫做宗定伯的人，他年輕的時候，有次走夜路遇到一個鬼。

宗定伯問：「你是誰？」鬼回答說：「我是鬼，你又是誰？」宗定伯騙他說：「我也是鬼。」那鬼又問：「你要到哪兒去？」宗定伯回答：「我要到宛城市場。」鬼說：「正好，我也要到宛城市場。」

他們一同走了幾里路。鬼說：「這樣子走實在太累了，不如我們交換背著對方走罷！」宗定伯說：「好極了！」鬼就先背宗定伯走了幾里路。鬼一面背一面懷疑地問：「你怎麼這麼重？難不成你不是鬼吧？」宗定伯說：「我是新死的鬼，所以身體重些。」輪到定伯背鬼行走的時候，感覺鬼絲毫沒什麼重量。如此這般，他們輪換了好幾次。

宗定伯假意問：「我是個新鬼，不知道鬼都會怕些什麼？」鬼回答說：「我們鬼最怕人對我們吐口水。」

他們繼續前行。走著走著，遇到一條河，宗定伯於是讓鬼先過河，鬼過河的時候沒有發出一點聲響。輪到宗定伯自己過河時，他把水弄得嘩啦嘩啦地作響。鬼又懷疑地問：「你為什麼會發出聲音？」宗定伯說：「我剛死不久，還不習慣渡水，所以才會這樣。這沒什麼好奇怪的。」

快到宛城時，宗定伯就將鬼扛在肩上，緊緊地捉住。鬼大聲慘叫，要求放它下來，宗定伯不理會它，直奔宛城市場中心，將鬼去在地下，鬼立刻變成了一頭羊，宗定伯怕它再變化成別的東西，馬上對那隻羊吐口水。他把羊賣掉，得了一千五百錢，才離開市場。

因此當時人們就流傳一句話：「定伯賣鬼，得錢千五。」

關於《列異傳》

魏晉志怪故事集。關於作者有兩種說法，一說是魏文帝曹丕，一說是晉人張華，可以確定的是該書出自魏晉時人之手。內容多鬼神妖怪之事，原書已佚，《太平廣記》裡收錄了部分篇目。

新死鬼討食物

出自：《幽明錄》／劉義慶

有個新死的鬼，體形看起來又疲憊又消瘦，一日他遇到了生前的友人，已經是個死去將近二十年的老鬼了，看起來則是又肥胖又健壯。他們相互打招呼問候，老鬼說：「你怎麼這麼憔悴不堪啊？」新鬼說：「我餓得前胸貼後背，快不行了，你知道有什麼討食的門路，拜託傳授給我一些祕訣啊。」老鬼朋友說：「這還不容易，你只要去給人們作怪，人們害怕了，就會給你食物了。」

這新鬼聽了老鬼的話，就走到一座大村落的東邊，這裡有戶人家誠心禮佛，家內西廂房中有架石磨，新鬼就像人一樣的推起這架石磨。沒想到這家主人卻對家裡人說：「佛祖可憐我們家貧窮刻苦，下令讓鬼幫我們推磨。」還運來了麥子讓鬼繼續磨粉，到傍晚時磨完了好幾斛麥子，鬼累壞了，趕緊快快離開。他回頭去找老鬼罵說：「你怎麼騙我！」老鬼說：「你只管再去作怪，一定會得到食物的。」新鬼聽了他的話，又從村子西邊走進另一戶人家，這家人信奉道教，他家門旁有座舂米用的石碓，這鬼就學人舂米般的舂那石碓。這家主人看到了就說：「昨天鬼幫助某甲磨麥，今天又來幫助我，我再搬些穀子給它舂！」又叫女僕在一旁篩穀子，就這樣舂到傍晚，鬼累壞了，主人也沒有給鬼東西吃。新鬼晚上回來，對老鬼大發脾氣說：「我和你是親家，交情不同，你怎麼可以再三的欺騙我？這兩天盡幫人幹活，一丁點食物也沒得到啊！」老鬼朋友說：「是你自己沒遇上好機會罷了！這兩戶人家都奉佛事道，自然很難打動。你只要再去尋覓一戶普通人家作怪，就不會得不到食物了。」

新鬼又去試試了，找到了一戶人家，門前有根竹竿，鬼從門中進入，看見有一群女子在窗前吃東西，鬼又到了庭院中，看見一隻白狗，就抱著白狗在空中行走。這家人見了大吃一驚，說從來沒有見過狗會飛的怪事，就請來巫師占卜，巫師說：「這是有鬼要討食物吃，殺掉狗，再備上果品酒飯在庭院中祭祀，就不會有什麼怪事了。」這家人照巫師的話做，新鬼果然得到了一頓美食。從此以後，這鬼總是作怪。這都是那老鬼朋友教的。

韋會地府雪冤

出自：《玄怪錄》／牛僧孺

饒州刺史齊推的女兒，嫁給了湖州的參軍韋會為妻。長慶三年時，韋會要去京都長安參加吏部的調選，但妻子正好懷有身孕，於是送她回到位在饒州府治鄱陽的娘家，韋會便出發了。

到了十一月，妻子即將分娩的夜裡，忽然看見一人，高一丈多，穿著堅硬的鎧甲，手裡拿著斧鉞，憤怒的說：「我是梁朝的陳將軍，居住在這屋裡很久了，妳是什麼人，膽敢在此污染房子！」舉起斧鉞就要殺她。齊氏大叫乞求：「凡人的眼力有限，不知道將軍您在這兒，多有打擾非常抱歉，現在承蒙指正，求您允許我搬走。」陳將軍說：「不搬走就要處死妳！」左右的人都聽到了齊氏傳來苦苦哭泣哀求之聲，都嚇得趕緊過來看她。只見齊氏汗流浹背，精神恍惚，人們圍著她詢問，她才慢慢述說所見到的人與事。

等到了天亮，侍婢們把此事稟告了刺史，請求能搬到另外的屋子去。但齊推向來正直，堅信無鬼論，並沒有答應這個請求。到了這天夜裡三更，陳將軍又來了，對齊氏大怒說：「上次說是不知者無罪，按理應當寬恕妳；但妳現在知道了卻不搬走，這就不可原諒了！」於是舉起斧鉞就要砍下。齊氏又哀求說：「我父親個性倔強，不肯聽從我的請求，我只是一個弱女子，哪敢抵抗神靈？請容許我待到天亮，到時不等您來命令就會立刻搬走。這次若不搬走，甘心死一萬次。」

天還未亮，齊氏便叫侍婢打掃另外的屋子，準備把床搬過去。正要搬時，刺史回來看見，詢問搬房的緣故，侍婢據實稟告。刺史非常氣憤，將侍婢杖責數十下，並說：「懷孕的婦女身體虛弱，正氣不足，因此妖孽興起，這怎能相信！」女兒齊氏哭著央求，刺史卻始終還是不許她搬移。夜裡，刺史親自睡在女兒門前，用身體擋著門，堂屋中也增加值夜的人員，並多點許多蠟燭以求安全。半夜裡，使君卻突然聽到齊氏淒厲的驚叫聲，開門衝進去一看，齊氏已經頭破而死了。

刺史萬分痛悔，認為就是抽刀自盡，也不足以向女兒謝罪。只好把靈柩停放在另外的屋子裡，派擅長跑步的僕役去給韋會報信。

韋會因為辦理文書簿籍有些許差誤，被吏部降職處分，從另一條路回家，沒有遇到報喪的僕人，因此並不知妻子的凶訊。在離饒州百餘里的地方，忽然看見一個女人站在一座房屋前，她的容貌與舉止，都和齊氏十分相像。韋會拉了僕人一把，指著那女子說：「你看到那女子了嗎？怎麼跟我的妻子如此相像？」僕人回答說：「夫人是刺史的愛女，怎麼會到這裡來？可能是其他長得相像的女子吧。」韋會又仔細看了看，越發覺得像是自己的妻子，便躍馬走近女子前面。那女子走進門裡，斜關著門，韋會以為她應是別人，便走了開去，然而卻又忍不住回頭看。齊氏從門裡出來叫喚：「韋君，你忍心不理我了嗎？」韋會急忙下馬來看她，真的就是自己的妻子，驚奇的問她怎麼會在這。齊氏把被陳將軍所殺一事娓娓道來。

齊氏哭訴說：「我雖然愚蠢淺陋，幸而還能盡些侍奉丈夫之道，說話做事，於情於理，都未曾得罪仁人君子，正想在閨門克盡貞節，善守婦道，就此到老，卻白白的被狂鬼殺害。我自己查驗了生死簿，應該還有二十八年的壽命。現在只有一個辦法可以救我，你願意為我去試試看嗎？」韋會回應說：「夫妻之情，本來就是一體的。我現在就像是比翼鳥墜落了翅膀，比目魚失掉了另一半的眼睛，此身孤單，該何去何從？假如真有辦法，就是赴湯蹈火，我也在所不辭。只是生死異路，怕難以了解冥界的事，果真可以奉獻心力，我很願聽聽這個計策。」齊氏說道：「這村以東幾里遠的地方，有一座草堂，裡面住著一位田先生，他教導一些村童讀書。這人十分奇特怪異，你不能急忙對他提起這事。要先拋開馬用走的走到他的草堂，在門邊遞上名帖，態度就要像拜訪大官一樣尊敬，並低眉垂首哭訴我的冤情。他聽了一定會十分惱怒，甚至辱罵你，或捶打拖拉、吐唾沫弄髒你。但你一定要全數承受，結束後才能顯得你哀求懇切，那麼我一定得以生還。田先生的容貌看起來好像很不稱頭，但陰間的事他不會不重視的。」

於是兩人同行準備出發，韋會牽馬要讓妻子騎乘，齊氏哭著說：「我這身子已經不同於往日了，你即便騎馬，怕也難趕上我，事情很緊急，這會兒別再花時間相互禮讓了。」於是韋會趕著馬緊隨著妻子，的確好幾次都跟不上她。走了幾里路後，遠遠看見路北的草堂，齊氏指著草堂說：「那就是田先生居住的房子了，救我之心一定要誠懇而堅定，不管多麼痛苦也不要退卻，他如凌辱你，我就一定能生還。你千萬不能發怒，以免我們永遠分離，請好好努力！我先告退了！」說完灑淚離開，幾步之後身影便消失了。

韋會收住眼淚前往草堂去，在離草堂還有數百步遠時，便下馬穿上官服，並叫僕人拿著名帖在前面引路。到了草堂門前，田先生的學生告訴他：「先生出去吃飯還沒有回來。」韋會恭敬的在旁等候，很久之後，終於見一個戴著破帽的人，踏著木屐走來，相貌很醜陋。韋會問那些學生，他們回答：「這就是先生。」韋會命令僕人呈上名帖，自己小跑向前迎接拜見。田先生回拜說：「我只是一個鄉村老翁，教牧童求一碗飯吃，官人你為何突然這樣多禮，讓人很驚訝啊。」韋會拱手說明：「我的妻子享年還未過半，便平白的被梁朝陳將軍給殺害了，請求您救她回來，讓她能終其餘年。」他叩頭哭拜。田先生卻說：「我只是村野中一個淺薄愚蠢的俗人，學生們互相爭吵鬥嘴，我還沒法子幫他們裁奪哩，更何況陰間的事！官人該不是患了瘋病發狂吧？請趕快離開，不要隨意講這些妖言瘋語！」田先生於是不理韋會就進屋去了。

韋會跟隨著田先生進屋，在田先生座位前叩拜說：「我所訴說的這些冤屈都是真的，求求您憐憫我們啊。」先生回頭對他的學生說：「這人得了瘋病，來這裡吵吵鬧鬧，把他拖出去！再進來的話，你們就向他吐口水。」數十個村童都爭著朝他臉上吐口水，可想而知那汙穢。但韋會也不敢擦，等他們吐夠了，他又向田先生下拜請求，言辭誠摯又懇切。田先生說：「我聽說得了瘋病而癲狂的人，打了也不會痛的，大家儘管打他吧，不要打斷四肢，也不要毀了面容就是！」村童又一起回來猛烈的打，他疼痛難當，卻還是拱手而立，任由他們揮拳擊打，打完後又仍舊不屈不撓的上前哀求。田先生又叫學生將韋會推倒，抓住腳拖他出去，如此拖出去他又進來，反覆多次。

於是田先生對學生們說：「這人確實知道我有法術，所以誠心來拜託我。你們先回去，我應該救他的妻子！」村童們散去後，田先生對韋會說：「官人真是誠懇的性情中人啊，為了妻子的冤屈，甘心受盡屈辱，你的誠意令我感動。這事我知道很久了，只是之前並沒有人來申訴，現在您妻子的屍體已經腐壞，來不及整理了。我剛才拒絕您，是還沒有想出辦法啊，現在就讓我為您做個安排。」於是叫韋會進入房裡，房裡鋪著席子。席上有張矮長桌，桌上放了一個香爐，香爐前又鋪上席子。田先生坐下後，叫韋會跪在桌前。

一會兒便見一個穿黃衣衫的人帶著他朝北走了數百里，進入城中，只見居民們住的地方如同州郡首府一樣熱鬧。城的北面有一座小城，城中的樓閣殿宇，雄偉高大得像皇宮一般。衛士們拿著兵器，站著和坐著的都各有幾百人。到城門前，守門的官吏通報說：「前任湖州參軍韋某到。」韋會便隨著通報進去了，正北有九間正殿，這些殿堂中有一間掛著簾子，擺設著長條桌，有一個穿著紫紅色衣服的人面南而坐。

韋會進去，向坐著的那人叩拜，抬起頭來一看，正是田先生。韋會再次訴說冤情，田先生左右的人說：「到西邊通道的桌邊來。」韋會就走進西邊的通道，有個人交給他筆硯，韋會寫了申訴狀，韋會問現在堂上處理事務的人是什麼官銜，他回答說：「是王。」官吏收了申訴狀走上殿去。王判決說：「追查陳將軍，照慣例查驗狀紙上所列的罪狀是否屬實。」狀紙傳出，瞬息之間就聽到通報說：「拿陳將軍來！」於是一一查驗狀紙上列的罪狀，齊氏所言果然不假。王就責備陳將軍說：「為什麼枉殺平民百姓？」陳將軍說：「我居住在這房子裡至今已有幾百年，而齊氏卻擅自搬進來，還要在屋裡分娩污染房間，我寬恕了她兩次，她卻仍不搬走，因此才憤而殺她，是她自己罪該萬死。」王判決說：「陽間陰間本來各自有路，依理兩不相干。被囚禁的鬼，蠻橫的強占活人住室，你不自己反省，還反而殺害無罪之人，可拷打幾十板，流放到東海南邊去。」

案吏審看案卷後說：「齊氏的壽命確實還有二十八年。」王命令說：「叫齊氏來。」就跟她說：「陽壽未完，道理上應該讓妳返回人間，若現在放妳回去，妳願意嗎？」齊氏回答：「我真心的願意回去。」王又判決說：「交給案吏，判令放回。」案吏啟奏說：「齊氏的身體已經腐壞，她的魂魄回去會無所歸依。」王說：「派人修補好。」案吏說：「屍體全都已敗壞，無法修補。」王說：「齊氏壽命還很長，若不能讓她再生，在道理上說不過去，難以令人誠服。你們意見如何？」

有個年老的官吏上前啟奏說：「東晉時鄴下有個人意外死去，正好與這事情差不多，之前負責管事的官員葛真君判決用具魂的辦法，造出原來的身體，返歸生路後，飲食、言語、嗜好、欲望等，一切與常人都沒有兩樣。只是到壽終正寢時，不見形體罷了。」王說：「什麼叫做具魂？」這官吏說：「活人有三魂七魄，死後則分散到草木之中，所以沒有一個歸依之處。如果大王下令收回它們，將它們收攏聚合後，再用續弦膠塗在上面，那麼她與原來的身子就沒什麼不同了。」王說：「好。」召來韋會說：「使魂魄生還為人只有這個差異，就這樣處置可以嗎？」韋會回答說：「能這樣就太幸運了。」

一會兒又看見一個官吏領著另外七、八個女人前來，跟齊氏一模一樣，官吏推攏她們，合為一個。又來一個人，拿來一罐藥水，形狀像糖漿一樣，塗在齊氏身上，塗完後，王便命韋會帶著齊氏一同返回陽間。

這時那穿黃衣衫的人又來帶著韋會往南行走，出了城後，好像走在懸崖或山谷中，又忽然像是從上往下跌落。韋會睜開眼睛時發現自己仍舊跪在草堂裡的矮桌前，田先生也仍靠著桌子坐著。

田先生對他說：「這事很神祕難解，若不是您如此誠懇，是不可能有這樣的結果。然而您的夫人還沒有下葬，還須趕快埋葬原來的屍體，現在就火速傳遞一封快信請家裡人葬下。夫人回去才不會感到痛苦和不快。千萬不要在州郡裡說起此事，那怕透露出一點讓別人知道，都會對刺史不利。夫人現在已經在門前，您可與她一同回去了。」

韋會拜別了田先生，看到他的妻子站在馬前，這時她已經還魂變成活人，不再輕盈快捷。韋會卸掉一些馬馱負的行李衣物，讓妻子乘馬，自己則騎上驢子跟隨著。

韋會同時送了一封快信給刺史，請求立刻把妻子的棺柩下葬。刺史本來聽說韋會快回來了，還設了靈堂等他，等收到信，又是吃驚，又不敢不相信，但也只好勉強將女兒的棺柩下葬，然後叫兒子派轎子去迎接齊氏歸來。刺史見到齊氏更加納悶狐疑，想盡方法要詢問他們夫妻倆，但他們卻堅決不肯說出實情。

某年夏天，刺史把韋會灌醉，追問他此事，韋會酒醉不知不覺全盤托出。刺史聽了覺得很噁心，不久就得了病，幾個月後便死了。

韋會又暗地裡派人窺察田先生，卻也找不到他在何處。齊氏後來的飲食、生育，都與常人相同，只是抬她的轎夫們都感覺不到轎子裡頭有人。

夜叉奇事

出自：《博異志》／谷神子

進士薛淙在元和年間，到河北衛州界村裡的古寺遊玩。到了傍晚想要投宿，他就與幾個同伴一起進去找管理寺院的僧人，主管的僧人恰巧不在，只聽得西廂房的暗室中傳來呻吟聲。他們走近一看，只見一位又老又病僧人，雪白的鬍鬚和頭髮都沒有修剪過，相貌十分可怕。

薛淙不禁驚呼說：「這病和尚真古怪啊！」老僧聽了發怒說：「有什麼古怪！你們這群小伙子要聽古怪的事嗎？聽我老和尚為你們簡單講一點吧。」薛淙等連忙應好。

於是那病僧說：「我二十歲時，喜好周遊四方，每天只服藥而不吃五穀，往北曾到達居延縣，離居延海還有三、五十里。這天清晨，我已經行走了十多里路遠，太陽剛要升起時，忽然見到一棵立著的空心枯樹，約三百多丈高，有幾十人圍起來那麼粗。我走到樹根底下一看，那樹幹筆直挺拔。從窟窿眼兒往上看，還能瞧見藍天，裡頭可容納人。後來，我又繼續向北行走數里路，遠遠就看見一個女人，穿著紅色的裙子，打著赤腳，光著膀子，披頭散髮的向我奔來，腳步快如風。漸漸走近後，那女人拜託我說：

『救我一命好嗎？』我問她：『發生了什麼事？』她說：『後面有人追我，若是他問起，你只說沒看見我，那您的恩情就重於泰山了。』說完，她便藏進枯樹中。

「我再向北走了三、五里，果然看見一個人，騎著馬，穿金色的鎧甲，背著寶劍，手拿弓箭。如閃電般迅速，每步可躍三十多丈。他一會兒在空中，一會兒在地上，步子卻一樣均勻。

「他躍到我面前問我：『有看見長得某個樣子的人嗎？』我回答：『沒有看見。』他又說：『你不要藏匿她，她不是人，是一個飛天夜叉啊！她們的黨徒有好幾千，在上天各界傷害了八十萬人了。現在大部分黨徒都已經被擒獲殺掉了，獨有這一個很厲害，還沒能抓到。昨天晚上我接到天帝派的三道命令，從沙吒天一路追趕過來，到這裡已有八萬四千里路。像我這樣的使者有八千人，到處要捉拿她，她在天上犯了罪，還希望您不要包庇她。』於是我便照實說了。

「天使立刻往枯樹邊去，我折返幾步想看個清楚。天使躍下馬，進到枯樹中察看。後來又退出，騎上馬，繞枯樹騰空盤旋而上，人馬飛到枯樹的半腰高時，看見枯樹上一個紅點跑出來，人馬緊急追趕，追了約莫七八丈遠，漸漸進入九天雲霄，隱沒在碧空當中。過了很久，落下好幾十點的血跡，想必是飛天夜叉已經中箭身亡了。

「這樣的事才叫古怪啊。你們這群毛頭小子看到我這老和尚就嚷嚷著說我古怪，實在是孤陋寡聞！」

關於《博異志》

晚唐傳奇故事集。作者谷神子。根據余嘉錫《四庫提要辯證》的考據，谷神子是唐代詩人鄭還谷的筆名。本書多記仙鬼之事，想像奇特。

太虛司法殺鬼

出自：《剪燈新話》／瞿佑

馮大異，名奇，是吳、楚故地一帶的狂士，他恃才傲物，從不相信鬼神。如果有那些依附草木興風作浪，或使世俗之人驚駭的妖邪，他都必定挺身而出，上前對抗，而且還要凌辱詆毀一番才會罷手。他曾經放火燒掉祠廟，把鬼神的塑像沉入水中，膽識過人，毫無顧忌。也因為如此，人們都稱許他氣魄不凡。

元惠宗至元三年時，他僑居上蔡的東門，某日有事到附近村子去。當時正逢兵災過後，到處都空蕩蕩地無人居住，黃沙上皚皚白骨，放眼望去沒有邊際。馮大異還沒到達目的地太陽就已經下山了，陰慘慘的雲霧四處彌漫。路途上完全沒有旅店，不知該去哪裡投宿才好。此時他見到路旁有一片古柏林，於是就逕自走入林間，倚著樹幹稍作休息。這時，有貓頭鷹在樹林裡鳴叫，有豺狼狐狸在身後哮嗥。不久，來了一群烏鴉拍翅飛下，有的縮著腳鳴啼，有的則鼓動著雙翼飛竄，叫聲古怪而險惡，組成了圓陣四處飛舞。這時又出來八、九個死屍，直挺挺地僵臥在馮大異左右。陰風颯颯，暴雨驟至，突然一聲疾雷，死屍一齊立起，見到馮大異在樹下，便爭先恐後的撲過來，馮大異急忙爬到樹上躲避，這群殭屍在樹下包圍他，有的吼叫，有的斥罵，有的坐地，有的僵立，也有大聲放話：「今晚一定要抓到這傢伙！不然，我們的麻煩就大了！」過了一會兒，風雨都停止了，月光穿透而下，只見一個夜叉惡鬼從遠處走來，頭上生著兩個角，全身都是青色，邊喊邊跑，很快就到了林子裡，用手揪住死屍，一把就摘下殭屍的頭來吃，就像摘瓜來吃一樣地順手。吃完之後，那夜叉飽腹而睡，打鼾的聲音驚天動地。馮大異心想此地不宜久留，趁著夜叉熟睡，爬下樹急忙奔逃。跑不到百步遠，那夜叉在身後追來。馮大異不顧性命的狂奔，差點就被追上。此時正好碰到一座破廟，他急忙躲了進去，廟裡面東西兩側的廂房都已傾斜倒塌，殿上有一尊大佛像，外貌很雄偉，馮大異發現佛像背上有一個洞，馮大異沒有辦法，竄身進了洞內，躲在佛像的肚子裡。他自以為找到了好地方躲，可以不用擔心了，卻忽然聽到佛像拍著肚子笑說：「那夜叉追得這麼辛苦，求之而不得，我不求而食物卻自己送上門來，今天晚上有頓好點心打牙祭，用不著再吃齋啦！」馮大異嚇得跳了起來逃走，腳下的步履卻突然變得很沉重，勉強走到快十步時，被門檻給絆倒，登時嘩啦啦地一片狼藉，泥胎骨架都粉碎了。馮大異好不容易才逃了出來，但口裡仍不肯示弱，大言不慚的罵說：「你這死鬼想來算計你爺爺，活該自取其禍！」隨即就離開寺廟而去。

馮大異遠遠的望見田野之中，燈火閃爍，幾個人正互相謙讓而坐，他心裡十分高興，向那兒跑過去，跑近一看，卻都是些沒有頭的傢伙，其中有的有腦袋卻沒有臂膀，或是缺了隻腿，馮大異掉頭就跑。那些鬼大怒吼叫：「我們正玩得開心，這人好大的膽子，竟敢來攪亂，正好抓他當肉塊點心！」這群鬼馬上就狂呼亂喊，舉步奔跑追來，有的鬼撿了牛糞丟過來，有的抓了根人骨頭甩過來，沒腦袋的鬼則提著頭不斷逼近。前頭有一條河水攔住，馮大異跳進河中游了過去，眾鬼到了水邊，這才不敢過去。不覺已經跑了半里遠，馮大異才敢回頭看，耳邊還能聽到眾鬼喧嘩叫嚷的聲音。

沒想到不久後，月亮落下，連路都無法辨識，馮大異失足墜入一個坑中，這個坑深不見底，正是鬼谷。寒風與飛沙讓人睜不開眼睛，陰森森的寒氣穿透骨頭，群鬼聚集在此。有的頭髮通紅長著雙角，有的通體長著綠毛背上長著雙翼，有的鳥嘴獠牙，有的則是牛頭獸面，渾身都是青藍色，口裡還吐著火焰。眾鬼看到馮大異來了，都相互祝賀說：「哈哈！仇人可來啦！」立刻用鐵鏈繫住他的脖頸，皮帶綁住他的腰，把他驅趕到鬼王的寶座前。眾鬼稟告說：「這就是那個在人世間不信鬼神，還一直凌辱我們的狂妄之人。」鬼王怒罵他說：「你四肢俱全，又有知識，難道都沒聽說過鬼神的功德有多麼偉大嗎？孔子是位聖人，尚且還說『敬而遠之』，《周易》也說過『載鬼一車』，《小雅》也提到『為鬼為蜮』，其他還有像是《左傳》有記載晉景公夢見鬼找他報仇，伯有化為厲鬼報仇的故事，這些說的都是鬼神的事啊。你是什麼人？偏偏就你敢說沒有鬼？我們受你的欺負也太久啦！現在終於輪到你栽在我的手裡，否則我怎麼能甘心呢！」當下就命令眾鬼剝下馮大異的衣服和帽子，用木棍荊條重重的痛打，打得他鮮血淋漓，馮大異求死不能，痛苦萬分。鬼王又對他說：「你是願意把泥土調成醬呢？還是想要身體變長到三丈？」大異心裡想泥土怎可能調成醬，於是選擇了願身長三丈。眾鬼便把他抬到一張石床上捺住，就像是揉麵粉似的，翻來覆去的用手一起按壓他，不知不覺身體漸漸加長，搓完後眾鬼扶他起來，果然有三丈高了，纖細得像竹竿一樣。眾鬼哄堂大笑污辱他，叫他「長竿怪」。鬼王又說：「你想要把石頭煮成水呢？還是願意身體變成只有一尺長？」馮大異正因為身體太長不能站立而煩惱，就願選擇身長僅一尺。眾鬼又把他趕回石床上，如同揉麵團一樣，奮力一壓！馮大異體內的骨頭磔磔作響，眾鬼又馬上把他拎起來，這時果然只剩下一尺長了。他身體圓圓的像隻大螃蟹，眾鬼更加瘋狂的戲弄污辱他，叫他「螃蟹怪」。馮大異在地上蹣跚的爬動，苦不堪言。旁邊有一個老鬼，撫掌大笑說：「誰叫你平日不信鬼怪，現在落得這副模樣！」說完轉而替他向眾鬼求情說：「他雖然無禮傲慢，可是現在受到的羞辱也足夠啦，就可憐可憐他，饒了他吧！」

說完用兩手提起馮大異，抖動了幾下，不一會兒馮大異的身體就復原了。馮大異求鬼王放他回家，眾鬼紛紛說：「既然都到了這兒，不能這麼白白的回去，我們各有一件東西要送給你，以便讓人間知道我們的存在。」老鬼問：「有什麼東西要送給他呢？」一隻鬼說：「我送他撥雲角吧。」立即把兩隻角對稱地放在馮大異的額頭上。又一隻鬼說：「我送他這張嘯風嘴。」就用一枚鐵嘴加在馮大異的嘴唇上，像鳥嘴一樣尖銳。又一隻鬼說：「我送他一頭赤髮吧。」就染紅了馮大異的頭髮，頭髮因此像野草般雜亂豎立，顏色火紅。最後一隻鬼說：「我贈給你會發綠光的眼睛。」隨即用兩顆青色的珠子鑲入馮大異的眼眶內，發出了湛湛綠光。老鬼這才送他出鬼谷，並告誡馮大異：「好好保重，先前那群小人侮辱你，你最好別記在心上。」

馮大異雖然逃了出來，可是頭上卻長著撥雲雙角，口上戴著嘯風嘴，滿頭紅髮，眼睛還發著綠光，儼然是一個鬼怪。回到家，妻子和兒女不敢相認；走在街上，眾人圍堵聚觀，把他當成怪物；小孩們更是嚇得尖叫啼哭，四處躲避。於是馮大異只好躲在家裡，成天氣憤惱怒，閉門也不吃飯，最後鬱鬱而終。馮大異臨死前對家人說：「我被那群惡鬼所害，現在就要死了，你們一定要在棺木中多放些紙張筆墨，我到天帝那兒後一定要上訴。幾天之內，蔡州如果發生什麼奇事，那就是我上訴成功的時候啦，你們記得給我備酒慶賀。」馮大異話說完就死了。

三天之後，大白天的忽然風雨大作，雲霧四處瀰漫，雷霆霹靂的聲音，驚天動地！屋瓦都被吹了下來，大樹連根拔起，過了整整一夜才消歇轉晴。馮大異先前掉下去的那個大鬼坑，變成了一片沼澤，方圓有數里這麼大，裡面的水都是紅色。人們忽聽到棺木中有說話聲傳來：「上訴已成，群鬼都被斬盡殺絕了！天帝因為我正直，任命我為太虛殿的司法官，這職務很重要，我再也不會回到人間了。」他的家人祭祀後便將他埋葬了。

關於《剪燈新話》

明初著名的筆記故事集。作者瞿佑（1341～1427），他收集古今怪奇之事，編輯成書，很多故事是從別人那裡聽來的。本書內容繼承了六朝志怪和唐人傳奇的傳統，題材有很大一部分在寫婚戀愛情、鬼怪世界，不少故事成為後來話本小說和戲曲的創作來源。這本書在明代遭朝廷下令查禁，但卻風行於同時代的朝鮮、日本和越南。

牡丹燈籠

出自：《剪燈新話》／瞿佑

元末方國珍占據浙東的時候，每年元宵節，都要在明州掛五夜的燈，全城百姓不分男女，都能盡情觀賞。

到了至正二十年，有一個姓喬的書生，家住在鎮明嶺下，因為剛剛喪妻，自己獨居鬱悶無聊，沒有出去遊玩，只是靠著門口站著而已。這一年正月十五晚上，三更過後，遊人漸漸稀少。這時，他看到一個小丫鬟，提著一盞雙頭牡丹燈在前面導引，一個美女跟隨在後面，年紀大約十七、八歲，穿著紅色裙子綠色上衣，體態柔美輕盈，正緩緩朝西走去。

喬生在月光下仔細觀看，那名女子青春美貌，真是國色天香。喬生不覺神魂飄蕩，不能控制自己，竟尾隨她們而去。他有時走在她們前面，有時走在她們後面。走了幾十步，女子忽然回過頭來微微一笑，說：「當初並沒有約好見面，今天竟然在月下相遇，似乎並非偶然啊。」喬生聽了，立刻快步走向前去，拱手行禮說：「寒舍就在這附近，佳人是否願意光臨？」女子聽了，並沒有為難或拒絕的意思，立即招呼丫鬟說：「金蓮，妳提著燈籠一同前往吧。」於是丫鬟就返回原路。

喬生牽著女子的手回到家中，兩人非常親暱，他自認為古人在巫山、洛水遇到的神女和美女，其歡樂也不過如此。喬生問起女子的姓名和住處，女子說：「我姓符，字麗卿，名字叫漱芳，是已故奉化州判的女兒。我的父親亡故後，家道中落，我既沒有兄弟，又沒什麼家族親人，只剩自己孤身一人，與金蓮寄居在湖西。」喬生聽了，就留她住下來。女子的姿態豔麗，說話聲音柔美。當晚，兩人同床共枕，低垂幃帳，極盡歡愛之情。

到了天亮時，女子就告別離去，等到晚上才又來，就這樣過了差不多半個月。鄰居有個老翁感到懷疑，就在牆壁上鑿了個洞偷看，只見一個紅粉骷髏與喬生並排坐在燈下，老翁大為驚駭。隔天早上，他跑去質問喬生，喬生卻不肯透露口風。老翁說：「唉！你闖下大禍了！人是極盛的純陽之物，鬼則是陰間邪惡污穢之物。今天你與陰間的鬼魅同居卻不知道，和邪惡污穢的東西共宿卻不醒悟，一旦體內的精氣耗盡，禍患就來了，可惜你還這麼年輕，就要命喪於此，多麼可悲啊！」喬生聽了這番話，不由得驚恐起來，於是將事情始末都對老翁說了。老翁說：「她說自己寄居在湖西，你前去探訪一下，就可以知道實情了。」

喬生聽從了老翁的話，直奔月湖西面，在長堤上、高橋下來往奔走，拜訪當地居民，詢問過路客人，都說沒有這個人。到了太陽快下山的時候，喬生進入湖心寺稍微休息一下。他走完東邊長廊，又轉向西邊長廊，在長廊盡頭看見一個昏暗的房間，裡面有一具客死者的靈柩，白紙上面寫著：「故奉化符州判女麗卿之柩。」靈柩前懸掛了一盞雙頭牡丹燈，燈下立著一個陪葬的婢女俑，背上寫著「金蓮」二字。喬生看了以後，嚇得毛髮倒豎，渾身上下起雞皮疙瘩，連忙頭也不回地奔跑出寺門。當天晚上，喬生就在鄰居老翁家借宿，一臉憂愁害怕的樣子。老翁跟他說：「玄妙觀的魏法師，是已故開府王真人的弟子，他驅鬼辟邪的符籙是當今數一數二的，你應該趕快前去求求他。」

第二天清晨，喬生連忙趕到道觀。法師看到他進來，驚訝地問：「你身上的妖氣很重，為什麼來這裡？」喬生拜伏在法師座前，詳細敘述了整件事情。法師給了他兩道朱符，要他一道放在門口，一道放在床榻上，並告誡他不能再去湖心寺。喬生拿了符回家，依照法師吩咐安放好，從此以後，那名女子果然不來了。

如此過了一個多月，喬生前往衮繡橋拜訪朋友。朋友留他喝酒，喝到酩酊大醉，以至於忘了法師的告誡，直接取道湖心寺回家。他快要到寺門口的時候，只見金蓮已在前面行禮拜見，說：「娘子等候您很久了，為什麼這段時間竟如此薄情！」於是與喬生一同進入西邊長廊，一直走到昏暗的房間中。那美女坐在房裡，數落喬生說：「我與郎君原本不認識，是偶然在燈下相見。我被您的美意感動，才以身相許，晚上前去，早上回來，對您實在不薄。可是您為什麼要相信妖道的話，突然產生懷疑，便想永遠斷絕來往？您這麼薄情無義，我實在非常恨您啊！今天有幸可以相見，怎麼捨得放過你？」說完隨即握住喬生的手，走到靈柩前面，靈柩忽然自動打開，她抱著喬生一同跳了進去，靈柩隨即關閉，喬生遂死在靈柩之中。

鄰居的老翁對喬生這麼久沒回來感到很奇怪，於是就到處去打聽消息，等到找到湖心寺中停放靈柩的昏暗房間，看見喬生的衣角微微露出柩外，就請求寺裡僧人打開了靈柩，一看之下才發現原來喬生已經死了很久了。他與女子的屍體一俯一仰躺在柩內，女子的容貌就像生前活著時一樣。寺僧感歎地說：「這是奉化州判符君的女兒，死的時候才十七歲。原說暫且停柩在此地，結果他們全家遷往北方，竟然從此毫無音訊，到現在已經有十二年了。沒有想到竟會如此作怪！」隨後，就把靈柩和喬生一起葬在西門外。

從此以後，每當烏雲密布的白天，沒有月亮的晚上，常常能看到喬生與女子牽著手一同行走，前面則有個丫鬟提著雙頭牡丹燈導引。碰到他們的人立刻就會得重病，忽冷忽熱地發作。若以誦經做佛事超度，用三牲美酒祭祀，或許可以痊癒，否則的話就會臥床不起。當地居民大為恐慌，競相前往玄妙觀拜謁魏法師，向他訴說這個情形。法師說：「我的符籙只能在鬼怪尚未為禍之前防止它，現在禍害已經形成，這就不是我的能力可以處理的了。聽說有一個鐵冠道人，居住在四明山山頂，他能考訊鬼神之罪，法術很靈驗，你們應該前去求他。」

眾人於是到了四明山，攀著葛藤長草，越過小溪山澗，一直爬上最高峰，那裡果然有座草庵，一名道人靠桌而坐，正在看童子馴養白鶴。眾人紛紛在道人面前行禮下拜，告訴他來此的原因。道人說：「我是隱居在山林的人，早晚會死，哪裡有什麼奇妙法術！你們誤信別人的話了。」十分堅決地推辭。眾人說：「我們本來並不知道您，是因為玄妙觀魏法師的指點，才來這裡的。」道人這才放心地說：「老夫已經有六十年不下山了，都是這小子多嘴，要勞煩我去走一趟。」隨即與童子一起下山。他的步履輕快，逕自走到西門外，設置了一丈見方的土壇，端正踞坐在席子上，寫了一道符然後燒了它。忽然間，有神將數人，戴黃巾，穿錦襖，披金甲，手持雕花的戈，身高都有一丈多。神將站立在壇下，向道人鞠躬請示命令，模樣十分嚴肅尊敬。道人說：「此地有鬼怪作祟，驚擾了百姓，你們難道不知道嗎？趕快將它們驅趕到這裡來。」神將受命前去，過了一會兒，就把女子、喬生以及金蓮用枷鎖全部押來，還用鞭子抽打，打得他們鮮血淋漓。道人大聲斥責了很長時間，命令他們如實招供。神將把紙筆交給他們，三人各自招供了數百字。現在在此抄錄他們的供詞概要。

喬生招供說：請念在我喪妻鰥居，倚門獨站，犯了色戒，動了欲心。不能仿效戰國楚人孫叔敖見兩頭蛇就果決撲殺，以致像唐代傳奇《任氏傳》中的鄭六遇見九尾狐而心生愛憐。事情既然已經如此，後悔也來不及了！

符麗卿招供說：請念在我年紀輕輕就去世，白天沒有親近的人，七魂六魄離身，一靈尚存未滅。在燈前月下，難得巧遇五百年的歡喜冤家；於是才在世上人間，做出了讓世人傳誦的風流故事。我走錯了路而不知返，哪裡還敢逃避罪責！

金蓮招供說：請念在我以削成的竹枝為骨，以染色的絹布為身體，埋藏在墳頭墓前，要怪誰做成我這樣的人偶呢？我的面貌關節，像真人一樣的具體而微，又有名字稱呼，怎麼能夠不成精呢！我是因此而幻化成形，並不敢存心成妖害人！

招供完畢，神將把供詞呈上，道人用一隻大筆寫下判詞：

聽說大禹把鬼神百物之形鑄在鼎上，以致鬼怪妖邪無法遁形；溫嶠燃犀角照明，龍宮水府的怪物都現出原形。人與鬼神之間大不相同，才會造成種種怪異詭譎之事。人或物遇上了都會有害無利。所以歷史上晉景公看到厲鬼進門而橫死；齊襄公在郊野看到大豬人立而啼於是暴斃。這都是妖邪降下災禍而作孽啊！因此在九重天上設有斬邪使，在下界則設有懲惡司，使山裡的妖精、水裡的怪物，無法藏匿犯行；使夜叉和羅剎，不能施展暴虐的手段。何況現在正是太平盛世，你們竟敢變換身形，依附草木，在天陰下雨的夜晚，在月落星斜的早晨，在樑上放肆叫囂，在暗室放肆窺探，四處鑽營，只為謀利，不顧廉恥，貪婪殘酷，來去快如飄風，惡行烈如猛火。喬家之子，活著尚且不覺悟，死了又何必憐憫。符氏之女，人雖死了還貪圖淫樂，活著的時候更可想而知！而金蓮更是怪誕，以一個陪葬物而行假託詐欺之事。欺騙世人，違法犯律。狐狸走路遲緩而行為放蕩，鶺鶚急急奔行自非善類。惡貫滿盈，罪不可赦。你們害人挖的坑從今天起填滿，你們擺下的迷魂陣自此打破。著即燒毀雙明燈，押赴陰間地獄受審。

判詞撰寫完畢，主管的神將立刻遵令奉行。此時只見喬生、符麗卿、金蓮三人哀傷哭啼，徘徊不肯前行，被金甲神將驅趕揪拉著離去。道人拍拍袖子，起身返回四明山。第二天，眾人前往山頂感謝道人，到了那裡卻不見人影，只剩下草庵依然還在。大家急忙又去玄妙觀找魏法師詢問緣故，到了那裡，發現魏法師已經變成啞巴，再也不能說話了。

聶小倩

出自：《聊齋志異》／蒲松齡

甯采臣是浙江人，為人慷慨豪爽，清廉自重。他常常對人說：「我這個人用情專一，絕不見異思遷。」有一次，甯采臣有事要到金華去。走到城北，他走進一座寺廟裡休息。只見寺廟大殿寶塔十分壯麗，但地上卻長滿了比人還高的野草，顯然已經許久沒有人來過了。再往裡看，東西兩邊僧人居住的房舍，門都虛掩著，只有南面一間小屋的門上，好像掛著一把新鎖。大殿東角有一片修竹，臺階下有個大池子，裡邊叢生的野生菱藕已經開花。甯采臣很喜歡這個幽靜的地方，況且，因為學使大人來到金華，參加考試的學子很多城裡房價飛漲，甯采臣於是決定暫時就住在這座寺廟裡。他心想，這寺中的和尚也不知道什麼時候回來，何不散散步等他們回來呢？遂獨自一人在寺中漫步。

傍晚時，有個讀書人來開南面小屋的門，他趕忙上前施禮，並告訴對方自已想要在這裡留宿。那個讀書人說：「這裡沒有屋主，我也是在這裡借宿。若您不嫌冷清住在這裡，我早晚都能向您討教，真是不勝榮幸。」甯采臣很高興，就鋪了些蒿草當床，又架起木板當桌子，準備在這裡住些日子。

這天夜晚月光皎潔，甯采臣和那位書生在大殿的走廊裡促膝長談。書生說自己姓燕，叫燕赤霞。甯采臣以為他是來應考的秀才，但聽他的口音，一點兒也不像浙江人。一問，才知道他是陝西人。兩人說了半天話，才各自回床就寢。甯采臣每次初到陌生的地方過夜，總是輾轉難以入睡，這一次也不例外。正在他欲睡未睡之際，卻聽到北邊房裡有人在竊竊私語，好像住有家眷。於是，他起身趴在北牆石窗下，悄悄看了一眼。只見短牆外一個小院落裡，有一位四十多歲的婦女，還有一個老太婆，穿著暗紅色外衣，頭上插著銀梳子，一副老態龍鍾的樣子。原來是她們倆在月下說話。

那婦人說：「小倩為什麼很長時間沒到這裡來？」老太婆說：「或許是她的相好來了吧。」婦人說：「她沒向姥姥發牢騷嗎？」老太婆回答：「雖然沒聽她發什麼牢騷，但她看起來好像心情不太好。」婦人又說：「對這個小丫頭可不能太好！」話未說完，就有個十七、八歲的女孩進來了，模樣好像很美。老太婆笑著說：「背後不說人，我們兩個正說妳呢，沒想到妳這個小妖精倒悄悄進來了，幸虧我們沒說妳什麼壞話。」老太婆接著說：「小娘子長得好比畫中人，我要是個男子，一定早被妳把魂勾跑。」女孩說：「姥姥不誇獎我幾句，還有誰會說我好？」婦人和女孩子還說了些什麼，甯采臣沒有聽清。他以為她們是燕書生的親眷，所以躺回草床不再聽她們說話。

過了一會兒，寺廟裡一片寂靜。甯采臣剛要入夢時，覺得好像有人進了他的臥室。他急忙起身一看，發現是北院那個叫小倩的女孩子進來了。他不由得吃了一驚，問她進來幹什麼，她說想跟他一起睡。甯采臣一本正經地說：「妳不怕別人議論，我還怕別人說閒話呢。偶然一失足，就會成為一個道德淪喪的無恥之徒。」女孩說，夜裡沒人知道。甯采臣吼道：「快走開！要不然，我就要喊南邊小屋裡的人了。」聽了這話，那女孩有些害怕，只好走開了。那女孩剛走出門，又轉身回來，把一錠金子放在甯采臣的床褥上。甯采臣馬上把它扔到院子的臺階，斥責說：「不義之財，弄髒了我的口袋。」女孩羞愧地揀起金子走了，嘴裡還說：「這個男人真是鐵石心腸。」

第二天一早，又有個蘭溪來應考的書生帶著一個僕人來廟裡住下。他們住在寺廟的東廂房裡。不料，書生竟在當天夜裡暴死了。他死後，人們發現他的腳板心有個小孔，像是被錐子刺的，還有一縷縷血絲流出來。大家都不知道這是怎麼回事。過了一個晚上，書生的僕人也死了，症狀和書生一模一樣。晚上，燕生回來了。甯采臣問他知不知道死因，他認為這是鬼魅幹的。甯采臣為人耿直，根本沒把鬼的事放在心上。

到了夜裡，那個女孩子又來找他。她對甯采臣說：「我見過的人多了，但沒遇過像您這樣剛直的人。您有聖賢的品德，我不敢欺騙您。我叫聶小倩，十八歲就病死了，埋在這座寺院旁，不幸被妖物裹脅，幹了不少傷天害理的下賤勾當。我用容顏去迷惑別人，這本來並不是我願意做的。現在這寺中沒有人可以殺，鬼夜叉很可能要來殺您。」甯采臣聽了這話，十分驚駭，請求小倩幫他想辦法。聶小倩說：「您跟燕赤霞住在一屋便能免除凶災。」甯采臣問了一句：「為什麼你們不去迷惑燕赤霞？」小倩回答說：「他是個奇人，鬼妖不敢接近他。」甯采臣又問：「你們怎麼樣迷惑人呢？」聶小倩說：「那些想要和我親熱的人，我悄悄用錐子刺他的腳心，這樣，他很快就昏迷過去，於是，我再吸他的血給妖怪喝。有時候，我用金子去勾引，其實那不是金子，而是羅剎鬼的骨頭。這東西留在誰那裡，就能把誰的心肝掏去。這兩種方法，都是迎合當今人們貪色好財的心理。」甯采臣問她什麼時候要提防，她說明天晚上。臨別時，小倩哭著說：「我猶如掉進大海，找不到岸。您是仗義君子，一定能救苦救難。如果您能把我的枯骨帶到一個清淨的地方安葬，我將感激不盡。」甯采臣答應了她的要求，問她的墳在哪裡，她說：「請記住，白楊樹上有烏鴉巢穴的地方便是。」說完出門，片刻就消失不見了。

第二天，甯采臣恐怕燕赤霞外出，便早早到他房裡，邀他過來喝酒。上午才剛辰時，酒菜就都準備好了。酒席上，甯采臣留意觀察燕赤霞。甯采臣表示想和他同屋睡，燕赤霞推辭說自己喜歡清淨，甯采臣不聽，到了晚上，強行把鋪蓋都搬過來了，燕赤霞不得已，只好讓他同睡，但他囑咐甯采臣：「我知道你是個大丈夫，對你也很欽佩。不過，我有些私事，不便明說。請你不要翻看我的小箱子。否則，對你我兩人都沒好處。」甯采臣很恭敬地答應了。後來，各自就寢。燕赤霞臨睡前把小箱子放在窗臺上，過了一會兒，他就鼾聲如雷。甯采臣半天也睡不著。大約一更時分，他發現窗外隱隱約約有人影，正慢慢靠近窗戶朝裡窺看，目光閃閃。甯采臣很害怕，正要叫醒燕赤霞，忽然聽見有個東西從小箱子中飛出，像一匹白綢緞閃閃發亮，把窗戶上的石頭窗格都撞斷了，這道白光猛然一射，隨即又立刻收回，像電光一樣熄滅了。

這時，燕赤霞從床上起身，甯采臣立刻假裝睡著，暗中觀察他。只見燕赤霞拿起箱子檢查，從裡面取出一個東西，映著月光嗅了嗅。那東西亮晶晶的，大約有兩寸長，像一片韭菜葉子那麼寬。然後，燕赤霞把它緊緊包牢，又放回箱子裡，自言自語：「不知道是什麼老妖，竟敢有這麼大的膽子，把我的箱子都給弄壞了。」之後才又躺下來。

甯采臣覺得太奇怪了，便起身詢問燕赤霞，並把剛才所看到的都告訴了燕赤霞。燕赤霞說：「既然我們已是好朋友，我也就不必再隱瞞了。我是個劍客。要不是那個石頭窗格阻擋，妖怪當時必死無疑。雖說這次沒能殺死它，但那老妖也已受了重傷。」甯采臣問剛才藏起來的是什麼東西，燕赤霞說是劍，並說，剛才聞那柄劍，上面有股妖氣。甯采臣說想看看這柄劍，燕赤霞拿出來給他看，原來，這是一柄亮閃閃的小劍。第二天一早，甯采臣到窗外查看，發現地上有攤血跡。這天，甯采臣走出寺院，在寺院北邊，看見一片荒塚。再一看，果然有棵白楊樹，樹上有個烏鴉巢。

甯采臣處理完要辦的事情以後，整理行裝準備回家。臨行前，燕赤霞設宴送行，並把一個破舊的皮囊贈送給甯采臣，他告訴甯采臣：「這是劍袋。你好好收藏，它可以避妖怪。」甯采臣想跟他學劍術，燕生說：「像你這樣重信義又剛直的君子，本來是可以學我的劍術，但你命中注定富貴，非我道中人啊！」甯采臣就假稱說有個妹妹葬在寺院北邊，打算遷葬。於是，他挖出聶小倩的枯骨，用衣服跟被子妥為包好，租了艘船返家。

甯采臣的書齋靠近郊野。他回家後就將小倩的墳建在書齋外，墳建好安葬後，他祭祀說：「可憐妳孤零零一人，現在把妳葬在我小屋旁邊，這樣，妳的悲歡我都能聽見，也不會再有惡鬼來欺負妳。水酒一杯，不成敬意，請不要嫌棄，把它喝了罷！」他祝福完以後正準備回家，忽然聽見身後有人喊道：「請等等我！」回頭一看，竟是小倩。

聶小倩笑著謝甯采臣：「您的信義，我永遠也報答不盡。請讓我隨同您回去，拜見婆婆，就是做個丫頭小妾也心甘情願。」甯采臣細細打量她，見她肌膚細嫩，小腳尖細，身材嬌娜，嫵媚動人。於是，便帶她一同回到書齋。甯采臣讓她先坐一會兒，他先進去稟告母親。他母親聽說後感到很吃驚。當時，甯采臣的妻子已病了很長時間，母親叫他不要聲張，以免刺激病人。他們母子正說著話，聶小倩已悄悄進屋，跪在地上拜見甯采臣的母親。甯采臣介紹說：「這就是小倩。」甯母看到小倩，嚇得驚惶失措，不知道怎樣才好。聶小倩說：「我孤單一身，遠離父母兄弟。承蒙公子關照，使我擺脫了困境。因此，我願意侍奉他，以報答他的恩德。」甯母見她模樣可愛，才漸漸敢與她說話。甯母說：「姑娘願意照顧我兒子，我這個老太婆當然很高興。只是我一生僅僅養了這個兒子，要靠他傳宗接代，不敢讓他娶個鬼妻。」小倩說：「我真的沒有貳心。九泉之下的人既然得不到您的信任，那就讓我把公子當兄長對待，聽候您老人家的吩咐，早晚伺候，可以嗎？」甯母見小倩說得真誠，便答應了。小倩說她想拜見嫂夫人，甯母就推辭說甯妻患病在床，多有不便。小倩也就沒有去。接著，小倩立即到廚房，替母親做飯。她在甯采臣家進進出出，穿堂入室，像是來了很長時間一樣，一點都不陌生。

天黑以後，甯母有些怕她，要她先回去睡覺，卻不替她準備床被。小倩知道這是母親趕她走的信號，於是，她就走了。經過甯采臣的書房時，她想進去，又不敢進，在門外徘徊。甯采臣叫她，她說：「房裡有劍氣，叫人害怕。前些時候在路途上不敢見您，就是這個緣故。」甯采臣頓時想起燕赤霞送給他的舊皮囊，於是，他趕忙把皮囊拿下來掛到別的房間去了。小倩這才進了書房，在燭燈邊坐下。兩人坐了好一會兒，半天也沒一句話，後來，她問甯采臣：「您晚上讀書嗎？我小時候念過《楞嚴經》，現在多半都忘光了。請您幫我找一冊，夜晚空閒時我請大哥指點指點。」甯采臣答應了。兩個人又無話可講，小倩也不說告辭。到了二更以後，小倩還坐在書房裡不走，甯采臣催她，她傷心地說：「我是外地來的孤魂，特別害怕回到荒墳裡去。」甯采臣說：「這裡沒有替妳多準備的臥榻，且兄妹之間，也應該避嫌。」小倩站起身，一副愁眉苦臉要哭的樣子，想邁步卻又邁不開步子。她慢吞吞地走出書房，過了臺階就不見了。甯采臣心裡很可憐她，想安排留她睡在別的床上，又擔心母親會責怪。第二天一早，小倩向母親請安，端水給她盥洗，家務活忙個不停，而且，樣樣都合甯母的心。傍晚時，小倩自動離開書齋。她經過書房時，經常借著燭光念經，直到甯采臣要睡覺時才淒然離去。

本來，自從甯妻病倒以後，甯母便操持起所有的家務，早已疲勞不堪。自從小倩來到家以後，甯母就清閒多了。日子久了，甯母與小倩漸漸熟悉，對小倩也越來越疼愛。到後來，甯母幾乎完全忘了小倩原是鬼變的，也不忍心晚上再叫她走，便把她留下來跟自己一起睡。小倩初來時，不吃不喝，半年後才開始吃點稀飯。甯采臣母子都很喜愛她，從來也不說她是鬼。不久，甯妻病逝了。甯母隱隱有想收小倩做兒媳的念頭，但又怕對兒子不利。小倩猜到了甯母的念頭，就找個機會對甯母說：「我在這住了一年多，您應該已經知道我的真心。我並不想害人，才跟著大哥回來。大哥做事光明磊落，人所欽佩，我想跟隨著大哥幾年的時間，就是希望倚靠大哥贏得誥封，讓我沾光。」甯母也知道小倩不會害人，但擔心無法傳宗接代。小倩又說：「子女之數，是命中註定的。大哥命中有福報，該當有三名男孩，不會因為我是鬼妻就奪了他的福氣。」甯母相信了，就去跟兒子商議。甯采臣聽了非常高興，就邀請眾親戚朋友來參加喜宴。喜宴上，有人提議說想要看看新娘子，小倩也穿戴一新，盛妝走出來拜見賓客，每個人都很驚訝小倩的貌美，不但不疑她是鬼，反而都覺得像是仙女下凡。眾賓客的女眷都帶著賀禮到內室，搶著想要結識小倩。小倩很會畫蘭花跟梅花，就畫了字畫作為答謝的回禮，得到的賓客都開心地珍藏起來，感到非常光榮。

婚後，有一天，小倩像是心事重重，趴在窗前悵然若失。她突然問起：「燕赤霞送您的那個舊皮囊在哪兒？」甯采臣說：「因為妳會怕，就收藏到別的房間了。」小倩就說：「我已經脫離鬼氣很久了，應該不會再怕了，還是把它取來掛在床頭吧！」甯采臣追問她原因，她才說：「這幾天，我心裡一直不安，感覺到當初在金華的那個老妖，恨我遠逃，怕這早晚就要尋到這邊。」於是甯采臣果真把皮囊拿來。小倩反覆檢視皮囊，說：「這是劍仙拿來盛裝人頭用的，已經破舊如此，不知道殺了多少人了。我今天看到，還是不免戰慄呢。」於是掛在床頭。第二天，又讓人掛在門上。到了晚上，請甯采臣不要睡，點了蠟燭跟她對坐。突然，有一個怪物像飛鳥一樣飛來，小倩嚇得立刻躲在帳後。甯采臣一看，那怪物長得像是個夜叉，目光如電，吐出血紅的舌頭，眼睛閃爍發光就像要撲過來。但到了門口又很畏懼那個皮囊，繞著皮囊不敢近前。過了好一會，突然逼近用爪子把那個皮囊抓下來，就要撕裂它。皮囊突然發出聲響，鼓脹起來好像竹籠那麼大，囊中彷彿有半個身子突然伸出來，把夜叉抓進囊中，然後又變得無聲無息，皮囊又縮回原來的大小。甯采臣嚇得說不出話，小倩也才從帳後走出來，非常高興地說：「太好了，沒事了！」他們一起檢視皮囊內，只有幾斗清水。

之後幾年，甯采臣果然考中了進士，小倩也生下一個男孩。甯采臣後來又納了一個妾，小倩跟妾又都生了一個男孩。後來，孩子們也都考取功名，聲名卓著。

畫皮

出自：《聊齋志異》／蒲松齡

太原有一位王生，一日早起散步，遇到一位女郎。只見她拎著包袱獨自一人，走得很慢，走近一看，卻是一位約十五、六歲的美貌女子。他起了愛慕之心，便問：「妳為什麼一個人摸黑趕路呢？」那女子回答：「您和我陌路相逢，又不可能解我的憂愁，何必多問呢！」王生說：「妳有什麼憂愁，我或許能盡我的力量幫助妳，還請妳不要拒人於千里之外。」女子於是悲傷地哭訴說：「我的父母貪圖錢財，把我嫁給了一個富貴人家做妾。可是她家大娘子十分兇狠，朝夕打罵，我不能忍受，就想遠遠的逃走。」王生問：「那麼妳打算去哪裡呢？」女子回答：「我只顧著逃亡，哪裡有地方可去呢！」王生就說：「我家離此不遠，不如妳到我家如何？」女子十分高興，答應了他。

王生替她拿著包袱，領她一同回去。進了屋子，女子四下一看，見屋子裡沒有別人，便問：「您府上怎麼沒有其他家人？」王生回答：「這是我的書房。」女子說：「這樣最好，如果您可憐我，願意讓我活下去，還請務必保密不要洩漏消息。」王生答應了，就與她同床共寢，把她密藏在書房，就這樣過了好幾天，家人也都不知道。

後來，王生隱約地透露這件事讓妻子知道，妻子姓陳，很懷疑這女子是大戶人家的小妾，勸丈夫趕走她，但王生不聽。一天，他偶然到市場上趕集，遇到一個道士，道士望著他驚奇地問：「你是不是遇到什麼了？」王生回答：「沒遇到什麼呀。」道士說：「你邪氣上身，怎麼說沒遇到什麼？」王生不斷否認，道士才走了，邊走還邊自言自語地說：「真糊塗呀！世間真有死到臨頭還不覺悟的人！」王生聽他說得奇怪，也開始懷疑那女子，但轉念一想，這樣的美貌女子，怎麼可能是妖怪，一定是那道士假借捉妖除怪騙頓飯吃罷了。

不一會兒，他走到書房門口，發現大門從裡邊門上了，進不去。不禁懷疑起那女子，於是從牆上的缺口翻牆過去，可是裡門也關上了。他悄悄來到窗戶前偷看，只見一個面目猙獰的妖怪，臉是綠色，銳利的牙齒像鋸齒一般，把人皮鋪在床上，握著一隻彩筆描繪。畫完了，拿起人皮，像抖動衣服一樣，又披在身上，隨即化為一位美貌女子。王生見狀，嚇得魂都沒了，急急忙忙像畜生那樣從牆洞爬出來，急忙去追趕道士，可那道士卻不知到哪裡去了。他四處尋找，最後終於在荒郊野外找到那道士，他立刻跪下請求道士搭救，久久不肯站起。道士說：「這妖怪也挺苦，好不容易才找到替身，我也不忍心傷害她的性命。」於是，拿了一把驅蒼蠅的拂塵交給他，叫他掛在臥室門上，臨別還約定若有事就到青帝廟找他。

王生回到家，不敢進書房，就在內宅住下，把拂塵掛在門口。到了夜裡一更左右，聽到門外有嚓嚓的響聲。他自己不敢去看，就讓妻子去看。妻子見到女子來了，望見拂塵不敢進來，站著咬牙切齒，很久才離去。

一會兒，那女子又來了，嘴裡罵道：「臭道士嚇唬我，我豈能把到口的肉又吐出來！」於是把拂塵取下來扯碎，撞壞了門闖進來，逕自上了床，把王生的肚子剖開，捧出他的心臟走了。王生妻子大哭，婢女連忙拿著蠟燭過來一照，只見王生早已慘死，胸膛剖開，血流得滿地都是。王生妻子又驚又怕，不敢再哭出聲。

第二天，王生妻子連忙讓王生的弟弟去找道士。道士聽說後大怒：「我本來還可憐她，沒想到這妖怪竟如此大膽！」隨即跟著王生的弟弟回來。可是，那女子早已不知去向。道士抬頭回望一下說：「幸虧沒有逃遠。」就問：「南院住的是誰家？」王生的弟弟說：「是我家。」道士說：「那妖怪現在就在你家。」王生的弟弟大驚失色，回說沒有看到有妖怪來。道士追問：「那有沒有不認識的人來過？」王生的弟弟回答：「我一早就去青帝廟找您，不知道有無此事，我現在就回去問問看。」一會兒他又回來說：「果然真有其事，早上有來了一個老太婆，說是想到我家幫傭，我妻子沒有答應，現在人還在我家。」道士說：「就是她了。」於是一同來到南院。道士手握木劍，站在院子裡，大喊：「孽鬼，把我的拂塵還來！」那老太婆在屋裡驚慌失措，面無人色，出門就想逃，道士趕上去一劍刺中了她，頓時倒下，人皮嘩地褪了下來，化作一個厲鬼，趴在地上像豬一樣地號叫。道士就用木劍砍下她的腦袋，妖怪的身子隨即便作一縷濃煙，在地上滾成一團。道士拿出一個葫蘆，拔開塞子，放入煙中，葫蘆的嘴就像吸氣一樣，一會兒就把煙全吸進去了。道士把葫蘆蓋上，裝入袋中。眾人一看那張人皮，眉目手腳，無不齊備。道士就像捲起畫軸那樣把人皮捲起來，也裝入袋中，才告辭離去。

王生妻子拜倒在地，擋在門口，哭著乞求道士讓丈夫起死回生。道士婉拒說：「這可辦不到！」陳氏更加悲哀，伏在地上不肯起來。道士沉思了很久，才說：「我的法術還淺，實在沒辦法起死回生，但我指點一人，或許能夠辦到。」陳氏連忙問是何人？道士說：「妳到市集，會看到一個瘋子，常常躺在糞堆上，妳去就跟他叩頭，苦苦哀求他，就算他怎樣地侮辱妳，妳都不可以生氣，一定要照他的話去做。」

王生的弟弟也記住了道士的話，於是與道士拜別，跟嫂嫂一同去市上。果然見一個瘋瘋癲癲的人在市上唱歌。他的鼻涕流了三尺，滿身污穢，沒有人敢靠近。陳氏連忙雙膝跪地，爬到他面前。那瘋子笑著說：「夫人可是愛上我嗎？」陳氏苦苦哀求他救自己的丈夫。瘋子大笑說：「每個人都可以當妳的丈夫，幹嘛偏偏要救活那一個！」陳氏再次哀求，他卻說：「怪了，人死了卻要求我讓他活，我是閻王嗎？」憤怒地用拐杖打陳氏，陳氏忍著痛受著屈辱。市集上的人都漸漸聚攏了來看，圍成一道人牆。只見那瘋子咳出一堆濃痰聚在手裡，舉到陳氏面前說：「妳把它吃了！」陳氏臉脹得通紅，顯得很為難。但轉念想起道士的囑咐，於是很勉強地吃下去。只覺得痰進入喉中，硬如一團棉絮，咯咯地吞下去，卻聚在胸間再也下不去。那瘋子大笑：「這美人愛我！」於是爬起來，頭也不回地走了。

陳氏連忙跟著他，走進一座廟中，急急忙忙地想要再求他，卻不知那瘋子到哪裡去了。前後找遍，一點蹤跡也沒有。她又愧又悔地回家。想到丈夫慘死，又後悔當眾吃下瘋子吐的痰，只想也趕快去死。剛要清理丈夫的血跡，收殮屍體，只見家人都呆呆地站著，沒有人敢靠近。陳氏抱著丈夫的屍體，哭著把流滿一地的腸子邊整理邊塞回屍身，這時她早已聲嘶力竭，突然感覺想要嘔吐。只覺得塞在胸間聚結的東西從嘴中奔突而出，等她回過頭來看，那團東西正落在王生的胸中，她很驚訝地查看，竟是一顆人心，在丈夫胸中還突突的跳動，熱氣騰騰，像冒煙一樣。陳氏連忙用手把丈夫的胸膛聚攏，用力地擠在一起。等手稍微放鬆，從縫隙中好像冒出嗤嗤的熱氣。她急忙撕開衣服把丈夫的身子纏緊，用手撫著屍體，覺得屍體漸漸有了體溫。她又把被子蓋上，到半夜掀開來看，覺得丈夫鼻中有了氣息。天亮時，丈夫竟然又活過來了。王生自己還說：「恍惚好像在做夢，只覺得肚子隱隱作痛。」陳氏查看當初胸腹剖開的地方，只有像錢那麼大的一塊疤，已經都癒合了。

陸判官

出自：《聊齋志異》／蒲松齡

陵陽這地方有個名叫朱爾旦的人，性格豪放，但天生比較遲鈍，儘管讀書勤奮，卻始終沒有考取功名。

一天，他跟同窗的朋友相聚喝酒，有人就跟他開玩笑說：「你素來以大膽出名，如果你敢半夜到十王殿左邊的廊下，把那尊判官背來，我們大夥兒就湊錢設宴請你。」陵陽那邊有間十王殿，廟裡雕塑的鬼神栩栩如生。靠東的房中有一尊判官立著，臉是綠的，滿臉紅鬚，相貌尤其可怕。傳說還有人晚上聽到兩邊長廊裡傳出拷問聲。即使白天進去，也沒有人不毛骨悚然。所以大家才拿這件事來為難朱爾旦。朱爾旦笑一笑，起身就走出去。沒過多久，他在門外大聲地叫：「我把大鬍子判官老爺請來了！」不一會兒，只見朱爾旦把判官背進來放在桌上，並向判官敬酒三杯。大家看到全都嚇得發抖，連忙請朱爾旦趕快把判官背回去。朱爾旦於是把酒澆地，禱告說：「弟子草率無禮，大老爺想必不會見怪。寒舍離此不遠，如果有興致，今後還請光臨共飲，不要介意。」說完便把判官背回去了。

第二天，大夥兒實踐諾言請他喝酒。他直喝到天黑才醉著回家，但還興猶未盡，點著燈繼續獨飲。忽然有人掀開門簾進來，一看，正是判官。他連忙起身說：「啊，想必是我要死了！昨天晚上有所冒犯，如今您是來問罪的嗎？」判官捻起濃鬚，微笑著說：「不！昨晚承蒙盛情邀約，今夜得空，特地前來赴約。」朱爾旦非常高興，拉著客人入席，自己起身洗刷餐具，生火燙酒。判官說：「天氣暖和，喝冷酒無妨。」朱爾旦便聽從，把酒壺放在桌上，跑去告訴家人準備下酒菜餚，他妻子聽說後，十分害怕，勸他不要出去。朱爾旦不聽，等著下酒菜準備好，端到堂上。兩人對飲幾杯後，朱爾旦就問判官的姓氏。判官說：「我姓陸，沒有名字。」又和他談論書本上的事，陸判官對答如流。朱爾旦又問：「會做八股文嗎？」判官回答說：「稍稍能夠分辨優劣。陰間所讀的文章，和陽世大抵相同。」陸判官酒量大，一連能喝十杯。朱爾旦因為喝了一整天的酒，不覺醉倒，伏在桌上大睡。一覺醒來，燈光昏暗，鬼客已經走了。

從此，每隔兩三天，陸判官就來喝酒，兩人情誼也一天比一天深，有時就共睡一床。朱爾旦捧出自己的課業請教，陸判官就用紅筆塗塗抹抹，還說都寫得不好。

一天晚上，朱爾旦喝醉後先就寢，陸判官仍舊獨自喝酒。忽然朱爾旦在睡夢中，感覺五臟六腑有些疼痛，睜眼一看，只見陸判官端坐床前，破開他的肚子，拿出腸胃一一清理。朱吃驚地問：「你我向來無怨無仇，為什麼要殺我？」陸判官笑著說：「不要怕，我正在替你換一顆聰明的心。」慢慢地把內臟放進去，然後再縫好，最後用裹腳布把腰縛緊。料理完畢，床上也沒有血跡，朱爾旦只感覺肚腹有點麻木，看到陸判官把一塊肉團放在桌上，便問是什麼。陸說：「這是你的心。文章寫不好，就是因為你的心貧乏閉塞。剛才在陰間，我從千萬顆心中，挑選一顆最好的心替你換上，留下這顆去補足缺數。」說完便起身，掩門離去。

天亮時，朱爾旦解開纏布，見傷口已合，只留下一條紅線。從此，文思大有長進，讀書過目不忘。幾天後，再拿文稿給陸判官看，陸判官說：「可以了。但是你福份薄，不能做大官，只能中個舉人罷了。」又問：「什麼時候中舉？」回答說：「今年必中頭名。」不久，府考得了冠軍，鄉試也奪了魁。同窗中的友人向來嘲笑他，等到見了他考中舉人，沒有不吃驚的。他們細細打聽，才知道其中古怪。大家就懇求朱爾旦在陸判官前說些好話，希望能結交陸判官。陸判官答應了，於是大家設宴招待。初更時，陸判官來到，紅鬍鬚不斷飄動，雙目閃閃，如同電光。大夥嚇得臉色大變，牙齒打顫，一個一個藉故溜走。朱爾旦於是領著陸判官回家中喝酒，喝醉後，朱爾旦說：「挖肚洗腸，受惠已多。還有一件事想麻煩你，不知道可不可以？」陸判官問他有何吩咐。朱爾旦說：「我妻子什麼都好，只是相貌不很美。想煩你動動刀斧，如何？」陸判官笑著說：「行！讓我慢慢想辦法。」

過了幾天，陸判官半夜來敲門。朱連忙起身請進，點燈一照，只見陸判官衣襟中包著一件東西，問他，他說：「你前次的囑咐，一時難以物色。剛才得到一顆美人頭，應該可以滿足你的要求。」朱爾旦揭開一看，脖子上還有血。陸判官催促趕快進去，不要驚動雞犬。此時已晚，門戶都上了栓，但陸判官一來，只用手推門，門就自動打開。領他到臥室，只見朱妻側著身子睡覺。陸判官把美人頭交給朱抱著，自己從靴子裡取出一把匕首，按著朱妻脖子切下去，就像切腐肉一樣俐落。朱妻的頭掉在枕邊，陸判官急忙從朱手裡接過美人頭，接合上去，看看是否端正，然後用手按捺，將枕移到肩下墊好。之後，再叮囑朱爾旦把妻子的頭埋在偏僻的地方，他才離去。

朱妻醒後，感覺脖子有點麻癢，臉上好像有什麼東西黏著，用手一搓，發現有血塊。她非常驚恐，連忙叫丫頭舀水，丫頭見夫人臉上到處是血，也嚇壞了。洗臉時，整盆洗臉水都染紅了。抬頭看時，發現夫人面目全非，又更加驚訝。夫人攬鏡自照，也非常錯愕，解釋不出是什麼原因。這時朱爾旦進來，說明緣故，並且仔細端詳妻子，只見她秀眉彎彎，雲鬢微掩，滿面笑容，活像畫中的美女。解開衣領一看，脖子上有一圈紅線。紅線上下的肉色完全不同。

原來，城裡有位吳御史，他有個女兒長得十分美麗，還未曾出嫁就死去兩個已訂婚的未婚夫，因此直到十九歲還沒有成婚。就在元宵節，她去十王殿遊玩時，遊人很多，其中有個無賴見到她，起了淫心，便探查出她家住址，到了夜裡爬梯進入，潛進小姐臥室，殺死了一個丫鬟塞到床下，企圖強姦御史女兒。御史女兒極力反抗，大聲呼救，那無賴情急之下一氣就把小姐殺了。吳夫人聽到吵鬧聲，忙跟丫頭前去查看，發現了屍體身首異處，全家上下全都驚嚇駭然。後來，御史家把小姐停屍床上，把頭放在脖子旁，全家人嚎啕大哭，喧鬧了一夜。第二天揭被一看，小姐的身子還在，頭顱卻不見了。主人於是鞭打丫頭，都說是看守不力，讓小姐的頭被狗啣去吃掉了。吳御史上訴到郡府。郡府限令捉拿犯人，三個月過去了，一個犯人都沒抓到。後來，有人把朱家發生的換頭奇聞說給吳御史聽。吳御史心下懷疑，就派一個婦人到朱家查看。婦人進門一見朱夫人，嚇得跑回去告訴吳御史。吳御史聽說，驚奇得不得了，猜測一定是朱爾旦用邪術殺女，就前去盤問朱。朱說：「我妻子夢中被換了頭，連自己也不知其中緣故。說我殺了你女兒，實在是冤枉啊。」吳御史不相信，告到官府。官府先審訊朱家僕人，口供和主人所說的一模一樣，郡守一時也無法決斷。朱爾旦回來後，只好求陸判官出個主意。陸判官說：「這事容易，我讓吳御史的女兒自己說個明白。」吳御史當晚就夢見女兒說：「我是蘇溪的楊大年所殺，跟朱舉人無關。朱因嫌夫人不美，陸判官用我的頭和朱妻換了。這樣，女兒雖死，但頭還活著。希望兩家不要結仇。」吳御史醒後告訴夫人，恰巧夫人也做了一個完全相同的夢，於是連忙告知官府。官府派差役查訪，果然有楊大年其人，逮捕後加以拷問，兇手終於伏罪結案。

吳御史於是來到朱家，求見朱妻，並從此和朱爾旦以翁婿相稱。並把朱妻的頭和女兒的屍體合葬。

朱爾旦後來三次入京會考，都因為犯規被驅逐出考場，從此對做官心灰意冷。過了三十年，一天晚上，陸判官告訴他說：「你陽壽不長了。」打聽還有多久，回答說有五天。朱又問能夠相救嗎，答說：「天命不可違。而且，達觀者看破生死，又何必生則快樂，死則悲傷呢？」朱點頭稱是。於是準備好壽衣棺材，臨期穿戴整齊，安然告終。朱死後第二天，朱妻正伏棺大哭，朱爾旦忽然從外面走進來。朱妻十分害怕。朱說：「我雖然是鬼，卻與活人一樣。想到妳們寡母孤兒，放不下心才特別來看望一下。」夫人於是哭得更加傷心，朱好言安慰她。夫人說：「古來就有還魂的說法，你既然有靈，為什麼不重生？」朱說：「天命不可違抗。」又問：「你在陰司做些什麼？」回答說：「陸判官推薦我助理有關官司的事務，享有官位，過得也並不苦。」夫人還想再說下去，朱就催朱妻去準備酒菜，並說：「陸判官此次和我同來，想要和之前那樣再把酒言歡。」說完就出去了。夫人連忙照他說的去準備。只聽見房間裡談笑風生，宛如朱爾旦生前。到了半夜再一看，早已消失了。

從此，朱爾旦兩三天就回家一趟，夫婦情感依舊纏綿，他還順便處理一些家務。兒子朱瑋才五歲，朱爾旦每次回來就抱著他玩；朱瑋七、八歲的時候，朱爾旦就在燈下教他讀書。兒子也很聰明，九歲就會作文，十五歲考取秀才，一直都不知父親已死。從此，朱爾旦回家的次數也漸漸少了，每個月才回來一次。有天晚上他回來時，對妻子說：「今天特來與妳永別了。」朱妻問他到哪裡去。他說：「承蒙天帝命我作華山君，將要遠去就任，事務又多，從此不能再來了。」母子抱著他痛哭。朱爾旦說：「不要這樣！兒子已經長大，家裡也過得去，難道有百年不拆散的鸞鳳嗎？」又對兒子說：「要好好做人，不要敗壞家業。十年後再見。」逕自出門而去，從此便再沒有回來過。

後來，朱瑋二十五歲中了進士，作了傳旨冊封的官員，奉旨去祭祀西嶽華山，路過華陰，忽然見到一輛車頂有羽蓋的華麗車轎，跟著許多隨從，衝著他的儀仗隊伍直直過來。他正感到驚訝，一看車上坐的人，正是他的父親，於是連忙下車跪在路旁哭迎。父親停車說：「你為官清正，我可以瞑目了。」朱瑋跪地不起，朱爾旦不理兒子，催促車馬快速前進。朱爾旦才離去幾步，又回頭一望，解下佩刀，叫人送來，遠遠地還聽見他說：「你隨身帶著它，會有好處。」朱瑋想追去，只見車馬隨從，像風一般飄飛，一眨眼就不見了。朱瑋望了很久，抽出佩刀細看，作工十分精緻，刀身刻有一行小字：「膽欲大而心欲小，智欲圓而行欲方。」後來朱瑋做官到司馬，生有五個兒子，名沉、潛、沕、渾、深。一天晚上，他夢見父親說：「佩刀應該送給朱渾。」朱瑋照辦了，後來朱渾做官到總憲，名聲很好。

鬼有三技

出自：《新齊諧》／袁枚

蔡魏公常常說，鬼有三種本領，第一是迷惑、第二是遮擋、第三是嚇唬。有人問他：「這三種本領怎麼說呢？」

他回答：我有個姓呂的表弟，是松江府的書生。他向來天不怕地不怕，自稱「豁達先生」。有一次他經過泖湖西鄉時，天色漸暗，看到一個施了脂粉的婦人，手裡拿著一根繩子，神色匆忙地跑過來。婦人看到呂生，就連忙躲到大樹後面，手裡拿的繩子掉在地上。呂生拾起來一看，原來是條草繩；再嗅了嗅，一股腐臭之氣頓時衝鼻而來。他心裡知道，這個婦人是個吊死鬼，便將繩子藏在身上，繼續向前走。

這婦人從樹後跑出來，往前攔阻呂生。他向左走，婦人就攔在左邊，他向右走，婦人就攔在右邊。呂生心裡曉得，這就是人們俗稱的「鬼打牆」了。他不顧一切直衝而行，那女鬼沒有辦法，於是大叫一聲，變成披頭散髮、血流滿身的厲鬼模樣，伸出一尺多長的舌頭，撲向呂生。

呂姓書生說：「妳先前塗眉畫粉，是想要迷惑我；接著在我面前左阻右攔，想遮擋我；現在又變成厲鬼的凶惡模樣，想嚇唬我。這三種本領都施展出來了，我都不怕。想來你已經無計可施了吧？妳可知道人家都叫我『豁達先生』嗎？」

女鬼聽了只好變回婦人的樣子，跪在地上說：「我是城裡姓施的女子，和丈夫吵架，一時想不開，上吊死了。現在聽說泖東有個婦女，也和她的丈夫發生口角，所以想去找她當替死鬼。想不到半路上被先生您截住，又將我的繩子奪去。我實在沒有辦法了，請先生看在我可憐的份上，為我超生吧。」

呂生問：「要怎麼幫妳超生？」她說：「請你替我轉告城裡的施家，設道場，請有道行的僧人，多幫我念《往生咒》，我就可以投胎轉世了。」

呂生笑著說：「我就是有道行的僧人，我也有一篇《往生咒》，為妳念一遍吧！」隨即高聲念道：「好大世界，無遮無礙。死去生來，有何替代？要走便走，豈不爽快！」女鬼聽完後，恍然大悟，趴在地上磕了幾個頭，就跑走了。

後來當地人說，這裡一向不平靜，自從豁達先生經過以後，再也沒有東西作怪了。

關於《新齊諧》

清代著名筆記故事集。作者袁枚（1716～1797）。本書初名《子不語》，因元代說部中有同名作品，遂更名為《新齊諧》，取自《莊子．逍遙遊》：「齊諧者，志怪者也。」雖然所記的都是「怪力亂神」故事，但旨在嘲諷批評，某種程度反映出袁枚個人的思想和當時社會面貌。

有此一說

袁枚的《新齊諧》除了記載鬼故事，也記載了一位特別的神，叫作「兔兒神」。

相傳清朝時福建有個小官胡天保，因為愛慕長官御史大人的容貌，冒犯了他，遭到處死。後來胡天保託夢給鄉里的人說：他死後到了陰間地府，那裡的官吏認為他並非犯錯害人而死，而是出於一片痴想，雖然笑話揶揄他，還是封他為兔兒神，專門掌管男子歡愛之事，所以要鄉人為他立廟招香火。

當時福建地區有男子相互結為契兄弟之習俗，因此鄉人述說胡天保託夢之語後，大家就紛紛集資建廟，凡去祈拜者都說果真非常靈驗。

第五部

受人之恩，當湧泉以報

從救命之恩、知遇之恩、仗義之恩、到養護之恩，
知恩就要圖報，在中國傳統社會價值中已經根深柢固。

盤瓠娶公主

出自：《搜神記》／干寶

在上古的高辛氏時代，有個老婦人住在王宮裡，耳病病了很久。醫生為她治療，從頭頂挑出一條大如蠶繭的蟲。老婦人把蟲放在葫蘆中，墊上了香草，用盤子蓋著。不久後，蟲變成了有五種顏色毛的狗，老婦人給牠取名叫「盤瓠」，繼續養著牠。

這個時候，戎吳族兵力強盛，數度侵略邊境，國王派軍征討，卻不能取勝。於是公告天下招募能人志士，誰若能取得戎吳將軍的首級，便賞金千斤、封地萬戶，並把小女兒許配給他。沒想到後來居然是盤瓠啣著一個人頭來到王宮，國王仔細審視，正是戎吳將軍的首級，國王一籌莫展不知該如何是好，群臣們都認為：「盤瓠是畜牲，不能享受官俸，也不能娶妻。雖然有功勞，但不適合給予賞賜。」但國王的小女兒聽說了這件事，對國王說：「大王為了國家安危已經做出承諾，現在盤瓠啣來首級，為國除害，這是天意，是一般狗辦不到的事啊！做國王的人謹言慎行，稱霸的人講求信義，不可以因為捨不得女兒，就違背誓言，那樣國家會招來禍端的啊。」國王感到害怕就聽從小女兒的話，讓她嫁給盤瓠。

盤瓠帶著公主登上南山，山中草木茂盛，也鮮少人跡。公主脫下了平日穿的華貴衣裳，繫上了僕人用的頭巾，穿上作粗活用的服裝，跟從盤瓠上山入谷，居住在石洞中。國王悲傷度日，十分想念女兒，但每次派人進山尋找時，就會颳風下雨，甚至山嶺震動，雲色昏暗，看不清山裡的路，派去的人都無功而返，找不到她。過了三年，盤瓠夫婦生下六男六女；盤瓠死後，子女們互相婚配，成為夫妻。他們用樹皮織布，用野草野果當染料，特別喜歡五色的衣服，裁製出來的衣服都有一條尾巴。

有此一說

原始社會的人常以自然物為圖騰（大多是動物），將其當作祖先來尊崇膜拜，認為是該族的標誌與守護神，例如漢族以龍、匈奴以狼、排灣族以百步蛇。

而在族源神話中，則有不少人獸異婚的故事，本篇中的盤瓠就是中國南方瑤族、畲族等少數民族的祖先。

螞蟻報恩

出自：《齊諧記》／東陽無疑

吳地當陽縣有個叫董昭之的人，有次要搭船渡錢塘江，船航行到水中央時，看見一隻螞蟻，正在水中的一隻短蘆葦上急忙地來回奔跑，跑到那一頭，又轉身跑向另一頭，驚慌失措。董昭之心想：「這是因為螞蟻怕被淹死啊！」於是用繩子套住蘆葦，要把螞蟻救到船頭去，同船的人卻罵他：「這是那種有毒而且還會螫人的壞蟲，不可以救牠，快踩死牠。」昭之很同情這隻螞蟻，還好船恰巧已經駛到了岸邊，螞蟻沿著繩子很快就離開水面了。

這天半夜，昭之夢見一個身穿黑衣的人，後面跟著幾百個人，來向他道謝說：「我不小心掉到江裡，多虧您救命之恩，但我無以為報，覺得十分慚愧。我是蟲王，以後您如果有困難的時候，儘管告訴我。」

過了十多年，當時長江以南的地方到處都有強盜搶劫，董昭之從餘杭山經過，受到強盜牽連，被囚禁在餘姚這地方的監獄中。昭之忽然想起蟻王的夢，他很專心地想著這件事，一起被囚禁的人問他，他回答：「螞蟻曾說有急難時可以找牠求救，但現在我該去哪裡找牠呢？」有一個囚犯就說：「你只要捉兩三隻螞蟻放在手掌中，誠心的禱告就可以了。」董昭之照著那人的說法試試看，晚上果然夢見了黑衣人向他說：「您現在可以趕快逃走，逃進餘杭山，過不了多久天子就會頒布赦令。」等他夢醒時，螞蟻已經把鐐銬咬斷，董昭之逃出了監獄，又過江逃進餘杭山，不久果真遇到了大赦。

關於《齊諧記》

六朝志怪故事集。南朝宋東陽無疑撰，生卒年不詳。原書已佚，現在只留下十幾篇，見於《太平御覽》和《太平廣記》。所記故事大多有善惡報應觀念。

黃雀報恩

出自：《續齊諧記》／吳均

東漢弘農人楊寶天生很有仁愛之心，他九歲的時候，到華陰山北邊，看見一隻黃雀被鴟梟弄傷了，傷口很多，墜落在樹下，身邊還爬滿了螞蟻。楊寶覺得黃雀很可憐，就把牠帶回家，放在屋樑上。晚上聽到黃雀啼叫得很急，親自照顧他，發現是被蚊子咬了，於是把牠移到箱子裡，用黃花餵牠。過了十幾天後，黃雀傷好了，羽毛又長回來，可以飛翔，牠早晨飛走，晚上再飛回來，住在箱子裡。

如此過了好幾年，有天牠忽然跟一大群黃雀一起飛來，繞著廳堂哀鳴，過了幾天才飛走。當天晚上，楊寶在房裡讀書至三更，忽然出現一名黃衣童子，向楊寶拜謝說：「我是西王母的使者，從前出使蓬萊的時候，被鴟梟弄傷，承蒙您一念之仁救了我，這份恩德實在非常感謝。」然後送了楊寶四枚白玉環，跟他說：「這東西可以保佑您的子孫都可以做到三公那樣的高官，而且為政清廉，有如玉環一樣潔白無瑕。」

後來果如黃衣童子所言，楊寶的德行天下皆知，名聲和官位越來越高。他的兒子楊震、孫子楊秉、曾孫楊賜、玄孫楊彪，四代都位居高官。

老虎報恩

出自：《廣異記》／戴孚

唐代建中初年時，青州府北海縣北邊，有一座秦始皇時代設立的望海台。望海台的旁邊有個小港口，住了一個打魚人叫張魚舟，他搭了一座小草屋住在裡頭。有一晚，張魚舟才剛睡，居然來了一隻老虎，闖進了小草屋中，直到天快亮時，張魚舟朦朧間才發現屋裡好像有人，一開始不知道是什麼人，等到天亮了以後，才看清楚竟是一隻大老虎，張魚舟十分害怕，靜靜躺著不敢亂動。此時老虎慢慢的用腳輕觸張魚舟，張魚舟覺得奇怪，心想其中必有緣故，便起身坐好，老虎舉起左前腳給張魚舟看，張魚舟一看，原來牠的腳掌上有一根約五、六寸長的大刺，便替老虎把刺拔掉。老虎高興的跳出草屋，作出伏地跪拜道謝的樣子，然後又靠近張魚舟，摩挲親熱了許久，才掉頭離去，還不時回頭張望，依依不捨。

到了半夜，張魚舟忽然聽到小草屋前「咚」的一聲，似乎掉下了一件重物，他趕快出來察看，只見一頭相當肥壯的野豬躺在屋前，足足有三百斤重。老虎見到張魚舟，又靠近他表示親熱，久久才離去。從此以後，每晚老虎都會送些東西來，有時是野豬，有時是麋鹿。後來，村裡的人都以為張魚舟是妖怪，把他押到縣衙裡去。張魚舟陳述了事情的經過，縣官便派遣差役隨他回去，探察虛實。到了二更時分，老虎果然又送來一頭麋鹿，縣官這才判他無罪釋放。

張魚舟給老虎做了一百零一天的法事功德，齋戒祝福來感謝牠，那天晚上，老虎又為張魚舟銜來了一匹絲絹回報。後來又有一天，老虎突然拆了張魚舟的小草屋，張魚舟知道老虎要他不要住在這裡了，便到別的地方尋找住處。從此，老虎就不再來了。

柳毅送信

出自：〈柳毅傳〉／李朝威

唐高宗年間，有位叫柳毅的讀書人，科舉落榜，打算回到洞庭湖的老家。想起有一個同鄉客居在涇陽，便前往餞別。走到離涇陽六、七里外的地方，路旁突然群鳥四起，他騎的馬受到驚嚇，奔到岔路上，狂奔了六、七里才停下來。柳毅看見一位女子在路旁牧羊，好奇地上前一看，女子容貌驚為天人。然而，那女子姣好的臉龐愁眉不展，衣服破舊，失魂落魄，若有所思的模樣。柳毅上前詢問：「妳在煩惱什麼呢？怎如此憔悴？」那女子一開始不說話只默默哭泣，後來止住哭泣對柳毅說：「小女子不幸，本不該向您訴說我的屈辱。但我恨之入骨，何必因羞恥而迴避呢？希望您聽我訴說。小女子是洞庭龍王的小女兒，父母將我許配給涇水龍王二太子。但是丈夫一天到晚拈花惹草，視我如無物。我向公婆告狀，公婆一味溺愛自己的兒子，放任不管。又因為我接連哭訴，惱怒了公婆，他們也生氣地把我趕走，叫我在這兒放羊。」話剛說完，又抽抽泣泣，涕淚直流，心中一陣愁苦一來，彷佛梨花帶雨。龍女又說道：「洞庭離這相隔千萬里，小女子的傷心怎麼都傳不到他們耳中，聽說您要回南方去，可不可以替我捎封家書呢？」柳毅說：「男子漢義不容辭！但是人神相隔，只怕不能相互通達，辜負妳誠心的託付，又違背自己誠懇的心願。妳有什麼法術，可以引導我呢？」龍女邊哭邊說：「大人一路保重，洞庭湖南面，有一棵大橘樹，您到那兒解下腰帶，然後，用解下的腰帶敲樹三下，一定會有人出來應聲。您就隨著那人進去，不會有任何阻礙。希望您除了我信上所說的以外，盡量將我向您講的心裡話一一傳達，千萬不要改變主意。」柳毅說：「柳某赴湯蹈火在所不辭！」話畢，龍女從短襖中解下一封信，再次拜謝柳毅，雙手將信慎重的交給他，對著東方遙望哭泣，柳毅也為她傷感，收好書信，又再問：「為什麼妳要牧羊呀？難道神也要宰殺牲畜嗎？」龍女說：「這不是羊，是雨工。」柳毅問：「雨工是什麼？」龍女說：「是管降雨的雷霆之神呀。」柳毅多次觀察牠們，見牠們吃草走動的樣子都很特別，但牠們的模樣與一般的羊沒什麼差別。柳毅又說：「我給妳當信使，哪天妳若回了洞庭，可不要避而不見呀。」龍女說：「我怎會避而不見呢，甚至要把您當親戚看待。」說完話，柳毅牽馬向東方走去。走不到十步，回頭一望，龍女和羊都消失不見了。這天晚上，柳毅進涇陽城向同鄉朋友告別辭行。

一個多月後，柳毅回到故鄉，就到洞庭湖尋找老橘樹。果不其然，湖南面有棵大橘樹，柳毅換下腰上的帶子，面向橘樹敲三下，一會兒，有一位武士從波浪中出現，客氣的說：「請問客人是從何方來的？」柳毅：「我來拜會大王。」武士引導柳毅進湖，並對他說：「您將眼睛閉上一會兒，就能到達。」柳毅照他的話做，就到了龍宮。柳毅見到亭台樓閣櫛比鱗次，萬家燈火，奇花異草，美不勝收。武士要柳毅停在大殿的一角，說：「請客人在這兒等一會兒。」柳毅說：「這是什麼地方？」武士回答：「這兒叫靈虛殿。」柳毅仔細一看，人間所有珍寶，這兒全都有。白壁的柱子，青玉砌成的台階，珊瑚坐席，水晶簾子。雕花琉璃妝點著翠綠門楣，精美的琥珀點綴彩虹般的屋樑。天下奇色，皆收進柳毅眼中。然而，過了很久，龍王還是沒來。柳毅問武士：「洞庭龍王在哪裡？」武士回答：「我們君王駕臨玄珠閣，同太陽道士談論《火經》，等會兒就結束。」柳毅又問：「什麼叫《火經》？」武士說：「我們君王是龍，龍以水為神聖之物，一滴水就可以淹沒丘陵山谷。道士是人，人以火為神聖之物，一盞燈大的火苗可以燒光三百里的房宮。然而神異的作用不同，玄妙的變化也不一樣。太陽道士精通人類用火的道理，我們君王邀請他來，並聽他講解。」話一說完，宮門就打開了。一大群侍衛簇擁著一個身穿紫色衣服，手執青玉的人。龍王望著柳毅說：「這不是人世間的人嗎？」柳毅答說：「正是。」兩人相互拜會，並一同在靈虛殿坐下。龍王對柳毅說：「水府幽暗深遠，本人又少見無知，先生不遠千里而來，可有什麼事嗎？」柳毅說：

「我柳毅是大王鄉土的人氏。在洞庭一帶長大，到京城求取功名。前些日子考試不中，偶然騎馬經過涇水岸邊，遇見大王的愛女在野外牧羊，孤苦伶仃，於心不忍，我問她發生什麼事，她對我說：『丈夫薄倖，公婆不寵，成了無依無靠的下人。』痛哭流涕的樣子，令人疼惜，今日是來替她捎封家書的！」柳毅取出書信上呈。洞庭龍王看完信，掩面大哭：「都是我的錯，隨意聽信他人讒言。自己關在龍宮深處，像聾子瞎子，使得閨女在遠方被虐。先生您只是一位陌生的路人，而能救人急難。我要如何報答您啊！」說完，龍王又哀聲嘆氣了很久。

這時，龍王讓親信把信送往宮中。一會兒，宮中之人都大聲痛哭。洞庭龍王突然驚慌的對左右的人說：「趕快告訴宮人們不要哭出聲來。被錢塘君知道就不好了。」柳毅問：「錢塘君是什麼人？」龍王說：「他是我的弟弟，過去做過錢塘龍王。」柳毅說：「為什麼不讓他知道？」龍王說：「因為他勇猛過人，堯帝時代遭過九年大水災，就是這人發了脾氣。最近他與天將不和，便發大水淹沒他們的五座山。玉皇大帝念在我過去的功勞，就減輕我同胞兄弟的罪過，但還是將他拘禁在這裡。」話還沒說完，突然傳來一聲巨響，震得天崩地裂，龍宮搖擺不定，雲氣煙霧翻滾。一會兒，有一條長達千餘尺的赤龍，目光如電，渾身鱗片通紅，鬃毛像火一般，脖子上還拴著金鎖鏈，成千上萬的雷霆閃電在他身邊亂竄，同時雨雪冰雹紛紛而下。那龍衝破青天飛馳而去。柳毅嚇得跌倒在地。龍王親手將他扶起來，說：「不要怕，他不會傷害你。」柳毅過了許久才稍微安定，清醒過來，他就向龍王告辭說：「希望能讓我回去以迴避此人。」洞庭龍王說：「不會再這樣了。他走的時候是這般，回來時則不會如此。先不要離開，讓我稍微款待你一下吧。」就下令舉杯飲酒，款待柳毅。

不一會兒，颳起祥雲瑞彩，一派和樂氣氛。伴隨著音樂，在成千上萬的侍女的笑聲裡，一位下凡天仙，身上綴滿珠玉首飾，穿著飄逸的絲綢。走近一瞧，就是先前託付書信的女子，又喜又悲，臉上還有幾行清淚，紅色紫色的香氣在她四周繚繞，不久後，走進了宮中。洞庭龍王也笑著告辭，走進宮中。一會兒，聽到宮中傳來不斷的訴苦聲。又過了一段時間，龍王又出現了，這次又多了一個人，披著紫色服裝，手執青玉，相貌堂堂，神采飛揚，站在龍王左邊。龍王對柳毅說：「這位是錢塘君。」柳毅忙起身，上前行禮拜見。錢塘君也十分周全的回禮，對柳毅說：「我侄女身遭不幸，被那廝羞辱。多虧您傳達她在遠方受苦的冤情。要不然，她恐怕會死於非命！大恩大德，沒齒難忘。」柳毅謙虛的答應，然後，錢塘君回頭告訴他哥哥說：「前往征戰途中，我還趕到九重天報告玉帝。玉帝了解冤情，不僅寬恕我的過失，甚至還將我以前的罪過也赦免了。只不過我的暴烈性子發作，顧不上向你辭別，驚擾宮中，衝撞客人，好生慚愧呀。請好好懲罰我。」說完，退一步，拜倒在地上請罪。洞庭龍王問他：「這次殺了多少生靈？」答說：「六十萬。」「毀壞了莊稼沒有？」答說：「毀壞了周圍八百里。」問起龍女的薄情夫婿，答說：「被我吃了。」龍王不悅：「那凶暴小子天理難容，但是你行事太魯莽了。幸虧天帝英明，考慮到龍女的冤情。否則，我能幫你說什麼話呢？以後一切小心行事。」

第二天，龍王又設宴招待柳毅。親朋好友皆遠道而來，龍王排出大規模的樂隊，備好美酒佳餚，軍樂齊奏，旌旗招展，劍戟揮動，眾多的武士在筵席右邊起舞。其中一位武士上前說：「這是《錢塘破陣樂》。」只見武士們揮動旗幟兵器，眼光慓悍，動作迅猛，充滿豪傑氣概。在座觀看的客人們，個個正襟危坐。這時，又響起了一片樂曲聲，成群的女子穿著華麗，在宴席左邊跳起舞來。其中有一位女子走上前來報告：「這是《貴主還宮樂》。」樂曲清音宛轉，像訴說哀怨和表達愛慕之心，在座的客人們不知不覺流下了眼淚。兩處歌舞完畢，龍王大為高興，賜給跳舞的人綾羅綢緞。然後，將座席排在一起，一個緊挨一個，盡情的吃酒娛樂。喝到興頭上，洞庭龍王用手拍著席子唱起歌來：「老天蒼蒼啊，大地茫茫。人各有志啊，怎可思量？狐狸鼠輩充神聖啊，依附寺廟城牆。雷霆一發啊，誰敢抵擋！幸虧正直的君子啊，講究信義，使我的骨肉啊，返回故鄉。非常慚愧啊，大恩大德沒齒難忘！」洞庭龍王唱完，錢塘君拜了兩拜唱著：「是上天配合的呀，生死有定數。這個不該做他的妻子啊，那個不配做她的丈夫。我的心肝兒命苦啊，配在涇水一隅。風霜吹打她的鬢髮啊，雨雪沾滿她的衣裳。多虧您呀捎來書信，使我骨肉啊團聚如初。永遠的感激你啊，無時無刻不為你祝福！」錢塘君唱完，便跟洞庭君一起站了起來，向柳毅敬酒。柳毅惶恐不安的接過酒杯，將酒飲盡，又斟了兩杯酒回敬兩位龍君，也作了歌唱著：「碧雲悠悠啊，涇水東流。可憐那美人兒啊，淚下如雨，花容憂愁。書信終於傳到了遠方啊，消解了她的憂愁。哀愁和冤屈終於昭雪了啊，以後的日子永遠樂悠悠。感激您的溫情雅意啊，還有那佳餚美酒。山野之家空曠寂寞啊，我不可在此久留。想要告辭歸去啊，情意纏綿難分手。」唱完了，大家一起喝采。洞庭龍王拿出一只碧玉箱子，裡面裝著能分開水路的犀角；錢塘君也拿出一只紅琥珀盤子，盛著夜明珠，一起奉送給柳毅。柳毅不停推辭但最後仍收下了。接著，龍宮中所有的人，都拿出一些絲綢珠玉，放到柳毅身邊，層層疊疊光彩奪目，一會兒竟將柳毅前後都堆滿了。柳毅笑著四面應酬，不停的作揖，表示慚愧。等到大夥飲酒作樂盡興時，柳毅欲起身告辭，結果又被留宿在凝光殿了。

第二天，洞庭龍王又在凝光殿宴請柳毅。錢塘龍王借著酒勁，傲慢的對柳毅說：「沒聽說過堅硬的石頭可以斷裂而不能彎曲，重義氣的人可殺而不可侮辱嗎？在下有句心裡話，想直接向您講。如果肯答應，大家都幸運；如果不答應，則一起歸為塵土。先生意下如何？」柳毅說：「請說來聽聽。」錢塘龍王說：「我的姪女，性情賢淑、品質優秀，所有親戚都看重她，但不幸受壞蛋的欺辱。現在已經與那壞小子斷絕關係，想將她託付給您，結為親戚。這樣使得受人之恩者知道怎樣報恩，懷有仁愛之心的人知道如何施捨愛心。豈不符合君子做事有始有終的道理嗎？」柳毅聽了神色大變，站起來說：「想不到龍王見識如此低劣！我柳某聽說您橫跨九州、圍困五岳，發泄自己的憤怒；又看見您掙斷金鎖鏈，奔赴救人急難。我以為講剛強、堅決、光明、直率，沒有誰能比得上您。對侵犯自己的人，不怕死而報仇；對施恩的人，不惜捨命而報德。這真是大丈夫的志氣。但是，您怎麼在這樣和樂融融的場景，不講道理，用威勢壓制他人呢？這種行為哪是我所料想的！如果我是在大風大浪中或在深谷之間遇到您，您只要抖動鱗甲鬍鬚、帶動雲雨，就可將我柳毅弄死，則我將您看作禽獸，死了有何遺憾！今天您身著衣冠，高談禮節義氣，符合道德標準，就是人世間的賢人豪傑，也比不上您，何況是江河中的靈物呢？但是，您想以笨重的身軀、強悍的氣性，借著酒力，憑著氣勢，來逼迫他人，這算符合正理嗎！柳毅的身體還比不上您的一片鱗甲，但我敢用我這不怕死的意志，戰勝大王無理的想法。希望大王好好考慮一下！」錢塘君聽了，羞愧且侷促不安的道歉說：「寡人生長在宮庭之中，沒聽過正確的道理。剛才我說話疏忽狂妄，輕率冒犯了您。希望先生不要因為這樣而對我疏遠才好。」這天晚上，再次歡聚飲宴，還是像以前一樣親近歡樂。柳毅和錢塘君就成了知心好友。

第二天，柳毅向他們告辭回家。洞庭龍王的夫人在潛景殿設宴為柳毅送行，僕從侍女們都出來參加宴會。龍王夫人哭著對柳毅說：「我的女兒受先生的大恩大德，自恨不能報答，這就要分別了。」就讓女兒出來送客，在席間拜謝柳毅以示感謝。龍王夫人又說：「這一別哪還有相見的日子呢？」柳毅雖然沒有答應錢塘君的提議，但在宴席上，也表現出後悔的神色。宴會結束後，滿宮的人神色淒然，柳毅順著原來的水路出江岸，好多人幫忙擔著行李，到柳毅家才告辭而去。

柳毅到廣陵賣出珍寶，還沒賣掉珍寶的百分之一，所得財產已超出百萬。連淮西的富豪世家都比不上他。柳毅娶了張家的女子，不幸死了。他又娶韓姓的女子，不過幾個月，韓氏又死了。柳毅將家搬到金陵，常常因為一個人獨居，深感寂寞，打算再找一位配偶。有位媒人告訴他說：「有位姓盧的女子，是范陽人。她父親名叫盧浩，曾做過清流縣縣令，晚年喜好道術，獨自往深山中修煉，現在已不知到哪兒去了。她母親姓鄭。前年盧氏嫁給了清河縣張家，不幸丈夫早亡。她母親可憐她年紀還輕，嘆惜她聰明貌美，想要選擇一位好人家相配。不知道你認為怎麼樣？」柳毅就選擇吉日完成婚禮。豪門富族聯姻，羨煞當時所有金陵人。

過了一個多月，柳毅晚上進屋，端詳他的妻子，覺得她很像龍女，然而飄逸的神情和艷麗豐滿的姿態又超過龍女，他講起往事，他的妻子對他說：「人世間哪有這樣的事呢？」過了一年多，他們生了一個兒子，柳毅更加珍重她。到了孩子滿月，妻子把柳毅喚到掛著簾幕的內房中，笑著對柳毅說：「你還記得洞庭龍女的事嗎？」柳毅說：「那事至今記憶猶新。」妻子說：「我正是洞庭龍王的女兒呀。在涇河的冤屈，是您才使我得以伸張。我記著您的恩情，在心中發誓要報答。自從錢塘叔父作媒不成，天各一方，不能相問。我父母想將我嫁給濯錦江龍王的兒子，我便足不出門，剪掉頭髮，堅決表明自己不願意。我當初雖然被您拒絕，自料沒有再次相見的日期。但是，我當初對您的愛慕之心至死不渝。後來父母同情我的想法，想再來對您訴說。正趕上您累次婚娶，開始娶了張姓女子，後來又娶了韓姓女子。等到張、韓相繼死去，您又遷居到這裡，如今能報答您、服侍您，相親相愛一輩子，死了也沒有遺憾了。」說著就嗚嗚咽咽，哭了出來。又對柳毅說：「開始我不講明這些，是知道您沒有重色求報之心。現在我講這些，是知道您有懷念我的情感。女人菲薄，自古色衰愛弛，害怕感情生變，所以利用您的愛子來幫我與你永遠在一起。我心裡又擔心又害怕，自己無法解脫。您受託書信的那天，笑答：『改天妳回了洞庭，可不要避而不見呀。』確實不知道當時那種情況下，你是否對我有意思，後來，叔父向您提親，您堅決不同意。您是確實不想娶我，還是因為氣憤他的態度呢？您可要說明白！」柳毅說：「好像是命運的安排。我開始在涇水一角遇見妳時，看到妳形容憔悴，確實有打抱不平的志向，這種心情壓抑了愛慕妳的情感，除了替妳申冤之外，我沒有想到過別的。之所以說不要避而不見的話，純屬偶然，哪有其他的意思呢？到錢塘君逼迫成親的時候，只是因為他毫不講理，而激起我的憤怒。我當初的行動是因為見義勇為，哪有殺掉別人丈夫而娶他人妻子的呢？這是第一個不可以。我柳某向來以堅持正義為志向，哪有違背自己的心願而屈從別人的呢？這是第二個不可以。當時我只想表白心志，話語紊亂，但在我們要分別時，我看見妳依依不捨的樣子，心中也苦不堪言。最後因為俗務繁忙，無法回報妳的情誼。唉！今日，妳是盧家的女子，家在人間。看來我當初的做法還是沒有錯的。從此以後，我倆永遠恩愛相好，心中沒有一丁點兒顧慮了。」龍女喜極而泣，久久不止。又過了一會兒，她對柳毅說：「不要因為我不是同類，就以為我沒有人類的情感，我知道有恩必報。龍能長壽萬年，現在我與你一起共享長壽，無論在水中陸地都可以自由來往。」柳毅說：「我原先還不知道天姿國色的妻子，竟是使我成仙的引導。」夫妻倆就一起朝見洞庭龍王。到了那兒，賓主相見那盛大的場面，沒辦法一一記錄下來。

後來，柳毅和龍女遷居南海。接近四十年的功夫，他們的府第車馬、珍奇異寶、服飾古玩，連公侯伯爵都比不上。隨著時光的推移，他們容顏體態都不見衰老，南海一帶的人，沒有不驚奇的。到了開元年間，皇帝追求長生不老的神仙之術，柳毅不堪其擾，就與龍女一起回到洞庭湖中。十多年來，沒人知道他們的蹤跡。

到了開元末年，柳毅的表弟薛嘏在京城周圍當縣令，後來被貶謫到東南一帶做官。途經洞庭湖時，一片萬里長空，一會兒，見一座青山在遠處的波浪中出現。船上的水手都嚇得沒法好好站著，他們說：「這個地方原本沒有山，應該是水怪作亂吧。」所見之處，山和船相互逼近，有一條船自遠處前來迎接。彩船中有一人喊著：「柳老爺恭候大人。」薛嘏才回過神記起來，就趕忙來到山下，提起官袍跑上山。只見山上有同人世間一樣的宮殿，柳毅正站立在宮室之中，前面排著樂隊，後面擁著侍女，稀奇的事物眾多，遠遠超過人世間。柳毅的話語更加巧妙，外貌也更加容光煥發，柳毅在台階上迎接薛嘏，握著他的手說：「分別不過瞬息之間，而表弟毛髮已黃。」薛嘏笑著說：「老兄做了神仙，小弟我已接近枯骨，這都是命呀。」柳毅就拿出五十顆藥丸送給表弟，說：「這種藥一粒可使人增添一年陽壽。表弟不要長住人世，使自己遭受困苦。」兄弟二人歡宴已畢，薛嘏就告辭而行。從此以後，再也沒有柳毅的任何消息了。薛嘏經常將這件事告訴人們。過了四十八年，連薛嘏也消失無蹤了。

關於〈柳毅傳〉

〈柳毅傳〉是唐代一篇著名的傳奇小說。作者李朝威，生平不詳。本篇故事情節曲折動人、人物形象鮮明，對後代戲劇影響很大。後世劇作家以此為本改編為各種戲劇作品，例如元代尚仲賢的《柳毅傳書》、李好古的《張生煮海》、明代黃說仲的《龍綃記》、清代李漁的《蜃中樓》等，除此之外也成為許多詩歌和小說的典故。

葉天師救白龍

出自：《玄怪錄》／牛僧孺

唐代開元年間，有一個名叫葉靜能的道士在明州奉化縣這個地方的興唐觀講經。自從在這兒講經開始，每天都有一個身穿白衣、長滿鬍鬚的老翁來聽講，而且常常最早到，又最後離開，只是老翁看起來總是有所遲疑、欲言又止的樣子。越接近講經要結束時，老翁停留的時間越長，這天其他聽講的人全都離開了，葉天師叫住老翁來問個究竟。沒想到老翁流著淚上前拜見天師，他自稱是鱗類，說：「我本是想來請求您的憐憫和幫助，但又不敢直說，現在承蒙您主動問起我，我怎麼能夠繼續隱瞞呢！我並不是凡人，而是在興唐觀南方的小海中看守寶藏的龍，這個工作必須一千年都沒有任何差錯，才能稍微得到升遷；如果看守時稍微有點失誤，就要受到被炙熱的砂石掩埋的刑罰。我原本在此已經看守九百多年了，不料有個印度來的和尚，到這裡修煉了將近三十年的法術，這個和尚修煉十分潛心認真，咒語的法力強大。現在我最擔心的就是這個月的午日午時，他的法術就要修煉完成了，和尚會到我所看守的小海施咒，讓海水乾涸，到時寶物就藏不住了。弟子我是即使死，也不敢奢求得到升遷的，但實在無法忍受要被炙熱砂石掩埋的刑罰。拜託天師可憐我，幫助我躲過這場大劫，我永遠都不會忘記您的大恩大德！」葉天師答應了他，他才流著眼淚道謝，離開興唐觀而去。

葉天師擔心自己忘記這件事，在道觀的柱子上寫了「午日午時救龍」幾個大字，到了午日這一天，他恰好到朋友家吃飯，回來後正在休息時，門人忽然讀到柱子上的大字，非常吃驚的說：「『午日午時救龍』，現在豈不就快到午時了，師傅卻還在休息，他該不會忘了這件事吧？」剛準備要稟告，天師已經醒來了，馬上問說：「現在什麼時候？」弟子答說：「再一會兒就要午時了。」天師立即派了個身穿青衣、道行較低的門人，拿著墨色符籙跑向道觀南面的小海。在距離海一里多的地方，就看見天空烏雲密布，陰風四起，有一個身佩寶劍的印度和尚，站立雲端，手裡握著咒符，正在海上不停的大聲念咒，海水立即乾了一半。天師派去的青衣門人也被咒語擊倒在地。天師又趕派一個道行稍高、身穿黃衣的門人，拿著朱紅色符籙，騎著快馬跑去幫忙，離海還一百多步，那印度和尚又大聲念咒，黃衣門人不敵咒語的攻擊，也從馬上摔了下來。眼見那海水乾了十分之七、八，一條白龍氣喘吁吁的在淺波中掙扎。天師再趕派道行最高、身穿朱紅服裝的門人，拿著黃色符籙趕去救援。那和尚繼續大聲念咒，但這次咒語卻擊不倒朱衣門人，朱衣門人趕到海邊時，海水只剩一兩尺深，那白龍正抖動著龍鬚，張著口在泥沙中艱難的喘氣呼吸，朱衣門人將符籙拋入海中後，海水馬上漲了起來。那印度和尚撫劍長嘆一聲，說：「三十年精修苦練，不料今天使盡渾身解數也無法使這海水乾枯。這個道士怎麼如此有能耐啊！」雖然百般無奈，但也只能強忍怒氣，悻悻然的離開了。不久，海面就恢復了風平浪靜，之前被擊倒的青衣、黃衣兩位門人，也慢慢站了起來，互相攙扶著回到道觀中，將這過程一一稟告天師。

話都還沒講完，那位身穿白衣、長滿鬍鬚的老翁也趕來了，他流淚跪拜答謝：「剛才差一點死在那印度和尚的咒語下，若不是天師的法力高強，我根本就無法倖免！我們鱗類屬於野獸，恐怕無法報答您的大恩大德，但我願意永遠跟隨您，做您的門人，聽您的使喚。只要是您一聲令下，即便像是秦、越兩地相隔那麼遙遠，水路陸路殊異，您召喚我，我就會立刻出現來侍奉您！」從此以後，這老翁早晚前來探視請安，服侍天師，就像天師的門人一般。

這個道觀位在高地上，無法鑿井取水，年幼的門人總要到很遙遠的地方取水，非常不便，大家都覺得很麻煩。有一天，天師就對白龍老翁說：「我在這裡住了很久了，弟子們得到很遠的地方取水，十分辛苦，好希望能有泉水圍繞道觀啊，這樣取水就很容易了。你可以幫忙引來泉水嗎？」老翁說：「泉水的散布是由老天爺所安排的，並不是靠人力可以隨便引來的。不過天師您救了我的命，又使我能脫離千年炎沙的苦刑，我應當拚盡全力來達成！只是這並非靠人力可以得來的東西，若要勉強得來，會遭到地方神明的拒絕，必須打敗他們才行。請您先疏散道觀中的人，到了那一天，等大空三次忽明忽暗之後才能回來，這樣也許就有可能引來泉水。」於是全道觀的人都聽從他的安排，直到約定時間回道觀一看，只見一條石渠圍繞道觀，清冽的渠水潺潺流淌，繞觀一周，向南流到海裡，全觀道士的飲用水都依靠這條石渠提供。於是便將這石渠題名為：「仙師渠」。葉天師的法術之所以能廣傳天下，大概是由於白龍的幫助吧。

吳堪與白螺女

出自：《原化記》／皇甫氏

常州義興縣，有一位獨身男子名叫吳堪，很小就成了孤兒，也沒有兄弟姊妹。他在縣裡當差，性情恭順。他的住家就在荊溪旁，經常用東西遮著溪水，讓溪水常保清潔，沒有受到污染。吳堪每次從縣府回家時，總會到溪邊看一看，很真誠的愛護著這條溪水。經過了許多年，有天他忽然在水邊撿到一個白螺，就把它帶回家，用水養著。

後來有一天，吳堪從縣府回家，見家中茶水飯菜都已經準備好，他也就吃了。這樣經過了十來天。吳堪總以為是隔壁鄰家的老婆婆可憐他一個人獨居，為他燒茶煮飯。他去感謝鄰家老婆婆，老婆婆很驚訝的說：「為什麼說這些客氣話？你最近有了美麗的妻子料理家務，怎麼卻跑來謝我？」吳堪說：「哪有這回事！」他繼續追問老婆婆這件事，老婆婆說：「每次你去縣府後，便會看見一個女子，約十七、八歲，端莊美麗，穿著飄逸鮮豔；但她燒茶做飯之後，就會立即回房。」吳堪猜疑是白螺所做的。悄悄對鄰居老婆婆說：「我明天就假裝說要去縣府，請讓我待在您家裡，從牆壁縫裡偷看，可以嗎？」老婆婆答應了。第二天早晨，吳堪就假裝出門，出門後沒多久，便看見一個女子從吳堪的房間出來，進廚房燒飯。吳堪這時從門外進來，那女子沒來得及躲回房間。吳堪向她作揖致謝，女子說：「上天知道您恭敬且愛護泉源，工作忠於職守，可憐您獨居，叫我來做您的妻子。希望您能了解，不要心疑而攔著我。」吳堪恭敬的感謝她，從此，夫妻兩人相敬如賓，家庭和樂。這件事在鄉里間廣為流傳，大家聽了都很詫異。

當地的縣令橫行霸道，聽說吳堪有個美麗的妻子，企圖搶奪過來，但吳堪當差認真謹慎，找不到任何懲罰的藉口。於是縣令便對吳堪說：「你擔任縣吏很久了，辦事能力很好，現在我需要蛤蟆毛和鬼臂兩樣東西，你必須在今晚坐堂時交納。要是沒有辦妥這兩樣東西，罪責不輕！」吳堪答應著走出來，但他想人間哪裡來這兩件東西，神情淒慘沮喪，回家說給妻子聽，還說：「我今晚是死定了！」妻子笑著說：「您若擔心找不到別種東西，我還不敢承命。但若是這兩件東西，我能辦得到。」吳堪聽了，憂慮的臉色稍稍緩和。妻子又說：「我這就出門去拿。」妻子一會兒就回來了，吳堪才得以交給縣令覆命。縣令看到他備齊了這兩件東西，假裝微笑並讓他回去，心裡卻算計還要如何陷害他。

又有一天，縣令又召見吳堪說：「我要一個蝸斗，你最好快點找到。如果找不到，災禍就會降臨在你身上！」吳堪受命，趕緊奔回家，又將此事告知妻子，妻子說：「這東西我家有，拿來不難。」便為吳堪去取。過了許久，妻子牽回一頭野獸，像狗一樣大，外型也像狗。妻子說：「這就是蝸斗。」吳堪說：「牠有什麼能耐啊？」妻子回答說：「牠是頭奇特的獸，能吃火，您快送去。」吳堪將這獸送到縣令那兒。縣令見到了，發怒說：「我要的是蝸斗，但這是狗啊！」又問道：「那牠有什麼能耐？」吳堪說：「牠能吃火，大的便也是火。」縣令於是拿炭燒了一盆火給牠吃；牠吃完，屙糞在地上，盡是火。縣令怒道：「要這種東西做什麼用！」命令人滅火掃屎。才剛想陷害吳堪，縣吏們用工具掃糞，一碰到糞卻像空空的，什麼都消失了，好像不曾有過東西一樣。忽然間，四處火焰暴起，焚燒了牆壁和屋頂，煙焰從各處合攏，瀰漫了整個城門，縣令一家都被燒成灰燼。吳堪和他的妻子則不知去向了。這個縣從此往西遷移了幾里，也就是今日的縣城。

關於《原化記》

唐代傳奇故事集。作者皇甫氏，生平不詳。內容主要是一些時人傳聞、神仙鬼怪、俠義故事等。

龍妻送珠

出自：《青瑣高議》／劉斧

宋朝時，廣州有一位漁夫在深夜抓到一條大魚，有上百斤重。漁夫將人魚帶回岸邊，等到天亮一看，那魚長著人的臉，海龜的身體，腹部下有幾十條腿，頸部以下有兩隻像人類的手，背部類似龜殼，再仔細看，脖子上還有濃密的短髮，腦袋後面還長著一隻眼睛。魚的肚子五彩斑斕，而且黑裡透紅，村人們都來圍觀，卻沒有人能叫出這種魚的名字；他向其他漁夫打聽，也沒有人認識這種魚。大家都說殺掉這條怪魚不吉利，那漁夫就把魚扛了回家，把魚放在院子裡，用塊破草蓆蓋著。

夜裡，院子傳來細細小小的聲音，漁人從床上爬起來，想找出聲音是哪兒來的。他發現那聲音來自破草蓆底下，雖然細小，卻清晰可辨，就是那魚發出來的。漁人躡手躡腳地走近，靠近一聽，那魚說：「我因為閒事離開天界，居然被網子抓到了！」漁人大吃一驚，不覺失聲驚叫，魚就再也不說話了。漁人認為這魚是怪物，打算把牠丟掉，並跟其他人談論這件事。

當時，有個名叫蔣慶的人是市場的管理員，他知道後，向漁人要走了這條怪魚。用巨大的竹簍將魚裝回，將魚放在堂前長廊裡，用東西蓋上。到了半夜，蔣慶悄悄地走過去偷聽，魚說：「我真不應該多嘴，現在又跑到另一家了！」一直到天明都沒有再說些什麼。

第二天，蔣慶有事外出。他的老婆孩子就圍著看魚，魚又說：「我快要渴死了。」看魚的人趕緊跑開，找到蔣慶並告訴他。蔣慶說：「去用家裡最大的盆子裝牠，再抽井水澆灌。」到了傍晚，魚又說：「這不是我吃的東西。」蔣慶問抓到魚的漁夫，才知道魚是從海裡打撈來的，他於是趕緊派僕人取來海水養魚。

當天夜裡，蔣慶和妻子又一起偷聽，魚說：「放我者生，留我者死。」蔣慶的妻子很害怕，就對蔣慶說：「你趕快把魚放了，不要招禍。」蔣慶說：「怕什麼，我偏不放！」

又過了兩天，蔣慶借著三分酒意，拿一把刀到大魚面前祝禱，說：「你既然能講話，定是海中有靈性的魚，你實話實說，我會把你放回大海。你要再悶不吭聲，我就用刀殺了你。」大魚立刻說：「我是龍王的妻子，因為小事和丈夫爭吵，我賭氣離家，游到近海，不料卻誤入魚網被漁人捉住。你殺了我，對你沒什麼好處；但若放了我，我會重重報答你。」蔣慶就用小船將怪魚載到大海，放了牠。

過了半年，一天蔣慶在市場漫步，有人拿著頂級的珍珠兜售。蔣慶很喜歡那珍珠就去詢價，賣珠人說：「五百貫錢。」蔣慶認為相當便宜，便先付了一半的錢當作訂金。賣珠人說：「我認得您，您先把珍珠拿回去，我明天到您府上取錢。」說完就走了。後來那人並沒有來取錢。蔣慶在家裡想：「這珍珠價值數千金，我買得夠便宜了，他卻還沒有來向我收錢，太奇怪了！」後來，蔣慶又遇見那個賣珠人，蔣慶要他來取錢。那人說：「是龍王的妻子要我拿珍珠來報答您不殺之恩。」說完，那人就走遠了。

關於《青瑣高議》

宋代筆記故事集。編著者劉斧，生平不詳。他或自己撰寫，或採集前人故事改寫，或輯錄他人作品，有些篇章後面加上了作者的評議。本書內容主要是志怪、傳奇和異聞瑣事，語言通俗，有不少篇成為後世話本小說的本事來源。

仁鹿記

出自：《青瑣高議》／劉斧

楚王剛打完一場勝仗，凱旋歸來，率領大臣們在雲夢澤大舉打獵。忽然有一大群約一萬多頭的鹿往山頂跑去，楚王帶著部隊在後緊追不放。

到了晚上，這群鹿被圍困在一個大山谷裡，四面聳立著像牆壁一樣陡峭的山崖，中間只有一條狹窄的山路通往山凹處。楚王說：「很晚了，留下些部隊堵住牠們的退路，明天將這群鹿全捉了，上天看我軍辛苦，特地賜下禮物給我啊！」天一亮，楚王命令集中兵力環繞谷口，他自己也手持弓箭，做好圍獵的準備。

忽然，有一隻巨鹿跳出重圍，跑到楚王面前，牠跪下前膝，口裡說著人話：「我是這群鹿裡的大王，不幸成為大王您的獵物，如今已走投無路，也知道大王想要全數捕來慰勞軍隊。我請求大王能赦免我們，並希望您能聽聽我說，再請大王裁決。」楚王說：「你有什麼話想說？」鹿王說：「我聽說，古時候的人不會放乾池水捉魚，不會燒光山林捕獸，不會拿鳥巢裡的蛋，不殺幼小的野獸。因為他們有慈悲之心，才能使萬物生生不息。舜的屋簷下住著鳳凰，商湯下令撤除鳥網，所以飛禽們感激他。人與鹿雖然不同，但我們愛惜自己性命的道理卻是一樣的呀！我每天送一隻鹿給大王，大王的廚房就不會匱乏，我們也得以生存繁衍，大王也不怕沒有佳餚美味，假若大王將我們這群鹿全數捕獲，我們絕種了，大王以後吃什麼呢？這樣做對您有什麼好處呢？請大王考慮！」

聽完這席話，楚王就把弓箭扔到地上，說：「你是王，我也是王，你愛你的同類，跟我愛我的臣民，有什麼不同呢？天下的生命都一樣重要啊！」於是下令：「有敢殺鹿的，與殺人同罪！」楚王又告訴鹿王說：「回去告訴你的同類，我會看著你們平安走出山谷。」就讓鹿王先走，楚王登上山頂觀望。

巨鹿回到鹿群中，把楚王的意思告訴牠們。接著，鹿王走在前頭，其他的鹿緊緊跟隨，發出呦呦叫聲走出山谷，楚王感觸良多，便帶著大家返回國都了。

後來，楚國討伐吳國沒有取勝，只好撤回。吳國為了報復楚國，大肆侵犯，楚國無力招架，只好深挖戰壕，加高堡壘、加固城牆，力圖挫挫敵軍銳氣，楚國又到處布署疑兵以迷惑敵人，使用反間計，但吳軍鬥志還是很旺盛。

楚王每天擔心得不得了，有一天晚上，吳軍的營地外，聲音震耳欲聾，彷彿千軍萬馬，吳軍以為鄰國援楚的救兵到了，趕緊連夜撤退。楚王非常驚奇，第二天環繞著吳營察看，只見地下到處都是鹿的蹄痕，才知道是之前放走的鹿群前來報恩。

第六部

在這些國家，動物或昆蟲當道

在幻想的國度，所有的不可能都變得可能，
它既是現世的對照，也是想像的寄託……

薛偉變魚記

出自：《續玄怪錄》／李復言

唐代有位名叫薛偉的人，在乾元二年時擔任蜀州青城縣掌管印鑑的主簿，同時期當官的還有縣丞鄒滂、縣尉雷濟和裴察。這年秋天，薛偉病了七天，忽然奄奄一息，就像死去了一般，叫他也沒有反應，只剩胸口還有些餘溫，家人不忍心立刻收殮，就在身旁侍奉。過了二十天，薛偉居然長長地噓了一口氣，醒轉坐了起來，對旁邊僕人說：「我不知道人間是過了幾天了？」僕人回答：「已經二十天了。」他又說：「幫我去看一下同僚們是不是正在吃魚膾？告訴他們我醒來了，有些稀奇的事情。請他們幾位放下筷子過來聽聽吧。」僕人跑去一看，幾個官員確實正準備吃魚膾，就將薛偉交代的事說明了，同僚們於是都放下筷子前來。

薛偉說：「諸位是派司戶的僕役張弼去弄了條魚來吧？」大家說：「對呀。」薛偉又問張弼說：「打魚的趙干把大鯉魚藏起來，用小魚來交差。但你們找到他藏在蘆葦叢裡的大魚，將大魚帶了回來，正要進縣衙時，看見有個司戶吏坐在衙門東邊，有個糾曹吏坐在衙門西邊，正在下棋。到了階下，鄒大人和雷大人正在玩博戲，裴大人在吃桃子。張弼回來講了趙干將大魚藏起來的事，官員們說：『用鞭子抽他。』就將大魚交給廚師王士良。王士良很高興，就將魚殺了。剛剛我講的這些都對吧？」大家疑惑道：「你是怎麼知道的？」薛偉說：「因為剛才殺的大鯉魚就是我呀！」大家驚恐的說：「你快仔細說來聽聽。」

薛偉說：「我一開始發病時，覺得又悶又熱好難受，當時忘了自己正在生病，只希望能想個辦法涼快些，拄著手杖就走，也不知道自己是在夢中。出了城門後，我心裡就舒暢極了，覺得大概籠中鳥和欄中獸被放出來，心境也不如我這般自由吧。我慢慢的走入山裡，後來越走越悶，就索性下了山，在江邊散步。只見那江潭深邃幽靜，滿山秋色十分宜人，水面上沒有一絲波瀾，像是明鏡般映照著長空。忽然我動了一個念頭，將衣服脫了放在岸邊，縱身跳入水中。

我從小就喜歡玩水，長大後，卻再也沒有下水游泳過，這次能縱情適意的玩水，終於實現了多年的心願。我一邊游水一邊自言自語：『人游泳到底還是趕不上魚戲水的快樂，怎樣才能夠暫時變成魚，痛痛快快的暢游呢？』沒想到身旁有條魚說：『只怕您不願意而已，要變成真正的魚很容易，更何況只是想暫時變一下，我給您想想辦法吧。』接著就很快游走了。不一會兒，有個長著魚頭的人，高約數尺，騎著一條大鯢而來，幾十條魚在旁前導跟隨。那個人宣讀河伯的詔書說：『在陸地上住和在水中游，生活的方式並不同，人如果沒有相當大的興趣，是不會熟悉水性的。薛偉心裡希望能在深水中暢游，嚮往幽閒而空曠的地方，喜歡遼闊的水域，醉心清澈的江河，厭惡那官場的複雜人事，想要棄官離開塵世，暫時變成魚類，但也不是永遠脫離人形，那麼，可權充東潭的紅鯉魚。不過，如果掀起波濤而弄翻了船隻，是會犯下罪孽的；如果認不清釣鉤而吞食了魚餌，也會被釣上岸，受人宰割。請千萬小心謹慎，切勿失足，不要給同類帶來羞恥。要警惕在心！』

聽完詔書後，我再一看自己，已經穿上魚的服裝了。於是，縱身入水游泳，想到哪兒就到哪兒。或在波上跳躍，或在潭底潛伏，到處從從容容。三江五湖，沒有不游個痛快的，但因為分配留在東潭，每天到傍晚還是必須回來。不久，我餓得厲害，又找不到吃的，就跟著船游，忽然看見趙干垂下了釣鉤，魚餌芳香誘人，雖然心裡清楚應該戒備，但不知不覺就被吸引將嘴靠近了。我想：『我是個人啊，只是暫時化作魚，不能找到吃的，難道能吞釣鉤麼！』便放棄魚餌離開了。一會兒，餓得更厲害，又想著：『我是個官員，開個玩笑穿上了魚服，縱使吞食了魚鉤，趙干豈能殺我？他一定會送我回縣衙的。』就吞食了釣餌。趙干收起釣線將我帶出水面。當他的手快捉到我時，我連聲的向他呼叫，可是趙干完全不理會，反而用繩子穿過我的鰓，把我繫在蘆葦間。不一會兒張弼走來說：『裴縣尉要買魚，要大的。』趙干說：『還沒釣到大魚，小魚倒有十來斤。』張弼又說：『奉命要大魚，怎能要小魚？』就自己動手在蘆葦間找到我，並拎了出來。我又對張弼說：『我是你們縣的主簿，外形變化成魚，在江河中遊玩，你還不拜見我！』張弼一點反應也沒有，拎著我就走，我怎麼罵也不理睬。

進了縣衙門後，看見幾位縣吏坐著下棋，我又大聲呼叫，卻沒有人回應，只是繼續笑著聊天說：『了不起，這魚怕有三、四尺長啊。』後來上了台階，又看到鄒、雷兩位正在玩博戲，裴大人在吃桃子。幾位都喜歡大魚，吩咐趕緊送到廚房料理。張弼講起趙干將大鯉魚藏起來，而用小魚交差之事，裴大人很氣憤，下令鞭打趙干。我又對各位大人呼叫說：『我是各位的同僚啊，現在我被捉住了，你們竟然不放了我，還催著殺我，這樣還算有仁有義嗎？』我哭著大叫，三位卻絲毫不為所動，把我交付給廚師王士良。王士良拿著刀，高高興興的將我扔在砧板上，我又大叫：『王士良，你是我經常使喚的廚師，你憑什麼殺我？為什麼不帶我去向官老爺解釋清楚？』王士良就像什麼也沒聽見似的，按著我的脖子在砧板上就砍，那魚頭一落，現實的我才終於醒來。於是，就叫大家過來。」

在場的人都大吃一驚，並生起了惻隱之心。趙干釣上魚、張弼拎魚、縣衙下棋的人和三位官老爺在台階上看到魚，以及王士良準備殺魚時，都曾看見魚嘴一張一闔的，但確實什麼也沒聽見。之後，三位官老爺把那些魚膾都丟棄了，並且終身不再吃魚。薛偉漸漸康復，後來多次升官，官直做到華陽縣丞後才去世。

有此一說

人化魚的故事，在唐代的筆記小說還有《廣異記》的「張縱」及《酉陽雜俎》的「韓確」兩篇，本文當承「張縱」而來。但是在《廣異記》中，張縱是因為好食魚鱠而被罰為魚，然後被漁夫網起，遭到削鱗剪頭，隱含宗教戒殺生之意。而薛偉卻是「醉心清澈的江河，厭惡那官場的複雜人事」，想要暫化為魚，雖然文末也有不再食魚之說，但夢遊江潭和吞餌被釣的描寫，尤有莊周夢蝶以及濠梁觀魚之趣。

南柯太守傳

出自：〈南柯太守傳〉／李公佐

東平人淳于棼，是吳楚一帶浪跡江湖、見義勇為的書生。他喜愛喝酒，意氣用事，做事不拘小節。家裡累積了龐大的家產，養了一班豪傑仗義的人。他曾經憑武藝補了缺額任職淮南軍中的副將，卻因為酒後狂言觸怒了主帥，被貶斥罷官，於是落魄失意，每天只靠縱情高論和飲酒解悶排遣日子。他的家住在廣陵郡東約十里遠的地方，宅子南邊有一棵很大的古槐樹。這棵古槐樹的樹幹高聳，枝葉茂盛，樹蔭遮蔽好幾畝地，一片清涼。淳于棼每天就和一群豪傑之士在樹蔭下放懷痛飲。

唐貞元七年的九月間，淳于棼因為大醉而病倒。這時他的兩個朋友便從酒桌上把他攙扶著，讓他躺在堂屋東廊旁的側房裡。兩個朋友對他說：「你就先睡一會兒吧，我們兩個人餵餵馬、洗洗腳，等你的病稍好再走。」淳于棼解下頭巾枕上枕頭，昏昏沉沉，恍恍惚惚彷彿像在夢裡，看到有兩個穿紫衣的使者向他跪拜行禮說：「槐安國王派我們來邀請您走一趟。」淳于棼不由自主地從臥榻上下來，整理好衣裳，跟著兩個使者走到門外。只見一輛塗飾青色油漆的小車子，套著四匹雄馬；左右跟著七、八名隨從。大家簇擁著扶他上車，出了大門，向著古槐樹下的一個洞穴走去。使者隨即把車子趕進洞穴裡，淳于棼十分詫異，但又不敢向他們發問。

忽然間，只見山脈河流，風光氣候，花草、樹木、道路，跟人間世界大不相同。再向前走了數十里，那兒有城廓，城廓上面還有矮牆。道路上車輛、轎子、行人、物資絡繹不絕。淳于棼左右隨車吆喝的人，發出一聲聲吆喝，前傳後遞，態度十分嚴肅，路上往來行人都趕緊退避到道路兩旁。隨後，又進入一座大的城垣，紅漆的大門，重疊的樓閣，樓上有用金粉塗飾的大字，寫著：「大槐安國」。守門的人跪拜行禮，往來奔走。一會兒，有個人騎著馬跑來招呼說：「國王因為駙馬遠道而來，請暫且先到東華館休息。」說罷，便帶路向前走去。片刻，只見兩扇大門打開了，淳于棼便下車走了進去，裡面四處是彩色的欄杆和雕花的屋柱；華美珍貴的果木，成行地種植在廳堂前面；茶几、桌子、墊子、毯子、窗簾、帷帳，以及菜餚、食物，都安置在廳堂上面。淳于棼看到這一切，心中十分高興。這時，又有人喊著：「右丞相馬上就要到了。」淳于棼走下台階，恭敬地上前迎接。只見右丞相穿著紫色朝服，拿著象牙雕製的笏板，向前走來。淳于棼跟他行賓主之禮，禮節十分周到。右丞相說：「我們國君不因我國遙遠偏僻而自揣冒昧，特地迎候您，希望跟您結為親戚。」淳于棼自謙：「我這種卑賤的地位和低劣的才能，哪敢抱這種奢望！」右丞相於是邀請淳于棼一起去見國王。

走了百步遠，進入一張朱漆大門。只見長矛、畫戟、殺人用的斧子，排列在左右兩旁；軍士和官吏好幾百人，都避讓在道路兩側。淳于棼有個生平要好的酒友周弁，也走在裡面。淳于棼十分高興，但又不敢上前詢問。右丞相帶著淳于棼登上一個寬敞高大的廳堂，兩邊排列著擔任侍衛的隊伍，顯得十分嚴肅，好像是帝王的居所。只見一個身材高大的人，態度端正嚴肅，坐在王座上，穿著白色錦服，戴著紅艷華美的帽子。淳于棼害怕得渾身顫抖，不敢抬頭往上看。左右的侍者讓淳于棼下拜叩頭。國王說：「從前曾獲得令尊的同意，不因我們國家小而嫌棄我們，允許讓我的第二個女兒瑤芳嫁給你。」這時，淳于棼伏在地上，只有低頭聽命，不敢說什麼話。國王說：「暫且到賓館裡住下來，接著就舉行婚禮。」這時，國王下達旨意，叫右丞相也跟著淳于棼一同回到賓館。淳于棼心裡思量著：很早就知道父親在邊關擔任將領，因戰敗被北方鄰國俘虜了去，不知是死是活。現在，也許父親還在人間，因為與北方鄰國和好，才有了目前這樁婚事吧！但他仍然十分迷惑。

這天晚上，小羊、大雁、錢幣、布帛等各種結婚用的賀禮，以及顯示威儀和氣象的陳設，能歌善舞的女子，各種各樣的樂器，葷菜、飲食、燈籠、蠟燭、車輛、馬匹等各種為舉辦婚禮所置備的禮物，沒有不預備齊全的。另有一群女子，有的稱「華陽姑」，有的稱「青溪姑」，有的稱「上仙子」，有的稱「下仙子」，像這樣的有好幾批人，各自都帶著好幾千名侍候她們的人。她們戴著用翡翠綴成的鳳冠，披著繡有金色雲霞的披肩。只見一片彩綢、金銀、碧玉的首飾，光輝四射，眼花撩亂。這些女子四處遊玩，嬉戲遊玩，進進出出，都爭著跟淳于棼開玩笑。她們的風采和姿色都非常妖艷美麗，言談十分巧捷，淳于棼找不到恰當的話來應答。這時，有個女子對淳于棼說：「以前有次過上巳日節，我跟著靈芝夫人經過禪智寺，到天竺院看石延跳婆羅門舞。我跟女伴們坐在北窗口的石榻上。那時您還年輕，也下馬前來觀賞，您還特地走過來跟我們親近，還跟我們調笑。我跟瓊英妹把一條大紅巾編了個結，掛在竹枝上，您難道一點也不記得了嗎？還有一次在七月十六那天，我在孝感寺跟上真子一起聽契玄法師講觀音經。我在講壇下面施捨了兩只金鳳釵，上真子施捨了一枚水犀盒子。那時，您也在講席中，向契玄法師要了那兩只金鳳釵與水犀盒子，仔細把玩觀看，讚嘆了一次又一次，稱奇好久。您還回頭對我們說：『佳人美物，都非人間所有啊！』您又是詢問我們的姓氏，又是詢問我們的籍貫，我們都沒有回答。看您當時的心情，對我們十分留戀，老是盯著我們，不肯離去。您難道一點也不想念我們麼？」淳于棼說：「這些都深深地藏在我的心底，哪有一天忘記過？」那些女郎們對淳于棼說：「沒想到今天我們竟能夠跟您結成親眷。」接著又有三個人，戴著帽子、繫著腰帶，顯得很魁偉，上前拜見淳于棼，並說：「我們奉國王的命令來作您的儐相。」其中有一個人跟淳于棼是老朋友，淳于棼指著那個人問說：「你不是馮翊的田子華嗎？」田子華說：「正是。」淳于棼連忙走上前，握著田子華的手，談論了許久過去的情誼。淳于棼問：「你怎麼會住到這兒來？」子華說：「我在外四處遊蕩，後來得到右丞相武成侯段公的賞識，因而就在這裡安身了。」淳于棼又問：「周弁也在這裡，你知道嗎？」子華說：「周弁已經成了貴人。他擔任司隸的官，權勢很大，我還好幾次受他照顧。」兩人在一塊談談笑笑，十分歡洽。不久，有人傳話過來說：「駙馬可以進來了。」三位男儐相把寶劍和禮服取過來，讓他換上新的服裝。子華說：「想不到今天得以見到這麼盛大隆重的婚禮，希望你今後可別忘記我啊。」

這時，有幾十個仙女，演奏著各種從來沒有聽過的樂曲，悠揚婉轉、清越嘹亮，曲調凄涼而又悲壯，不像是人世間的音樂。手裡拿著蠟燭在前面引路的也有好幾十人，道路兩旁都圍著遮蔽風塵的金黃或翠綠色的屏幕，光彩耀目、碧綠如玉，十分精緻玲瓏，接連好幾里路都不間斷。淳于棼端坐在車裡，精神恍惚，心裡十分不安。田子華好幾次找他說笑，多方勸慰開導。先前那一群群女子，各自坐著裝飾有鳳凰展翅圖樣的車子，也在路上來來往往。

最後，來到一處大門口，名叫「修儀宮」。那群仙女般的女子，紛紛排列在兩旁，大家叫淳于棼下車入內拜謁，行夫妻相見之禮，儀式全都跟人世間一樣。撤去屏幛，把宮扇移開，只見一個女子，大家都叫她「金枝公主」，年約十四、五歲，就像仙女似的。整個婚禮非常隆重。結婚之後，淳于棼和公主的情誼一天天融洽，聲望一天比一天崇高。出入宮庭內外所用的車馬和服飾，遊玩宴會跟隨的賓客隨從，規模僅僅只比國王次一等。國王吩咐淳于棼跟官員們組織好武裝兵士，在國土西邊的靈龜山進行大規模的打獵活動。靈龜山高峻清秀，山下河流長遠，湖沼寬闊，山上的樹木長得稠密茂盛，飛禽走獸都隱藏在山裡。打獵的隊伍收穫豐盛，一直到晚上才回去。

有一天，淳于棼向國王說：「我跟公主成婚時，大王說這是根據我父親的吩咐所辦的。我父親前些時候，輔助邊關的統帥領兵作戰，因為戰敗而被北方敵國俘虜，音訊斷絕已有十七、八年。大王既然知道他居住的所在，我請求允准我去看望父親。」國王連忙對他說：「親家翁的職責是守衛北方的國土，來往書信和音訊一直沒有間斷。你只需要寫信把近來的情況稟明就行了，用不著現在就去那兒找他。」於是，淳于棼就吩咐妻子代他籌備許多禮品，把這些禮品一併請專人送去。過了幾晚，他父親託人捎來回信。

淳于棼仔細檢查父親的字跡和含義，全都符合他父親平生的事跡，信中表達了深切的懷念和殷切的教誨，情意十分委婉曲折，也都跟往年一樣。信中還詢問淳于棼近年來親戚的存亡，家鄉的變化，還提到路途遙遠，阻隔重重，說得既悲切又痛苦。他還叫淳于棼不要去看望他，說：「等到丁丑那年，就會跟你見面。」淳于棼捧讀父親的來信，悲痛不已。

有一天，淳于棼的妻子對他說：「你難道不想做官嗎？」淳于棼說：「我放蕩慣了，沒有學習過怎樣處理政事。」他的妻子說：「你只管做就是了，我會好好幫你的。」於是，他妻子就報告國王。過了幾天，國王對淳于棼說：「之前南柯郡的政令沒有管理好，太守已被罷黜。我想借重你的才能擔當這一職務，你就委屈就任吧！現在就可以跟我女兒一同前往。」淳于棼恭謹地接受了。國王於是吩咐主管官吏替太守準備行李。拿出大量的金銀、玉石、錦緞、刺繡、箱籠、梳妝用具，還派遣了許多僕人和婢妾、車輛、馬匹等，排列在通衢大道上，向公主和駙馬送行。淳于棼從少年時代起就遊蕩在外，扶弱抑強，從來不敢有什麼非分的企望。現在一下子得享如此高榮耀，自然分外高興，因而向國王上表奏報說：「我是個將門不中用的後代，本來就沒有什麼才華。勉強擔當治理南柯郡的重任，做不好必將敗壞朝廷典章。我身居要職，或者將會受人攻擊，或者因能力不勝任而敗事。因此我想選拔有品德和才學的人，彌補我能力上的不足。我私下了解擔任司隸職務的穎川人周弁，為人忠實、心地光明，性情剛毅正直，遵守法紀而不循私情，具有輔佐的才能。另外，還有位才德兼具而隱居不仕的馮翊人田子華，清廉謹慎、通曉權變。這兩個人都跟我有十年以上的交誼，我深知他們的才華和本領，足堪委託他們擔當國家的大事。對於周弁，我請求您讓他擔任南柯郡掌管法令的司憲；田子華，請讓他擔任掌管生產的司農。這樣，或許將能讓我在治理政事顯出成效，也不致敗壞朝廷典章。」國王對淳于棼的請求全部依允，派遣周弁、田子華隨他一道前往南柯郡。

當晚，國王和他的夫人在國都南邊設宴為他們送行。國王對淳于棼說：「南柯是全國的一個大郡，土地肥沃，民情強悍，而且人口眾多，不施行德政便無法把它治理好。何況還有周、田兩人作你的助手。希望你好自為之，足報國家對你的期望。」國王的夫人也告誡公主說：「淳于郎性情剛烈，喜愛喝酒，加上又年輕，作妻子應該遵循的，就是溫柔、和順最為可貴。妳能夠好好地侍奉夫君，我就沒有什麼好值得憂慮的了。南柯郡的封地雖然離我這裡不太遠，但是想要像以往一樣，讓妳早晚侍候身旁，已經辦不到了。今天分離，怎能叫我不傷心？」淳于棼和妻子向國王和王后下拜叩頭作別，直向南方進發。他們登上車子，驅馬前進，一路上說說笑笑十分歡暢。走了幾天幾夜才到達郡城。那城裡的官吏、和尚、道士、老人，還有樂隊、衛士、車輛、馬匹，都爭先恐後簇擁上前來侍奉。人多物雜，匯成一片擾擾攘攘的聲音，敲鐘擊鼓，陣陣喧嘩，前後延續達好幾十里。只見城牆上排列著齒狀的矮牆，又高又平的樓台，顯現出一派鬱鬱蔥蔥的好氣象。進入兩扇高大的城門，門上有一塊大榜，上面用金粉寫著四個大字：「南柯郡城」。官衙裡到處是朱紅漆的有窗檻的長廊，門旁陳列著形狀像戟似的儀仗。那氣派十分森嚴，幽深莫測。

淳于棼到任後，深入民間瞭解風尚和習俗，拯救民眾的疾苦。政治大事委託周、田兩人協助辦理，把整個南柯郡治理得有條不紊。自從淳于棼擔任南柯郡太守的二十年來，政治教化推行得十分良好深遠。老百姓編了歌謠頌揚他，還替他修建碑坊，甚至還建了祭拜他的生人祠。國王也越發看重他，賜給他食祿田邑，封給他官爵，讓他高升至三公宰相。周、田兩人也都因為政績卓著而遠近聞名，依次遞升到很高的官職。淳于棼生了五個兒子和兩個女兒。兒子都靠著他的功績而按例獲得官職，女兒也都跟國王的宗族攀結婚姻。地位的榮耀和聲名的顯赫，一時間登峰造極，當代人沒有誰能比得上他。

這一年，有個名叫檀蘿的國家，派兵來攻打南柯郡。國王命令淳于棼訓練將領和部隊，進行征討。於是淳于棼便報請國王任命周弁率領三萬士兵，在瑤台城一帶抵抗進犯的敵兵。周弁剛強勇敢、輕視敵兵，吃了個大敗仗。周弁單人匹馬，光著身子逃走，深夜才逃回城裡。敵兵繳獲了許多器械、糧草、營帳、鎧甲，勝利返國。淳于棼因而把周弁囚禁起來，向國王請罪。國王寬恕了他們兩人。這一月，周弁背上生疽，不久就逝世了。淳于棼的公主妻子也害了病，十天以後就死了。

淳于棼因而請求免去太守職務，護送靈柩返回京師。國王允許了，便令司農田子華代理南柯太守職。淳于棼十分哀痛地護送靈柩出發，自己執拂走在前面引導。一路上莊重肅穆，儀仗森嚴，男男女女，哀傷痛哭，官民爭相以酒食在路邊祭奠，有的攀附著車轅，有的阻擋住前進的道路，人多到不可勝數，就這樣抵達國都。國王和王后穿著白衣在城郊號啕痛哭，等候靈車到來。國王賜給公主諡號，叫「順儀公主」。特地設置儀仗、羽蓋、笙簫鼓樂，將公主安葬在國都以東十里外的盤龍岡。同在這一個月，已逝世的司憲周弁的兒子榮信，也護送他父親的靈柩回到京師。

淳于棼長期鎮守邊疆，又與京師保持密切的聯繫，凡是豪門貴族，沒有不跟他交好的。他自從免去郡守職務回到國都，出入內外不受拘束，呼朋引伴到處遊逛，貴客嘉賓跟隨左右。他威望一天比一天高，享受一天比一天優渥。國王心裡對他產生了疑懼。

當時有人向國王報告說：「天象顯示出凶災預兆，國家將會發生一場極大的災難：國家將會遷都，祖宗的廟堂會遭到傾毀。事情的端由來自夷族，禍患將發生在朝廷之內。」當時輿論都認為這預言應驗在淳于棼過度奢侈、超越本分。國王於是撤除淳于棼的侍從和衛隊，禁止他再跟朋友們四出遊逛，將他軟禁在住處。淳于棼自認擔任郡守多年，在政治上從沒有壞過事，可是現在竟然流言四起，怨聲載道，卻與事實大相逕庭，因而鬱鬱不樂。國王也理解他的心情，因而對淳于棼說：「我們兩姓訂立婚姻已經二十餘年，不幸小女夭折，不能夠和你白頭偕老，真是非常悲痛，所以王后才把外孫們都留下來親自撫養。」國王又對淳于棼說：「你離開家鄉已有很長的時間，可以暫時返鄉，看看親戚和宗族。外孫們都留在我這裡，你不必掛念。三年後，我將派人來迎接你。」淳于棼說：「這裡本來就是我的家，還叫我回到什麼地方去？」國王笑著說：「你本來是凡間的人，你的家並不在這裡。」淳于棼忽然間好像糊糊塗塗像是要昏睡似的，煩悶疑惑，好一會兒才漸漸想起從前的事，不由感傷得落淚，請求國王讓他返鄉。

國王示意左右侍從，叫他們護送淳于棼還鄉。淳于棼向國王一再拜謝才離開。淳于棼又一次見到從前那兩位穿紫衣的使者跟從他。走到一扇大門外，只見自己所乘騎的車馬都很粗劣，身邊的親屬、使者、車夫、僕人，一個都沒有了，心裡十分奇怪，不由嗟嘆起來。淳于棼上車，走了好幾里路，又經過一座高大的城門，往年自己從東方來槐安國所走過的道路、山脈、河流、平原、田野，仍然像從前一樣。護送他的兩個使者很是無精打采，淳于棼更加鬱鬱不樂。他便問使者說：「什麼時候才能到廣陵郡？」兩個使者自顧自地哼著歌曲，過了好久才回說：「很快就到了。」不久，從一個洞口走了出來，只見故鄉的村莊、街巷，都像從前一樣，一點兒改變也沒有，心裡一陣悲痛，不覺流下淚來。

兩個使者領著淳于棼下車，走進自己的家門，登上台階。淳于棼看見自己的身子躺倒在堂屋東面的廊屋裡，十分驚恐，不敢靠近。兩個使者大聲呼叫淳于棼的名字，一連喊了好幾聲，淳于棼這才驚醒過來，像從前一樣清醒。只見家裡的奴僕都拿著掃帚在院子裡掃地，先前的兩位客人正坐在床邊洗腳，斜陽還沒有落下西牆，東窗下酒樽裡還盛著沒有吃完的酒。短短一場睡夢裡，好像度過了自己的一生。淳于棼十分傷感地憶起夢中情景，再三嗟嘆。於是就招呼著兩位朋友，把夢中經歷一一告訴他們。兩位客人聽了，驚奇到極點。因而跟著淳于棼走出屋外，找到槐樹下那個洞穴。

淳于棼指著樹根的洞說：「這就是我夢裡遇到奇事的入口。」兩個客人認為這可能是狐精樹魅為禍。於是吩咐僕人拿著斧頭，斬掉粗大的樹根，折斷枝幹，往深處尋去。

近旁約一丈遠的地方，有一個大洞，洞底空曠而明朗，可容得下一張床。洞的上方有一堆累積起來的土壤，呈現出城廓、樓台和宮殿的模樣。有好幾十斗螞蟻隱伏聚集在裡面。中央有個小台，顏色紅得像朱砂似的，有兩隻大螞蟻伏在上面，長著白色的翅膀、朱紅的頭頂，全身約有三寸長。左右有幾十隻大螞蟻護衛著它們，其他所有的螞蟻都不敢走近前去。原來，這就是國王和王后，這地方也就是槐安國的京城。接著，又找到了另一個洞穴的盡頭。那洞穴緣著槐樹南邊的那根枝椏直上約四丈遠，曲曲折折，呈方形。其中也有土築的城廓、小型的樓台，成群的螞蟻也都住在裡面。這就是淳于棼管理過的南柯郡。還有一個洞穴，向西離開兩丈遠，氣勢雄偉，四周空闊而光滑，現出各種玲瓏怪異的形狀。中間有一隻肌肉已經腐爛的烏龜，龜殼有斗桶那樣大，蓄積起來的雨水浸潤著它，上面長出一叢叢小草，繁盛茂密，鬱鬱蔥蔥，長滿了整個龜殼，這就是淳于棼打獵時到過的靈龜山。此外，又找到了一個洞穴的盡頭，向東離開一丈遠近，古老的樹根盤結屈曲，像龍像蛇，中間有個小土堆，有一尺多高，這就是淳于棼在盤龍崗埋葬妻子的墳墓。他追想往事，心裡說不盡的感嘆。他逐一察看著周圍的環境，找盡從前經歷過的蹤跡，都符合夢中的情景。他不忍心讓兩位客人把洞穴毀壞了，立即叫他們把它掩蓋起來，仍讓它像先前一樣。

當天夜晚，突然起了一陣暴風雨，第二天一早，再去察看那洞穴，再也找不到那一群螞蟻了，也不知都跑到哪兒去了。記得夢裡曾經有人說：「國家將會發生一場極大的災難，國都要遷移到別處。」這種情景，就是應驗這說法吧！

淳于棼又想起了討伐檀蘿國的事情，於是請了兩位朋友同到野外去尋訪相關的蹤跡。在宅子東邊一里遠的地方，有一條古老而又乾涸了的山澗，旁側有一棵很大的檀樹，上面纏織著又細又長的藤蘿，向上望去，連陽光也看不到。樹旁有一只小洞，也有一大群螞蟻隱聚在裡面。夢中所謂檀蘿國，不就是指這地方嗎？

唉，螞蟻這種細小的生命所具有的靈異，尚且無法徹底了解，更何況那些隱藏在深山、潛伏在樹林的大動物所具有的千變萬化的本事呢？

這時，淳于棼的酒友周弁和田子華都住在六合縣，跟淳于棼已經整整十天沒有往來了，淳于棼叫家僮馬上去探望他們。沒想到周弁得了暴病已經逝世，田子華也躺在床上養病。淳于棼深深感嘆南柯一夢的浮華虛幻，省悟一個人活在世上是多麼短暫，於是斷絕酒色。三年以後，恰巧遇上丁丑年，也死在家裡，死時才四十七歲，剛好符合南柯夢中他父親和槐安國王所說的年限。

東海長鬚國

出自：《酉陽雜俎》／段成式

則天皇帝大足元年時，有個讀書人隨著外交使節要到朝鮮半島上的新羅國。海上遇到大風，將船吹到一個叫長鬚國的地方，這裡的人都長著長長的鬍鬚，說話像唐人一樣。此地人口眾多，房屋和衣服的式樣都和中國稍有差別，這地方叫扶桑洲，衙門的官品有正長、戢波、目沒、島邏等稱號。這個讀書人就依次晉見了幾處官府，非常受到當地人的歡迎和敬重。

有天，忽然來了幾十輛車馬，來人說是大王要召見客人，讀書人跟著走了兩天，才來到一座大城，有穿戴盔甲的士兵們守衛城門。使者引領讀書人進城拜見，這宮殿高大敞亮，儀仗威風，衛士隊伍非常浩大，就好像王宮一樣。讀書人跪下拜見，國王稍微欠了欠身，封讀書人為司風長並招為駙馬，公主外貌長得很美，只是臉上長著幾十根長鬚。於是讀書人成了威勢顯赫的皇親，家裡擁有許多珍珠、瑪瑙、玉石等各式寶物，但他每次退朝回家看到妻子的長鬚就很不開心。國王每逢十五月圓之夜就舉行宴會，他赴宴看到王宮內的妃嬪全都長有長鬚，就寫了一首詩：「**花無葉不妍，女無鬚亦醜。丈人**

試遣總無，未必不如總有。」國王大笑說：「駙馬一直對公主面頰和下巴長有長鬚之事耿耿於懷。」又過了十幾年，讀書人和公主育有一兒二女。

忽然有一日，國王和大臣們都愁眉深鎖，讀書人疑惑的詢問原因，國王哭泣說：「我國將有災難，很快就要大禍臨頭了，除了駙馬，沒有人救得了。」讀書人吃驚的說：「假如能夠消除災難，我赴湯蹈火也在所不辭！」於是國王命人準備船隻，派兩個使者陪他前往，並交代他說：「煩請駙馬前去拜見海龍王，就說東海第三海汊第七島的長鬚國有難求助。因為我國非常小，您一定要再三說明。」說著就哭哭啼啼的握手告別。

讀書人登上船後，沒多久工夫就靠了岸，岸上的沙子全都是寶物，人們的衣帽又長又大。他上前要求拜見龍王，龍宮的樣子就像佛寺內所畫的天宮一般，光線十分明亮，閃耀得讓人眼睛都要睜不開了。龍王走下宮殿的台階迎接，讀書人沿階梯一步步登上宮殿，龍王詢問了他的來意，他便一一回覆講明。龍王於是派人趕緊調查，過了許久，一人在殿外稟報：「境內並沒有這個國家。」讀書人苦苦哀求，說明長鬚國就在東海第三海汊第七島。龍王再次叱責他的使者，命令要仔細尋找查勘，火速上報。又等了大約一頓飯的工夫，使者回來稟告說：「這個島上的蝦應該是大王這個月的食物，前天都已經全部捉到了。」龍王笑著說：「客人一定是被蝦給迷惑了。我雖是龍王，但吃什麼要稟承上天的旨意，不是隨意想吃什麼就亂吃的。現在，我願意為你減食。」於是命令下屬領客人觀看。讀書人看到幾十口像房屋那麼大的鐵鍋，裡邊滿滿的裝著蝦，其中有五、六頭紅色的蝦，竟像人的胳膊那麼大。蝦一見到他就開始跳躍，好像求救似的，引路人說：「這就是蝦王。」讀書人忍不住哭泣起來，龍王命令放走盛有蝦王的這一鍋蝦，又派兩個使者送讀書人回到中國。一個晚上就到達山東登州，他回頭再看兩個使者，原來是兩條巨龍。

燕子告黃雀

出自：《敦煌變文》〈燕子賦〉

春天時，有一對燕子打算蓋一棟房子。為了想避災禍、求平安，牠們到處觀察選擇住處。終於找到一個又高又安全的屋樑，還有根短柱可以依託。牠們銜來泥土，又找來鬆軟軟的乾草鋪上，當作新床。等到一切安置妥當，牠們才開心地去河邊覓食。

有隻小頭銳面的黃雀，住在街邊的小巷。這隻黃雀欺善怕惡，一看燕子不在，便要強占民宅。全家都住了進來，白白占人便宜不說，還驕傲的炫耀：「耕田人打兔，穿靴人吃肉；這句古話明明白白，說得果然不錯；老子挽起胳膊攢出鐵拳，你燕子膽敢來要房子，小心吃我棍棒拳腳；燕子身體薄弱，哪經得起我這幾下；再要嘮嘮叨叨，我當頭給你撒泡臭尿。」

黃雀話音未落，燕子便回來了，一看新屋被人侵占，氣得大罵。黃雀也衝了出來，揮拳就打。一家幾口一起上陣，拳打腳踢。燕子夫婦被打得頭不能抬，眼不能睜。兩鳥相對哭泣，哀聲嘆氣說：「從沒做什麼傷天害理的事，為什麼今日受此災禍？」

燕子於是找鳳凰評判是非，還遞上了份狀子控訴：「小民燕子，孤單貧寒，好不容易造了一屋，卻被黃雀強奪，而且還恐嚇我說：『現今朝廷明令搜查黑戶，已載入本朝正式法律之中。你這傢伙無戶無籍，又不曾服兵役，小心我叫官府逮捕你，先結結實實打上幾棍，再流放邊疆。』又說：『野鵲是我表丈人，八哥是我家伯，長官們都與我認識。若你要告我，對你可沒好處！』我不服氣，一定要拿回房屋。黃雀一家，蠻不講理，一頓亂拳腳圍攻。我燕子被打得羽毛墮落，翅膀受傷，不能起飛。懇請大王驗傷，現有累累傷痕為證，望大王明察秋毫！」鳳凰說：「我一定秉公處理，但必須兩家一起當面對質，才可以斷定。」特令鴝鵒飛往燕宅押解黃雀。

鴝鵒接到命令，一路飛奔。到了燕宅門外，鴝鵒悄悄在門邊聽了很久，聽到黃雀在屋裡說話。黃雀說：「我昨夜作了惡夢，今天早晨眼皮又跳，恐怕不是血光之災就是官司纏身，近來的勞役已應徵完畢，不會有其他事，多半是燕子告狀。你要管好兒女，不要開門。有人來找我，就說我到東村去了。」鴝鵒隔門大喊：「你別再躲藏了，我全都聽見了。趕快出來面對，為什麼強奪他人房舍，而且還將人打傷？鳳凰派我來追捕你，一人做事一人當！」

黃雀全家大小都驚慌忙亂，齊齊跪拜在鴝鵒前，說：「大人暫且進屋納涼。俗話說，只有倉猝之客，沒有倉猝主人。暫坐一會兒，容我準備家常便飯。」鴝鵒說：「你也真太不像話，才對你客氣點兒，你就想拖延時間。十萬火急之事，一定要快去，否則恐怕大王責怪。」黃雀嚇得半死，只想脫身，瘋狂的求情說：「希望通融到明日，還有些許禮物相送。」鴟鵂發怒了，揪住黃雀。黃雀無計可施，愁眉苦臉地被抓走了，不一會兒就到了州府。

鳳凰遠遠看見了他們，詢問是什麼人。黃雀趕緊低頭跪拜，說：「我是您治下的百姓，被燕子誹謗強奪牠宅。昨天大王下令緝捕，於是我急急忙忙趕來，不敢遲到。燕子說的話，全都是騙人的，懇請大王當面追究。」鳳凰說：「黃雀你太無賴，你以為你有什麼能耐，竟想將我捉弄？小心我將你的毛拔光，亮出脊背，打斷你的左腿，掀開你的頭殼蓋！」雀兒被嚇得膽都破了，一口一聲死罪，請求對質。燕子忽然站了出來，對著鳳凰鞠躬分辯說：「他強奪房子；我被牠毆打成傷，也不是亂說，眼見為實，我有哪一句騙人的呢？」雀兒開始心虛，竟然發起毒誓：「假如我真的強占民宅，願意一輩子貧窮苦寒，早上被鷹抓，晚上遭鷂害，飛行時掉羅網，停下來被彈弓打，居處不安，一天死一口人，全家一個不剩。」誓言雖然講了無數種，鳳凰卻很難欺騙。燕子說：「人急燒香，狗急跳牆，你才是淨說假話的人，還想誑惑大王。」鳳凰大怒，立即判下：「黃雀的罪不容置疑。推問其原因，仍拒不認錯。根據案情先且重打五棍，枷上脖子關起來審罪。」

燕子直叫好，悲喜交加，說：「強奪我的房舍又將我打傷。這下老天報應你！打五下還只算開玩笑。」當時鶺鴒在旁，牠平時與黃雀以兄弟相稱，頗有急人之難，不顧左右侍衛，就上前責備燕子說：「我兄弟冒犯了您，在下確實深感慚愧。私下聽說狐死兔悲，物傷其類。四海之內皆兄弟，何況我們都是同類。今天只管爭論是非，讓官府處理。何必落井下石，再接著嘲罵？」

黃雀的老婆聽說丈夫挨了棍子，憂心忡忡，一想到過去，她便悔不當初。她前往監獄探望，正好看見黃雀倒臥地上，背上腫了個大包，不禁悲從中來，邊替他擦藥邊說：「當初勸你不要這樣，但你執意孤行，你看！現在落得這般田地，這是自招的禍，怨不得他人作怪。」黃雀還想逞英雄，滿口胡言亂語：「男子漢大丈夫，犯了事，背上受了點傷，有什麼可怕的？人生不過一回，死也沒有兩次。俗話說：寧可遇到十狼九虎，也不願碰到一個豁出性命的人。如今遭到這般誣陷，一定是那黑小子作怪。我現今身在獄中，寧死不屈。妳快去通知八哥鳥，他法子多，靠他走門路，在鳳凰面前說幾句好話，好讓我不再挨打。」

黃雀被囚禁了幾天，懇求獄吏脫下頭枷。獄卒一再拒絕，黃雀美言相求：「官法雖嚴，私下卻大可通融。我跟您叩頭，只求將頭枷脫下，到晚上聽審前就好。麻煩大人高抬貴手，替我送飯的人會帶金釵相贈。」獄子說：「你如今罪名未清，我身為官吏，豈能受你賄賂、替你遮攔？萬一傳進大王耳目，我將被碎屍萬段，我怎麼可能為你徇私脫枷。」黃雀嘆息說：「聽說舊時三位大官被獄卒為難，我今天可是親身體驗了。」只好口中念佛，心中發願：若能使官事了結，一定抄寫一卷《心經》。黃雀還不死心，繼續糾纏主管本案的官吏，以圖減輕罪名，說：「官署上下都說您精明能幹。今天這種情況，拜託行行方便幫幫我。我可以立字據日後報償，免得您認為我不知回報。」官吏說：「你想裝傻蒙混過關，還是願意安分守法？強奪民宅，不知退讓，又喪盡天良，將對方打傷。你是待罪之人，鳳凰命我辦理。明日一早就要提審，一定會再打一頓。你要挨上十棍，就等於進了鬼門關，離死也不過半寸。少再跟我囉囉嗦嗦，準備著挨打吧！」

黃雀被嚇得上氣不接下氣，看著審問狀，更加心慌氣悶。審問狀上寫道：「問：燕子建造房宅，是為了自身生計，你為何粗魯強奪？請回答！」「雀兒平日本來頭腦清楚，都因被老烏鴉追急了，慌不擇路，一時躲進了燕子的宅舍，以免被烏鴉捉住。純粹是為了避難，事出緊急，這不是打劫，願大王體察。」「又問：既然說是避難，為什麼恐嚇燕子？尤其還拳打腳踢，害燕子受傷。國家有明文刑法，該打你一百鞭。你還有什麼別的理由要申辯？」「雀兒滿腦子只想著避難，暫時留在燕子屋中。看看還有時間，就暫且休息一會。燕子一回來，我才準備上前致謝，那燕子卻不問原因，惡言相向，反唇相譏。從我們父子到地方小官，一直罵到人王。我憤怒之下沒顧後果，就和他打了起來。燕子既然自稱傷了翅膀，我現在腿也跛了，彼此的損失相當。若是真要判我強奪他宅之罪，我願意償還房價，要依法治罪，在下實在不敢頂嘴，我有國家表揚的勳章，懇請收回作為贖罪的代價。」「又問：你罪不可赦，但既然你有最高功勛，以前在何處立功？請回答！」「雀兒過去在貞觀十九年，大將軍征討遼東時，投軍幕下當了個武官，當時編入先鋒。我既不騎馬，又不彎弓，而是口銜艾草製的火種，順風送進敵營。高麗國因此滅亡，我軍大勝，依例受封國勛，現有授勛的憑據數張。如果必須檢驗核實，請查看《山海經》一書。」鳳凰判決說：「黃雀雖橫暴，強奪燕子房屋，追根究柢，乃自己一人所為，沒人指使。現在牠既然曾在沙場立功，著立即釋放，不必再反覆審問了。」

黃雀終於得以出獄，否極泰來，於是請來燕子，一起痛飲一頓。黃雀說：「先前冒犯了您，請您大人有大量。從今以後，我會更加懂事，無論人前背後，不再喋喋不休。」黃雀燕子攜手言歡，誤會冰釋，就搬到一起做鄰居。這時有一隻好管閒事的天鵝，卻對牠們兩位說：「以前兩位相爭，黃雀明知故犯，違背刑法。承蒙鳳凰恩澤，放了你一條小命。假如是老鷹捉到你，你小命當時就完了。」又罵燕子說：「你也很愚蠢，這樣一點點小事，何必爭論不休？一直想危及他人性命，做得如此不仁不義。兩個都沒什麼遠見，不可與我同群。」燕子黃雀異口同聲說：「憑什麼鳳凰不怪我們，卻讓你這多事的天鵝說閒話？這一切都不干你的事，想必你是恃才傲物，有本事就展現給我們看。」那天鵝一片好心，卻被譏笑諷刺，就作了一首詩，交給兩位：「**鴻鵠宿心有遠志，燕雀由來故不知。一朝直到青雲上，三歲飛鳴當此時。**」燕子黃雀看完之後，同作一詩對答：「**大鵬信圖南，鷦鷯巢一枝。逍遙各自得，何在二蟲知？**」

關於敦煌變文

變文是唐代興起的一種說唱文學，用講唱方式傳播通俗易懂的佛經故事，剛開始題材大多出自佛經，後來也演唱歷史故事和民間傳說。清代從敦煌千佛洞發現大量唐代變文鈔本，即敦煌變文。

烏衣國

出自：《青瑣高議》／劉斧

唐代有個人叫做王榭，家住金陵，家境很富有，世代以航海經商為業。

某一天，王榭準備航行到大食國（現今的阿拉伯），航行了一個多月，突然風雨交加，驚濤駭浪，烏雲陰暗得像濃墨一般。大浪有如山高，其中更有大魚出沒，又好像有龍在吟嘯，情況越來越危急。每每大浪一打來，所有人就彷彿被拋到空中，大浪一退去，就好像被擲下山谷，全船的人被巨浪拋得坐立不穩，顛撲翻滾，最後，船禁不起風雨，被打成為一堆碎片，王榭只能抓住浮木，載浮載沉，他勉強睜眼，只見各種海獸怪魚在四周繞游，全瞪著眼，張著大嘴，好像要把人吃掉一樣，王榭嚇得只好閉目等死。

就這樣過了三天，王榭終於漂流到一片陸地，他上岸走了百來步，看見一位老先生和一位老太太，兩人都穿一身黑衣，年約七十多歲。那兩位老人高興地說：「這位正是我家年輕的小主人呀！你怎麼到這兒來的？」王榭將情況講了一遍，老人們就把他帶回家，給他吃的，都是一些海產魚鮮。過了一個多月，王榭身體完全康復，飲食也恢復正常。老人對他說：「到我國的人，應該先晉見國王，現在你痊癒健康了，可以去晉見國王了。」王樹答應了。老先生帶領著他進入都城，一路上皆是玉宇瓊樓，美不勝收，遠遠地便看到皇宮所在，但是走了很久才抵達。王樹到了一座大殿門口，守門人進去通報。不久，一位衣著華麗的女子出來，帶領王樹前去見國王。進去一看，國王坐在大殿上，左右全站著宮女。國王穿著黑色衣服，戴著黑色王冠。王樹走到殿階叩拜，國王說：「你是外地人，不必拘守我國的禮，不用拜了。」王樹說：「既然到了貴國，哪能不叩拜呢？」國王也躬身作謝，國王看到王樹的態度恭謹，心情更加愉悅：「敝國弱小而遙遠，先生因何而來？」王樹講了因遇風浪毀壞船隻才無意到達此地，希望國王垂憐。國王又問：「你現在住在哪兒？」王樹回答：「現住在老人家裡。」國王於是召見老人進殿。老人進來，跪著說：「這是我的主人，今天旅行到這裡，我會把他照顧得無微不至。」國王說：「有什麼需求只管講，我也一定會好好款待他。」仍然讓王樹回到老人家居住。

老人有一個女兒，長得很漂亮，平時會端茶給王樹喝，不然就躲在門簾、窗口邊偷看。一天，老人和王樹飲酒，酒興正濃時，王樹對老人說：「我王某離鄉背井，倚靠您得以生活，而且就像在家裡一般。您老人家對我如同再造父母，但是我畢竟離家萬里，一人形單影隻，只怕會憂鬱成疾，一旦臥病不起，怕又得連累您老人家了。」老翁說：

「老身正想提此事，又怕冒犯您。我家有小女，才十七歲，是在主人家生的。我想跟您家締結為親家，這樣您在外也不會孤單一人，如何？」王榭開心地答應，老人就擇吉日舉行婚禮，國王也賜美酒佳餚和采禮，幫助王榭成婚。

成親後，王榭仔細端詳老人的女兒，漂亮的眼睛像一池秋水，臉龐紅潤如花，秀髮烏亮，而且體態輕盈，腰肢細軟，就像要飛起來般婀娜多姿。王榭詢問她這個國家的名字，她說：「叫烏衣國。」王榭又問：「老人常常稱我為主人，但是我又不認識他，也沒有使喚過他，為什麼他要這麼說呢？」女子說：「以後你就明白了。」後來每每遊玩到一半，女子都淚眼婆娑，愁容滿面，王榭緊張地問：「是我哪裡不好嗎？妳怎麼老是哭呢？」女子回答：「恐怕我們不久要分離了。」王榭說：「我雖說是萍寄他鄉，但是有了妳之後，這裡就是我的家啊，妳為什麼要提起離別的事？」女子說：「冥冥中皆有注定，由不得人。」

國王召見王榭，在寶墨殿設宴，所有器具都是黑色，連亭下的樂器也是如此。音樂美妙，但是不知曲名，國王下令用玄玉杯勸酒，說：「到我國的外邦人，從古至今只有兩人，在漢代有梅成，今天又有足下。希望您能寫篇佳作，日後傳為美談。」送上紙墨，王榭作成了一篇詩相贈：「基業祖來興大舶，萬里梯航貫為客。今年歲運頓衰零，中道偶然罹此厄。巨風迅急若追兵，千疊雲陰如墨色。魚龍吹浪灑面腥，全舟盡葬魚龍宅。陰火連空紫焰飛，直疑浪與天相拍。鯨目光連半海紅，鰲頭波湧掀天白。桅檣倒折海底開，聲若雷霆以分別。隨我神助不沉淪，一板漂來此岸側。君恩雖重賜宴頻，無奈旅人自悽惻，引領鄉原涕淚零，恨不此身生羽翼。」

國王瀏覽詩篇，非常讚賞，說：「先生的詩作得很不錯。但先生不須苦苦思歸，不久就會讓你回家。雖說不能讓你插上翅膀，但也能讓你騰雲駕霧。」宴罷回家，女子對王榭說：「你獻給國王的詩，最後一句說『恨不此身生羽翼』，為什麼要譏笑我們呢？」王榭還是不懂女子說些什麼。

不久，海面上風和日暖。女子哭著說：「你回家的時候到了。」國王派人來傳令：「你該於某日回家了，請與家人道別吧。」女子置酒餞別，只是悲泣，說不出話，好像初夏剛開的荷花卻被暴雨打落，又彷彿新生的柳條無故被風糾纏。女子還作了一首送別詩相送：「從來歡會惟憂少，自古恩情到底稀。此夕孤幃千載恨，夢魂應逐北風飛。」

女子又說：「從此我再也不到北方去了。否則讓您見到我異於今日的面貌，您會討厭我的，更別說憐愛我了。而我看見您的生活也會嫉妒。從今而後，我就老死在這兒罷了。此地所有的一切，你都無法帶走，這並不是因為我們小氣。」她叫婢女取來一丸靈丹，說：「這種靈藥可以起死回生，只要人死不超過一個月，吃下去都可以死而復生。用法是在死者的胸前放一塊明鏡，將靈丹放在頸項上，用長在東南方的艾枝作灸柱，點燃後立刻就能活過來。這種靈丹本來祕不外傳，而且若不用崑崙山玉石做的盒子盛著，就不能過海，我剛好有個玉盒，便和靈丹一起送給你，你綁在左臂，這樣才不會遺失。」全家痛哭告別。

國王說：「本國沒有什麼值得一送。」取來紙箋，也寫了一首詩贈別：「**昔向南溟浮大舶，漂流偶作吾鄉客。從茲相見不復期，萬里風煙雲水隔。**」

王樹拜謝告辭。國王令人取來一頂叫做「飛雲軒」的黑氈轎子。國王叫王樹躺在轎中，又取了化羽池的池水，灑在轎子上。最後召喚老人夫婦來扶轎。王樹回頭告辭。國王告誡他說：「只要閉上眼睛，一會兒就會到家，你如果張開眼睛，就會墜入大海。」

王樹閉上眼睛，只聽見耳邊風聲呼呼，怒濤滾滾。過了很久，睜眼一看，發現已經到自己家了。他坐在客廳裡，看看四周，空無一人，只見屋樑上雙燕呢喃。王樹抬頭看了一會，才驚覺想起，自己是去了燕子國。一會兒，家人這時出來慰問他，都說：「聽說你因遇到暴風船毀而死，怎麼有辦法再回來？」王樹說：「只有我一人靠一塊船板活了下來。」但也沒告訴他們自己到過的國家。

王樹離家時，他的小孩正好三歲。這時他沒看見小兒子，就問家人，家人告訴他：「孩子已經死了半個多月了。」王樹傷心大哭，猛然想起靈丹的事，便叫人開棺取屍，依法救治，孩子果然復生了。

到了秋天，兩隻燕子將要南歸，在院落間悲鳴。王樹呼喚牠們，燕子就飛到手臂上。王樹取了紙筆細細的寫了一首絕句，繫在燕尾上，詩中寫道：「**誤到華胥國裡來，玉人終日重憐才。雲軒飄去無消息，淚灑臨風幾百回。**」

第二年春天，燕子回來了，他們停在王樹的手上，燕尾綁著一封小信箋。他取下一看，是一首絕句：「**昔日相逢真數合，而今睽隔是生離。來春縱有相思字，三月天南無燕飛。**」

王樹看了很惆悵。第二年，那燕子就再也沒來了。這事當時廣為流傳，人們便稱王樹所居之地叫烏衣巷。詩人劉禹錫《金陵五題》中還有首《烏衣巷》寫道：「**朱雀橋邊野草花，烏衣巷口夕陽斜。舊時王謝堂前燕，飛入尋常百姓家。**」由此可知王樹的事不是捏造的。

富小二與猩猩八郎

出自：《夷堅志》／洪邁

金陵這地方有個生意人叫富小二，紹興年間曾經出海到大洋。有天，海上就快要掀起大風暴，他趕緊叫船工拋錨，收起桅杆和風帆作防備。但還來不及做完，船就被風暴掀翻了。當時富小二正好站在篷頂，就跟著船篷一起掉入大海中。他死命的抓住船篷，漂了很遠很遠之後到了一處海岸，他上岸走了一段路，放眼所見都是起伏的山巒，根本沒有人煙。富小二又餓又累，正好看到一片結滿桃李的果林，壓得樹枝都低垂了，就上前採食充飢。

過了一會兒，見到披頭散髮、外形像人的猩猩，一個接一個的跑過來。猩猩渾身長滿了毛髮，只以一些樹葉遮住身體。牠們看到陌生人都很開心，架著富小二就回到了居住的地方。猩猩的言語像鳥叫一般，但富小二隱約也能明白牠們的意思。牠們還過著沒有火的生活，天天採野果吃。整個島上有成百上千的洞穴，都住著同一種類的猩猩，雖然猩猩們住在高山深谷中，但牠們仍有倫理秩序，有固定的配偶，而不是混配雜居。牠們選了一位年輕漂亮的母猩猩當富小二的配偶，不久後他們就生了一個兒子。富小二從前就聽船上的老人講過，知道這裡是猩猩國，生下來的小孩長得像父親，只是身體有些長毛而已。起初，富小二的妻子總怕富小二逃走，只要牠一出洞，就用大石頭把洞口堵得緊緊的，或請其他猩猩來幫忙看守。但生了小孩後，母猩猩就不怎麼看守小二了，經常讓他自由行動，有時還一起到深山老林裡採摘果實。富小二料想自己今生今世是不可能回家了，但因妻子長得漂亮，心裡倒是也很安慰。

就這樣大約又過了三年，有一天富小二獨自帶著兒子在島上散步遊逛，看到林間樹梢後面露出了高高的船桅，他急忙跑到岸邊，對船主講了滯留在島上的原因，並請求船主帶自己走。船主答應了，富小二趕忙抱著兒子登船，沒有發現有猩猩追趕過來，好不容易終於回到了故鄉。

兒子長大後，富小二在街上開了間茶館讓兒子經營。兒子的性情極為溫和，人們都稱他為猩猩八郎。到現在茶館都順利經營著，富小二直到慶元年間都還活著。

海述祖造船上天庭

出自：《觚賸》／鈕琇

明朝著名的清官海瑞，他的孫子海述祖風流倜儻，氣質非凡。因中原一帶諸多變故，海述祖不屑讀書科考，毅然決然想要飄洋過海增長見聞。他賣掉價值不菲的家產，用所得訂造了一艘大船，首尾有二十八丈長，象徵二十八星宿；船上房間則分為六十四間，象徵易經六十四卦；張開風篷時有二十四葉，象徵二十四節氣；桅杆高二十五丈，稱為「擎天柱」；頂上有兩隻大斗，象徵了太陽和月亮。這條船總共花了三年的時間才完工，述祖非常自傲的認為這是他獨特的創作，可以輕易的在海上乘風破浪。

海邊有三十八個商人，一起出資租了海述祖的大船，要將貨物載到海外各國去做買賣，述祖就以經營這艘船的船務為生。崇禎十五年二月，這艘船揚帆遠航，到了傍晚時，忽然颶風大作、白浪滔天，海中出現蛟、螭之類的怪物在船兩側翻騰跳躍。掌舵的師傅十分驚慌，無法控制，船就隨風飄流到了一個地方，天色昏暗迷濛，也看不清楚身在何處。又過一會兒，終於風平浪靜，雲開霧散，遠遠的才看到六、七個官人，戴著高高的帽子，穿著寬大的服裝，拱手站立在水上，身邊的侍從人員有數百人，外貌又醜又怪，個個都披著魚鱗般的銀甲，有的拿著巨螯劍，有的扛著長鬚戟，舉著火把，提著燈籠，好像等待著什麼一樣。不知不覺，這條船就靠了岸，那些官人一個個高興的跳上船來，四周看了看，下了結論說：「這船不錯，可以用。」便詢問船主是誰，海逑祖不懂這些官人想要做什麼，也不敢馬上答應。

到了第二天早晨，官人們叫海逑祖一起同去拜見大王。大約走了三里遠的路，道路兩邊都是潔白的玉石山，沒有一點塵土沾染。最後來到一座宮門前，宮門前還有兩條黃龍守護，周圍的矮牆，都用水晶疊成，光亮透徹，可以照見毛髮。海逑祖猜想：「這裡大概就是龍宮吧。」又跨越了三重大門，終於進入了大殿。大殿的構造與人間的宮殿相似，既雄偉高大，又富麗堂皇，裡頭大得可以擺設千人宴席，高得可以容納十丈高的旗幟，難以一一描繪。大王此時才剛剛上堂，頭上用紅巾圍著兩隻肉角，穿著黃色的繡花袍，鬍鬚長到垂在腹部。官人們上前稟告說：「前次下令要取的兩艘船，很久都不曾出現，如今倒有一艘自己飄來的船，斗膽報告大王。」龍王說：「按照慣例，需要兩艘船來陳設貢品，現在少了一條，該怎麼辦呢？」官員們回答說：「朝貢的日期已經迫近，我們已經仔細察看了這艘船，它的構造上符天象，應該非常利於在天路上通行；況且這艘船是新造的，新穎乾淨又高挑寬大，如果把貢物料理好，等船到了王宮時，再依次陳設，好像也沒有什麼不妥。」龍王批准了呈奏，說：「那就把船上的凡人凡貨都卸下來，用神水沖洗乾淨，快快行動，不要耽擱了！」官員們唯唯諾諾應答著退下殿來，又回到船上，將船上的人貨全都卸下岸，安置在宮殿西邊的美玉池內。唯獨海述祖不肯前去，悄悄的問：「這些貢物要運往哪裡呢？」官人們回答：「貢物將運往天庭啊。」海述祖又說：「我雖是人間的平民百姓，但志氣高上雲霄，常常只嘆自己無法長出翅膀，難以叩開天庭九重門。今日有幸遇上奇緣，希望能讓我跟隨前往，開開眼界。」官人們說：「你是塵世間的凡人，跟去恐怕會觸犯天令啊，不行的。」其中一位官人說：「你在這裡寫下出生的年月日和時辰。」海述祖急忙寫好遞交給官人，這位官人看了看對大家說：「這個人命中有天賜的祿位，又是忠誠正直者的後人，就姑且答應他吧。」沒多久，就有幾百人抬著貢品，接連不斷而來。負責貢品的賚貢官先用神水灑遍了全船，然後把金葉表文，供奉在船的中樓上，接著又有兩位押貢官，將所有貢品寶物都安置好。海述祖偷偷看了貢單，只見上面寫著：紅珊瑚一座，大小共五十株；黃珊瑚一座，大小共七十株，高都為一丈四、五尺；夜光珠一百顆；火齊珠有二百顆，直徑有一寸五分；鮫人所織的薄紗五百匹；靈梭錦五百匹；碧珠二十斛；紅靺鞨寶石二十斛；玻璃鏡一百塊，直徑三尺，每塊重四十斤；玉屑一千斗；金漿一百器；五色石頭一萬方。還有其他各種名稱的珍奇貢品，不能一一記載。

安頓完後，官員大敲鼉鼓三遍，船才啟程。逆風行進時，兩條大魚夾著船像在飛行一般，白浪搖曳著，但船卻十分安靜平穩。道路沒有平坦或險惡，時間也沒有白天或黑夜的分別。半途中有一塊千仞高的石壁，截住了流水聳立著，石壁上題寫「天人河海分界」六個大字。官人們告訴海逑祖：「以前張騫曾乘坐木筏來到這裡，卻無法通過；如今你能夠遠渡銀河，這可是件不得了的大事。」海逑祖向官人們俯首表示感謝。又過了一頓飯的工夫，傳來大家呼叫的聲音：「南天關快到啦！」緊接著就進了南天關。賚貢官、押貢官整理好各自的朝服，抬寶物的差役們跟海逑祖，都換上紅褐色的長衣，大家才陸續上岸陳設貢物。他們腳所踩踏的，都是軟金鋪成的地面，還用瑤石相間，鑲嵌成奇異幻麗的色彩。抬頭仰望，則是美玉砌成的宮闕與殿堂，絳紅色的樓房、青碧色的閣樓，都像是在縹緲中，忽近忽遠的無法測量。宮門下站了四名天官，他們身著官服，手拿笏板，隆重的向內傳旨，詔令賚貢官進入昊天門，賚貢官到神霄殿前呈表行禮。海逑祖和其他差役則在天門外行磕頭禮，只聽見那音樂繚繞，傳來濃郁的香氣，飄忽不斷。緊接著又有兩個戴著星形帽、披著山岳形帔的接貢官來驗收貢品，並引領押貢官進入天門內。行禮完畢，玉帝詢問南方的民間疾苦，北方的戰爭情形，說了不少話，也不能盡述。後來又在恬波館被宴請一頓，最後，謝完恩在天門外，原地召集大家上船。

開船後，海述祖小睡片刻，恍惚間不知船航行幾千萬里遠，才又回到原先出發的地方。他向龍王提出要領回所押的貨物和同行的夥伴們。但龍王下令說：「你的船曾進入天宮，已經不能再歸還人間了。所有的夥伴在美玉池中，倒是應該讓你看一看。」於是海述祖前往美玉池，只見那三十八人都變成了魚，只有頭還是人的腦袋。海述祖十分悲痛傷心，那奪船的官人把他帶到另一間屋子，好言安慰他：「你的同伴，本來就命中註定要葬身魚腹，而現在變成了魚，也算是幸運了。而你，因為借了船，才饒恕你一死，這樣還有什麼好悲傷的呢？過一段時間，將有福建來的船路過此處，屆時，一定會送你回去。」後來每天照常供應海述祖食物，海述祖就這樣住了很長的一段時間，才終於聽到有人來報告說：「福建的船隻到了！」龍王召見海述祖，賞賜他一袋黑白珍珠，跟他說：「這些應該夠償還你造船的費用了。」又命令小艇將海述祖送上福建船。海述祖抵達瓊山回到家裡時，已經是明崇禎十五年十二月了。

家裡人早就聽說他在海外遭遇船難的消息，已經設立神主牌，辦妥了喪事。這時卻突然見到海述祖回來，喜出望外。海述祖也沒有細說其中緣故，只說是：「狂風颱壞了船隻，慶幸我抱住擎天柱才救回一命。」第二年，海述祖到了廣州，拿出袋中的珍珠，賣給外國商人，得了一筆巨款，用來買田養老。康熙三十五年時，廣東和尚方趾麟拜訪海述祖，才知道這事詳細的情況，而當時海述祖已經九十六歲高齡，但相貌卻仍像是五十歲的人那般年輕。

關於《觚賸》

清初筆記小說。作者鈕琇，生卒年不詳。《四庫全書總目》認為本書所記明末清初雜事，從各種不同說法中折衷記錄，能補正史疏漏之處；而文辭幽豔淒美動人，頗有唐代傳奇遺風。觚是古人用來書寫的木簡，賸通「剩」，書名有記錄遺聞軼史等餘事的意思。

荀生與蟯螂城

出自：《諧鐸》／沈起鳳

有個姓荀的讀書人，字小令，他有個奇特之處，全身會散發出蘭花般的香氣，因此有「香留三日」的美譽。

有次他搭乘商船，在海上航行，忽然風浪大作，將船颳到了一座遙遠的小島，荀生下船登陸，頓時一股惡臭撲來，哽在咽喉，刺激著鼻子，荀生幾乎無法忍受。他正打算回頭登船快快離開，忽然出現了一位老翁，帶著一個短髮的小孩談笑著走過來。他們一見荀生，大為吃驚的說：「這傢伙怎麼如此骯髒啊，在此偷窺這塊淨土！不怕嚇壞路人嗎？」

荀生覺得他們奇臭，嚇得後退了三、四步，遠遠問他們姓氏。老翁也用手掩住了鼻子，遠遠站著對答說：「我姓孔，叫銅臭翁，這孩子叫乳臭小兒。我因為仰慕此處洞天福地、地靈人傑，從五濁村搬到這裡居住。承蒙鮑魚肆主人喜愛，說我與他的臭味相投，推薦我到逐臭大夫那兒負責掌管蟯螂城北門的鑰匙。你遍身的氣味難聞至極，如果不及早想辦法收斂隱藏，這毒氣可能污染村鎮，要是氣味聚集變成瘴癘傳染，那可不得了啊！」荀生想要解釋，但那老翁與小孩卻被他薰得嘔吐不止，用袖子蒙著臉飛快的逃走了。

荀生大為驚異，想要瞭解情況，就用兩個手指按著鼻孔往村子裡前進，只見前面有一處地方，城牆全用糞土塗抹，上面附有難以計數的推糞蟲（蜣螂），高聳屹立得像長城一般。荀生整整衣襟想要進城去，忽然聽到城中大聲喧鬧，眾人喊著：「瘴氣來了！瘴氣來了！快拿名貴的香料將瘴氣擋在門外啊。」荀生遠遠的斜眼看，到處都是野草腐菌一類最低賤的垃圾，被居民堆積如山。

荀生越來越不理解，忍著惡臭繼續往前去。城裡人見到了荀生，個個怕得狂奔逃跑，都不敢回頭，只顧著嘔吐。荀生也厭惡這裡的穢臭氣味，轉身就逃，眾人也喧嘩著驅趕他。荀生逃竄時一不小心失足掉入一個糞坑，用手支撐著站了起來，又氣又悔，簡直要他的命。此時，眾人已經追了上來，打算捆綁荀生。突然，他們又挨著鼻子將荀生從頭到腳渾身聞了一遍，非常驚訝的說：「怎麼突然變得這樣好聞！真是化臭腐為神奇啊！」大夥兒趕忙向荀生謝罪，將他帶入賓館居住。

這賓館用茅坑石作為臺階，用陰溝裡的泥巴粉刷牆壁，庭院下面還有個水池，但那水十分污黑，像墨汁一樣。荀生連忙脫掉骯髒衣跳入池中洗浴，卻越洗身上越臭，而且漸漸那臭味滲透進了體內。荀生急忙跳了起來，仍然拿了自己的衣服穿上。

第二天，有位叫馬通家的富商邀請他飲酒，商人迎接他到了一間房內，那門框上的橫匾寫著「如蘭」，旁邊的長廊上則寫著「藏垢軒」，長廊後面是間書房，題著「納污書屋」。宴會上只有臭爛的魚、腐敗的肉，沒有其他食物，調味佐料也都是些氣味濃烈的蔥蒜之類的醬末。荀生自從在黑池水中清洗過後，也漸漸不覺得這些東西氣味難聞了，他大吃大嚼。吃完，荀生還用手掏了一下喉嚨，那穢臭之氣往外衝。主人拍著手大笑說：「這氣味太好了！香和臭居然可以融合在一起了。」

之前在海邊遇到的那位孔老頭聽說了這件大事，怎麼樣都不信，特地到賓館探訪。他一見到荀生，就驚愕的說：「先生真是潔身自好、品格高超的人呀！過去的那些怪味穢氣，都清除乾淨了。」後來他還和荀生成了莫逆之交。

荀生恐怕商船等他太久，前往孔家拜訪老翁要辭別。那老翁安排宴席為他餞行，又帶領荀生進入內室，只見那有三十六個糞窖，整齊的排列。糞窖中都裝了滿滿的金銀。老翁取出好幾錠赤金贈送給荀生，又喚了一位蓬頭垢面的女子出來，女子的模樣傾國傾城。老翁笑說：「她叫阿魏，就是那蒙受穢臭的西施的後代。您沒有家室，何不帶阿魏一起回家呢？」荀生拜謝老翁，就手捧黃金，帶著女子，回船上去了。

商人不見荀生已經半個月了，只能繫好船隻靜靜等待。商人遠遠望見荀生回來，都很歡喜，但荀生一上船，一股穢臭之氣讓眾人都不敢靠近。他將黃金擺在桌上，更是奇臭無比。等到阿魏上了船，臭氣盡除，大家心裡稍稍平定。後來回到了家，荀生只要上街市遊玩，人們就掩住鼻子匆匆離開，只有與阿魏住在一起時，才不會感覺到臭味。荀生拿出老翁贈送的黃金要到市場上賣掉，人們聞了都大為憤怒，還非常無禮的擲還給他。過了三年，阿魏死了，荀生所到之處都無法與人相處，最後抱著那些黃金抑鬱而終了。

關於《諧鐸》

清代筆記故事集。作者沈起鳳（1741～?），是當時著名戲曲家。本書雖多記鬼神精怪故事，但實則有強烈的批判性，作者是藉這些故事揭露社會黑暗，諷喻人情世態。

螻蛄郡

出自：《諧鐸》／沈起鳳

戴紵齋的孫子戴笠，性情豪邁，不修邊幅，平時喜歡閱讀《山海經》、《搜神記》和《述異記》之類的書。有一日，下著大雪，戴笠酒醉後午睡，見到一位官員帶著詔書前來對他說：「郡君召見您，請您快點上馬跟我們走。」戴笠也沒問他是誰，整理好衣服就出門了。只見門外有一位奴僕等著，牽著隻只有三尺多高的小馬，手中握著馬鞭。戴笠躍上馬鞍，那官員就在前引導出發。到了一座亭子，他們解下馬鞍暫且休息了一下，只見亭子前，溪水澄清碧藍，有成千上萬朵的荷花競相綻放，嬌姿倒映水面上。戴笠奇怪的說：「如此寒冷的季節，怎麼開了這麼多的荷花？」那官員說：「現在正是新秋時節呢。」戴笠以為他故意胡說就斥責他。那位官員笑著解釋：「先生是中華人士，確實是缺少見識，因此才會少見多怪，讓我給先生解釋個大概。」戴笠這才唯唯聽從。那官員說：「我們的郡名叫螻蛄郡，離中華地方有四萬七千多里，中華的一日是我郡的一年，早晨是我們的春天，白天就是我們的夏季，傍晚是我們的秋季，夜裡就算是我們的冬季。我們沒有紀年的曆書，光看四時的草木判斷季節。現在荷花露出水面，那就是我郡的新秋時節，也就是中華的午時之後。」戴笠聽了大為驚奇，想要繼續詢問他，那官員突然吃驚的站起來說：「剛與先生講一番話，北風就已漸漸凜烈刺人了！」戴笠一回頭，果然見到荷花全數落盡，亭子外有幾株古梅，已經含苞吐蕊，漸漸凌雪綻放。官員催促戴笠上路，跨上馬鞍繼續前行，終於到了一座城，木匾上寫著「延年」。那城裡的男女衣著，略略類似中華地區。但人們都在脖子上懸掛著金鎖，大概是有祈求延年益壽的意思吧。當時已近夜晚，就投宿在宮廷外的驛館。

第二天，到了一座宮殿，那官員領著戴笠入宮晉見。那官員先繳回令旨。郡君斥責：「你去年夏天銜命出發，怎麼到今年春天才覆命？」那官員連忙謝罪。戴笠聽了，知道自己昨夜睡了一覺，蟪蛄郡就已經隔了一年。他在座下拜見，郡君連忙站起來拉住他：「愛卿可知道孤召你來此的緣故嗎？」戴笠回說：「小生愚昧，不敢猜測郡君高深的用意，還請明白曉諭。」郡君說：「孤家有一個女兒，一直沒有遇到好的對象。素仰先生大德，想許配與您。」戴笠叩恩致謝。這時，宮殿一角微微吹起南風，大約又到夏令了。郡君下令賜戴笠在招涼殿的清波池內洗浴，還呈上冰綃衣、荷花冠。領戴笠入麗雲宮，與郡主完成婚禮。那錦繡裝飾的宮殿，傳來陣陣仙樂，就像十二重瓊樓仙境，人間根本找不到這樣的銷魂之地。而後又引導戴笠入後宮之內，只見郡主烏黑亮麗的頭髮高高紮起，插上了一小枝丹桂，低著頭說：「深秋時節到了。」宮娥們馬上為郡馬換上了衣冠，在天香亭內設宴。酒過三巡，郡主站起身來，手拿酒杯祝郡馬長壽不老。並歌唱著：「人壽幾何，對酒當歌；當歌不醉，如此粲者何？」戴笠也用《天香桂子》的曲對答。郡主笑著說：「郡馬以為現在還是秋天嗎？」就喚宮娥捲起門簾，只見戶外冰凌垂掛屋檐前，皚皚白雪落在豔紅的山茶樹上。這時撤下酒宴，點上紅燭進入內寢。宮娥們逐漸散去，戴笠催促郡主快快卸妝就寢。郡主笑話他：「三十多歲的人當新郎，還這樣急於美色嗎？」戴笠笑說：「愛卿這蟪蛄郡以一天算一年，那麼春宵一刻確實是價值千金呀。」郡主也笑了起來，兩人吹滅了燭上床，蓋上繡花被，一同入夢。

到了早上太陽剛剛升起，宮娥們就爭先著報告海棠花開了。而太監奉郡君的旨意，來召郡馬參加櫻桃宴，三品以上的官員們都來陪侍。沒多久，見到一個小宮人進來，用五彩盤子呈上長命絲縷，郡君下令起駕，賜郡馬在洗馬河旁同觀龍舟競渡。只見那駕龍舟的人揚起桂槳蘭橈，船上飄揚著彩繡旗幟，魚龍在簫鼓聲中變幻出各種遊戲。但郡君一眼瞥見河畔垂柳漸漸變黃，就立刻下令回駕。一路上紅樓相連，珠簾高高捲起，筵席前擺滿了瓜果。正巧已到了農曆七月初七，這是天上牛郎織女相會，地上婦女們穿針乞巧的日子。郡君一行人停止揮鞭，一路談笑指點，馬頭與馬頭相併慢慢前行。一時間，風雨交加，郡君對郡馬說：「這真是『滿城風雨近重陽』啊。」就趕緊一起縱馬揚鞭趕回宮廷了。等到他們進入宮中，宮娥奔出來稟告說：「郡主生了一個男孩，請郡馬爺參加洗紅宴。」郡君要戴笠進去探視郡主，只見那爐火燒得暖融融的床榻之上，有一個小孩正在玩耍武器和官印。一試那小孩啼聲，真是個英雄模樣，戴笠給兒子命名為阿英。從此，戴笠成天待在宮中，與小孩子戲耍，與妻子調笑。不到半個月的工夫，阿英已經行了加冠之禮，長大成人了。又過了幾天，郡君逝世，由郡馬暫代朝政。有天，他見到郡主臉上出現皺紋，兩鬢斑白。郡主對他說：「妾身年紀大了。讓我為您納妾吧。」於是，又廣為甄選良家女子進入後宮。

一天夜裡，戴笠與郡主在鴛鴦寢宮中，懷念著往事。戴笠忽然問道：「我來到這裡多少天了？」郡主回答說：「已經六十二年了。」戴笠說：「妳別開玩笑了。我還記得與妳定情那晚，我偷偷用指甲在妳背上搔癢，妳想把背轉過來不讓我搔，就仰臥在床，我就猛然起身靠了上去。妳還笑說：『我原本想明保棧道，卻被你暗度陳倉呀。』回想這情景，宛如昨日。」郡主笑說：「這對你來說不過是兩個月前的事啊，所以說起來歷歷在目。但對我來說，就好像是絳縣老人講幾十年前的往事一樣了。」戴笠聽了，垂著頭傷心喪氣，忽然懷想起家鄉故土，於是請求郡主和他一起回家鄉。郡主說：「山河環境都不相同，年序時間也不一樣。就請您自己暫時先回家去吧，恕妾身不能同行。」第二天，戴笠將朝政之事委託給阿英處理，整理好行裝作回家鄉的準備。郡主在宜春殿為他設宴餞行，哭著說：「妾身已至暮年，早晚要葬身黃土。如果你不嫌棄我年老白頭，希望你還能返來相聚。」後來又想：「轉眼間就已百年，怕你再來也無濟於事了。」阿英牽著父親的衣服哭泣起來。戴笠也很十分悲傷，戀戀不捨，不忍離去，朝臣們都等在哀蟬驛送行，情不自禁，流淚揮別。

回到家中，戴笠看見自己的肉身僵臥在床榻上，家人都圍成一圈仔細的看護著。戴笠登上床榻，身體就突然甦醒。戴笠詢問家人，他們說：「您醉酒昏死已經兩個月了。」戴笠大呼怪事。而後因為與郡主有返回之約，心中總是惦記，輾轉掛念。三個月後，戴笠才又在夢中回到了蟪蛄郡。他問起郡主，人們告訴他：「已經死去八十多年了，現葬在翠螺山。」又問及阿英，他們也說：「已經成仙了。」問及他過去所擁有的妃子們，他們則說：「都已經死了。」與朝廷中的臣子相見，已經沒有一個相識的。戴笠鬱鬱不樂的回家，醒來後嘆息說：「百年的富貴，不過是頃刻之間的過眼雲煙罷了。世上那些懂得道理的人，難道不是這樣想的嗎？」

蔣十三進翠衣國

出自：《螢窗異草》／長白浩歌子

甘肅和四川一帶有很多野生鸚鵡，當地人經常把牠們捕捉來當作寵物飼養。成都有個叫蔣十三的人，餵養了一隻很聰明的鸚鵡好幾年了。有一天，飛來了一隻八哥停在樹梢上，稱呼鸚鵡為「能言公」，並隔著鳥籠和鸚鵡說話。牠詢問鸚鵡：「你有多少年沒去翠衣國遊歷了呢？」鸚鵡答說：「我丙年離開家鄉，丁年被羅網捕捉；如今居住在這鳥籠中又已經三年了；前後加起來算一算，都過了五年了。」八哥又問牠：「很想回去嗎？」鸚鵡答說：「很想啊！你不了解我，我並不是天生就是長羽毛的鸚鵡。想起從前經商時，在湖湘一帶做買賣，生意好到曾經賺到三倍的盈利。我又能說善道，經常助人排憂解難，同夥中幾乎沒有人可以難倒我。有一年陰曆二月時，我正和同伴出海航行，準備再去大賺一筆。船航行到一座島嶼，只見那裡碧綠的山峰直達雲天，一片蔚藍，無邊無際。於是我隨意拉著幾個夥伴，登上島去看看。走到島的深處時，那景致十分美麗，再繼續往深處前進，突然迷失了方向，忘記了回去的路。那島上沒有人煙，只有鸚鵡不停地飛上飛下鳴叫，有成千上萬隻，難以計數。這時我們幾個人卻因為染病體弱無法行動，又沒有捕捉鳥類的工具，無法網羅鳥雀來充飢，就餓死在島上的山岩邊。別人的下落如何我不清楚，而我則是渺渺然漫遊到了一方淨土，那裡的宮殿巍峨高大，城郭富麗堂皇，居民不論貴賤，全都穿著翡翠色的衣裳。我一探聽，人家才告訴我：『這是海中的第七島，也就是翠衣國。』我拜見了國王，想要請教他回家的事。國王約有五十多歲，也穿著翡翠色的服裝，他懂得義理，也精通陰陽。這個國家規定上大夫要能夠作詩，中大夫要能作曲，下大夫也要能說會道，以言詞敏捷、善於應對的標準來選拔人才，國家裡從來沒有不善言詞的人。國王讓我住下來，並擔任官職，後來又把公主許配給我。那公主長得嬌美可愛，善於歌唱，與我兩人夫妻恩愛，生活十分快樂。第二年，為我量身製作翡翠衣穿上，我便能自由自在的飛。我時常與公主在茂密的樹林中迴旋飛翔，一唱一和，親密無間。卻沒想到一時被身邊的侍從慫恿，回去探望故鄉時，飛在山中，下地取食，卻被人捕獲而囚禁在此，無法返家。每當想起與公主的恩愛情誼，我心如刀割般。如果你可以為我帶一個口信，那實在就是我的福分了。」

八哥聽了，回答牠說：「我很願意當你的信差，儘管再遠也絕不推辭。」鸚鵡便低聲吟誦一首詩句：「**雙飛何日向晴皋，每為卿卿惜羽毛。最是舌尖消瘦盡，繞籠猶自語叨叨。**」詩句吟完，鸚鵡就低下了頭，縮著腳，激動不已。八哥振翅飛起，飛了一段又飛回來對鸚鵡說：「我一定不辜負你的期望，請保重身體，不要太過於悲傷。」便轉頭飛走了。

當時，蔣十三躺在小窗下休息，庭院中別無他人，聽見牠們的對話，起了憐憫之心，為鸚鵡感到悲傷，便起身打開鳥籠放出鸚鵡，並囑咐牠說：「去翠衣國的路途遙遠，你要好好照顧自己，切勿再遭受羅網之災啊。」鸚鵡鳴叫著表示感謝，就高飛而去，很快就飛入雲霄間，消失蹤影。蔣十三把這件事告訴他的家人，大多數人卻都不相信他，懷疑他是故意放走鸚鵡，蔣十三也無法替自己證明。

過了一年，蔣十三患了病，病得快要死了，迷迷濛濛中，只見一個穿著黑衣服長著鳥嘴的人，直直到他跟前來，向他稟告：「你家的囚徒，在翠衣國國王面前講述了你的義行，國王命我來此邀請你，請立即跟我上路。」蔣十三還覺得昏昏沉沉地，不懂他指的是什麼，竟也毫不猶豫的跟著他走。那人振臂一呼，就來了十幾個身穿綠衣的人，簇擁著一頂轎子等前來，抬著蔣十三便往前去。不一會兒，轎子到了海上，波濤洶湧，蔣十三非常害怕，低頭一看自己乘坐的轎子，卻猶如樹葉般輕盈，離水面八尺高，卻一點也沒有沾濕，前進的速度就像飛一般。

到了翠衣國，蔣十三看到極為美妙的景致，都跟鸚鵡從前說的一模一樣。這時有人在郊外迎接，跪伏在路旁，為表示感謝，放聲說：「您發揚愛護生靈的德義，放棄豢養悅耳動聽的玩物，網開三面，高貴的恩德和父母相當；使折斷了翅膀的飛禽，能夠返回故鄉；使厭惡樊籠的鳥雀，得夠活著回家；不僅使夫妻破鏡重圓，而且讓祖先的鬼魂不致飢餓；感激您的恩德，熱淚直流，我們無以報恩，深感慚愧，我拿著掃帚到郊外迎接，姑且以此報答養育與保護之恩。」說完，就伏地哀聲痛哭，感激涕零的樣子。蔣十三從轎中往外一看，騎馬的隨從很多，冠蓋也十分華麗，那人二十多歲，綠色的衣服輕輕飄逸，蔣十三猜測那就是從前所放走的鸚鵡，便走下轎來撫慰一番，然後與他一起並駕進城。進入國中，見所有的居民都穿著綠衣，說話帶有鳥音，快要進皇宮路門時，國王則親自迎候，作揖行禮說：「寡人愚昧，國中的禁令荒廢鬆弛，以至於閨中愛婿受辱於獵鳥的人。若不是先生釋放了他，讓他能夠回歸故里，那麼小女就只能獨守空閨，我也無法和他一同治理國家了。」言語態度非常謙遜。蔣十三見國王外貌古樸，神志清爽，服飾卻豪華顯耀，蔣十三也謙遜的回禮表示謝意。國王禮讓蔣十三進宮，延請他至殿廷中，招待他為上賓。國王還準備行下拜禮，但蔣十三再三辭讓，最後行賓主的相見禮替代。坐下後，國王又說：「這些兒女輩，都是依靠您才得以團聚，您的恩德我們時時銘記心中，只是無從報答；正好聽說您臥病在床，所以派遣剪舌侯來邀請您。感謝您的光臨，應該讓他們來好好謝恩。」因此命令傳話到後庭稟告公主。一會兒，地上鋪設了紅毯，緊接著，有十幾個小丫鬟從屏風後簇擁著一位非常年輕美人走出來，這美女穿著翠綠的羽毛服裝，說話語音像美玉般清脆悅耳。公主同夫婿肩並肩，都朝北面行再拜禮，蔣十三無法推辭，退讓幾步然後受禮，而後公主又馬上退去了，國王下令在望禰亭擺設宴席，和蔣十三開懷暢飲，並且告訴他說：「這是我衷心盼望禰正平前來的地方。不過不同時代卻一樣知心的，如今加您已有兩人了。」因此，又不停舉杯，歡快痛飲了一場。在座的大夫有的獻詩、有的唱歌，紛紛上前進獻，蔣十三也不是記得很清楚。而國王知道蔣十三有病，便下令取來海中神露，和在酒中讓他喝下，恍恍惚惚就像用冰雪澆灌一樣，熱病一下便消解了。宴席完畢，國王感謝的說：「我們這裡地方狹小，土產貧乏，這些微薄的禮物，不足以酬答您的大恩，姑且供您把玩罷了，還希望您不要推辭。」於是進獻了十粒明珠、一對紫玉，價值連城。小丫鬟又傳來夫人的命令，送來一面水心鏡、一尺高的珊瑚樹，並說：「恭敬的奉上這些寶物報答您這份使釵合鏡圓的恩德。」公主夫婦又私自贈送很多物品，國王下令將這些禮物寄存在近海的店鋪中，再把票券交給蔣十三，讓他自己來兌取。而後就派遣黑衣人要送他回家，國王翁婿二人為他餞行，緊握著手依依不捨，不忍離別。但蔣十三非常想念家鄉，便登上轎子返家去了。

等到他到家時，全家人正放聲大哭，準備給他穿衣下棺，原來他死去已經有兩天了。蔣十三掀開被子起身，家人都大吃一驚，一問才知其中緣故。蔣十三出門一看，有一隻八哥就停在庭院中的樹枝上，尚未離去，這才醒悟國王所說的剪舌侯就是牠。蔣十三便準備了一些食物來招待牠，牠對食物聞聞嗅嗅了三次，便飛走了。蔣十三的病從此就全都好了，便想要到海市去兌換他的票券，家人認為這是他憑空虛妄的想法，都極力阻止他，他最終沒有成行。如今四川人稱呼鸜鵒「能言公」，便是從此流傳下來的說法。

關於《螢窗異草》

清代筆記故事集。作者長白浩歌子，生平不詳，有一派學者考證後認為他是乾隆年間大學士尹繼善的第六子尹慶蘭，也有學者認為該書是光緒初年申報館文人的偽托之作。本書內容類似《聊齋志異》，多寫鬼怪狐仙、異聞奇事、男女婚戀和世情公案類故事。

因循島

出自：《淞濱瑣話》／王韜

在山西的曲沃地方，有個人項某，原本是獵戶人家，傳到他的時候，放棄了打獵的家業改而讀書，文名出眾，而且還喜歡放生積善。有次他過河時，見到一隻被抓的黑色猿猴，滿身是傷，尾巴斷了，腳也受傷了。那猿見到了項某，大聲嘶吼，作出乞憐的樣子。項某一時被感動了，就買下了猿猴把牠釋放。黑猿離開前，不停地回頭，彷彿在表示感激。

後來項某到福建工作，回家時乘坐海船。才剛出發，忽然颳起颶風，船上的人都非常驚恐，突然一個大浪把船打得粉碎，眾人都被浪捲走了，項某僥倖抱著一片木板，隨波漂流，不知漂了幾千萬里，自認必死無疑了，結果居然漂到了一處海岸，他還迷迷糊糊的不知道。沒多久，風停了，潮水退了，他才發現自己擱在淺水洲邊的石頭上。他嘔出成斗的水，過了很久才漸漸清醒。抬頭只見黃沙一望無際，草木不生。當時正是初秋，天氣還很暖和，他振作起精神，繞著路走了幾十里。這時，太陽已下山，月亮從海面升起，像是車輪那麼巨大，還發出五色的光輝。但是他沒心思觀賞，只顧踏著月光趕路。一直走到半夜，還沒有遇到人家。四周不斷傳出野獸的叫聲，他毛髮嚇得根根豎立，飢寒交迫，幸好身上有幾枚雞蛋可以充飢。吃完剛想要繼續走，腳卻已累得走不動了，只好在深林中休息。四面陰森得好像有鬼怪窺視，彷彿隨時都要撲上來，他心裡嚇得咚咚直跳，根本睡不著。

天剛亮，他繼續趕路，好不容易見到村落。居民都長髮披肩，形貌不像中華百姓，個個面黃肌瘦，非常憔悴。他上前詢問，對方言語如同鳥叫，無法理解。有一個老頭走出來詢問，項某告訴他實情。老頭說：「您是中華人士吧？這裡是因循島，離中國有九萬里遠。去年有位姓朱的海路客商也是遇上颶風漂到這兒，在我家住了一年，後來被島主知悉，用車子載走了。我熟悉中國的語言，您沒有家，先來我家暫住一下吧。」項某很高興，便隨他回去了。鄉人們都來了，互相竊竊私語，似乎感到很驚奇。老頭擺出酒餚，雖然簡單，但勸酒上菜都很殷勤。一會兒，門外傳來敲鑼聲，大家瞬間都藏匿躲起來，老頭也急忙關上門。

項某感到很困惑，老頭解釋說：「那是本地縣令，喜歡吃人，你剛到這兒，可別被他看見。」項某從門縫中窺視，只見縣令前後的隨從都是獸面人身。官轎中有隻狼正襟危坐，衣服冠帽很整潔。項某非常震驚，回到裡屋詢問老頭，老頭神色慘然，說：

「這地方本來富裕。三年前，卻忽然來了幾百群狼怪，分頭占據各地。大狼怪作了省的長官，其他也依次當起了官。剛來的時候，他們尚且還以人形出現，沒幾個月，漸漸露出本相。他們專門愛吃人的膏脂，每天要送三十個人到官署，供他們吸食，膏脂吸盡了才放回來。我們雖然不至於馬上死掉，可是從此就會瘦弱不堪，撐不過的就被直接棄屍荒野。」項某驚訝說道：「島主也是狼嗎？」老頭說：「不是，島主還是仁慈的。那狼怪老謀深算，還會變成人的模樣騙人，島主就被他們所騙，他們每年又暗中用重金賄賂朝廷大臣，便無人去揭他們的老底啦。何況狼怪在拜見官吏時，仍以和善的面目出現，只是對待百姓又是另外一副面貌了。」項某說：「真是太令人憤慨了，世道竟然淪落如此，我就算不能剷除他們，我也要替你們申訴，非要除掉這些怪物不可。」老頭說：「你雖然心懷忠義之情，但肯定成不了事的。何況你是他鄉的外人，照例就更難越級上訴。倘若遇上那正在四處挑選白胖胖百姓為食的狼怪，還會有性命之憂啊。」但項某心中仍然無法平靜下來。

第二天，他沒辭別就走了。正要問路，忽然有幾個人撲上來捆住他，直接送到一座官署。被送到堂下時，旁邊坐著臥著的都是狼類，他的心情頓時消沉下來。一會兒，後來進來一名官員，長的是人的模樣，他向項某問話，項某便一五一十地告訴他。那人聽完，忽然回頭對左右侍從說：「這人又白又胖，精髓必然味美，應當獻給上司，必定能讓我記功得寵。」隨即命人用木籠關押項某，將他抬出門去。隊伍喧囂，後面還跟隨了許多穿著衣服的野獸。

走了兩里多路，到了太守面前，但太守竟然長得像一隻猴子。太守命人把項某抬上前來，審視良久，說：「您不是項某人嗎？怎麼到了這兒？」項某也很驚訝，但是不知道他怎麼會認識自己，便隨便應了幾句。太守立刻離開座位，斥退眾人，命人脫掉項某的捆索，叫人牽兩匹馬來，和項某並騎而行。項某不知道怎麼回事，轉頭問他的姓名家世，太守說：「我就是侯冠啊，受過您的大恩，等進了官邸再細細道來。」等兩人回到侯冠的家，項某又再問起，侯冠說：「我是那天被你所救的老猿，我被瘦柴生所召集來這裡，本來想占領此地，但是島主為人和善，就算是我們這些野獸也被感化，所以我們都只圖個官做，我一定會報答你的恩情，改天將送你回中國。」項某這才恍然大悟。

侯冠也詢問項某到此的緣故，項某粗略地告訴他，講話間，已到就餐時候，見到幾隻狼走過來，各自穿戴整齊，立即變成了人樣，與項某互相寒暄客套，一一由侯冠為他介紹，那都是些丞尉、案吏及幕僚。大家相互禮讓著入席坐下，笑談和睦。等到要吃飯時，侯冠卻離開了，此時一名肥胖之人被抬了進來，眾人說：「可以送到廚房去。」項某感到訝異，但是所有人都笑而不答，頃刻間廚師送上一盆菜，好像雞蛋羹一樣，眾人用這菜敬給客人說：「這就是人的膏脂。我們非常喜歡吃的，只是侯大人不太喜歡。先生這次來，口福真是不淺啊！」項某驚訝地說：「這是剛剛那個人嗎？」眾人說：「是的。這地方因為侯大人喜歡吃素，所以每天只送進一個人。如果是在大院中，那吃掉的人就更多了。」項某心中感到悽慘不能下嚥，逃離宴席找到侯冠，這才填飽了肚子。

項某居住在府中，抑鬱寡歡。侯冠察知他的意思，說：「機會還沒來，您暫時還很難歸鄉。苛縣的縣令是我以前的部下，那兒的山水優美，可以遊歷一番，我推薦您暫時去那兒作幕僚，藉此寬寬眼界吧。」項某很高興，第二天拿著太守的書信去那兒。見面後即被邀請留下來住，賓主相處非常融洽。

項某細細觀察厲某，知道他也是個狼妖，外表寬和平靜，但其實貪婪狡詐，絲毫不講道理。幸好他處理的公事很簡略，所以每天只是帶著僕人出遊，有時休憩在山中，幾天才回來。厲某也不責怪他。縣內有名土霸，專搶他人土地，他搶了一名窮人的地，窮人告上官府，但官官相護，仕紳勾結，那窮人有苦不能言，最後竟自殺了。項某憤憤不平，追問厲某。厲某只是笑笑地說：「先生不知道嗎？鄉紳的兒子在京師擔任要職，得罪他，就保不住這官職，何況我還有妻兒啊？再說，小民的生命能值幾個錢？我拿權勢壓他，他能怎麼辦。」項某說：「照你的話說來，還有什麼人情天理呢？你的眼裡還有王法嗎？」厲某說：「先生你可有所不知，現在當官講求的不是你所說的治理能力，而是看你會不會做人，會不會說話。懂得阿諛奉承的人，每天都會有歌頌你的奏摺放到皇上桌前；不懂的人，輕則貶官，重則還要丟命呢！」

說話間，省裡的緊急公文來了。上面說郎大人將要奔赴苛縣檢閱部隊，吩咐立刻盡快準備。厲某匆匆辭別而去，召來幕僚討論。第二天，官署中張燈結彩，窗戶上裝飾著美麗的錦緞，地上鋪著一尺多厚的地毯；寢室內則擺著八寶裝飾的大床，繡著鴛鴦枕頭，鋪著雲彩錦帳，輕暖翠色的被子，上下內外，全都煥然一新。到了那天，湊熱鬧的人塞滿道路，歡迎的人群堵塞大門。

快天黑時，郎大人才到。禮炮隆隆，騎馬的蹄聲得得作響，儀仗隊有數百人，衣甲非常整齊。那行牌上寫著「粉飾太平」、「虛行故事」、「廉嗤楊震」、「懶學嵇康」等字。項某問小吏，小吏說：「這是德政牌啊」。隨即見武士幾十人各執著刀劍，分成幾隊疾步跑來，此時無人敢說話，一片死寂，而武士中擁著的便是郎大人，豬嘴虎鬚，形貌極為猙獰凶惡，所有人都跪下歡迎。項某想看看他的行為舉止，跟著進門，有官吏板著臉阻攔，厲某來婉言了幾句，項某才得進去。只見廳堂上燃著粗大的紅燭，明亮如同白天。郎大人高高在上坐著，旁邊站著幾排衣服華美的人。一會兒，傳命呈上兵士名冊。名冊呈上後，便交給下屬侍官拿去。隨後好多趨炎附勢的人進來，使出渾身解數，只為博得郎大人的歡心。

過一會兒後，厲某跪著請郎大人用夜宴，一起起身來到小廂房，隨即有官吏出來問說：「有沒有歌妓呀？」厲某沒話應付，飛快返回西邊房舍，打扮好自己的愛妾和小女，送了上來。郎大人大喜，當面稱讚他能幹，宴席完畢，眾人都退下，只留下愛妾和小女陪伴郎大人睡覺。厲某卻洋洋得意，很興奮的樣子。項某心中憤慨，但是也無可奈何。

隔天早上，見郎大人還沒起床，有位軍官走來，請大人檢閱操練。郎大人的貼身官員叱責他說：「大人還沒起來，起來後還要吸食煙霞，你來幹什麼？」軍官唯唯答應著退出。一陣子後，又有一位貼身侍從出來傳令免了操練，發完賞賜便可結束。軍官答應著離去了。快到中午時分，郎大人才起來，厲某急忙進上膳食。吃完飯後，郎大人便離開了，整個檢校場面非常浪費，而且沒有實質功能，項某非常反對這件事，當即告別厲某，回到侯冠那裡去。路途上紛紛傳聞，說是厲某已經升任某地的知府。等見了侯冠詢問此事，侯冠說：「這是這個國家的亂象啊，你一介書生是難以理解的。」

項某不願意再逗留，更加想回家了。正好之前那位姓朱的海路客商奉國王的命令回鄉，侯冠便收集了些珠寶為項某打點行李，並去請求讓項某搭便船。侯冠送項某到出海口，已經有一艘船停岸等候。朱某與項某上了船，海上颳起大風，互相作揖辭別後便起帆開船。八天後到了瓊州島，項某登上岸從陸路回家。項某取出箱籠行李中的東西換成銀錢，那些錢他也不想留，便都快快花掉了。

關於《淞濱瑣話》

晚清筆記故事集。作者王韜（1828~1897），是清末改革派思想家。本書的體裁和題材都仿照蒲松齡《聊齋志異》，記載鬼神、狐怪、鳥獸、劍仙、名妓等角色的奇行異事，以及自身的經歷。

第七部

堅貞不移的愛情

「歎人間真男女難為知己，
願天下有情人終成眷屬。」
歷久不衰的不是愛情，
而是人們對真愛的恆久信仰與美好想望。

道平與文榆

出自：《搜神記》／干寶

秦始皇時，有個長安人名叫王道平，自小就與同村人唐叔偕的女兒文榆要好，文榆的容貌出眾，兩人私訂終身要結為夫妻。

不久後王道平被官府徵召去打仗，流落南方，九年間音訊全無。文榆的父母見女兒已經長大，就把她許配給劉祥為妻。文榆心中認定與王道平發了重誓，不肯改變，但受到父母逼迫，只好勉強嫁給劉祥。但婚後三年，她一直恍惚空虛，非常不快樂，經常思念王道平，內心怨恨極深，最後抑鬱而終。

文榆死後三年，王道平終於回到家，便向鄰居詢問：「文榆在哪裡？」鄰居們說：「她對你很癡情，但被父母逼迫，嫁給了劉祥，後來氣結而亡了。」王道平問：「她的墓在哪裡？」鄰居帶王道平到墓地，他嚎啕痛哭，連續呼喊三次文榆的名字，繞著墓走十分悲慟，無法遏止。他祝禱說：「我與妳曾向天地立誓，要終身為伴，怎料受到官府拖累，讓我們分離；妳的父母把妳許配給劉祥，違背當初我們的心願，以致生死永別。如果妳有靈，就出來與我相見；如果沒有，只好從此永別了。」說完，又悲傷的哭泣。不久，文榆的魂魄從墓中現出，問王道平：「你從哪裡來的？我們分別很久了。我與你立誓結為夫妻，終身相伴，無奈父母勉強逼迫，才嫁給劉祥。這三年中，我日日夜夜的思念你，才會鬱恨而死，雖然我們已經生死殊途，然而想到你對我舊情不忘，請求相見，那我告訴你，我的身體沒有損壞，可以復活再生，與你結為夫妻。你馬上開墳破棺，我出來就可復活了。」這些話道平聽得清清楚楚，就打開墓門，文榆果然活了過來，文榆整理衣裝，就跟隨道平回家了。

文榆的丈夫劉祥聽聞了這件事，感到很訝異，就告到州縣官府。但官員找不到法律依據審理這種案件，就抄錄情況稟告國王，國王判定文榆為王道平的妻子，後來夫婦倆活到一百三十歲。

紫玉與韓重

出自：《搜神記》／干寶

吳王夫差有一個小女兒，名叫紫玉，年方十八歲，學問和相貌都很出色。有個名叫韓重的十九歲少年，才華洋溢，品德和學問也都是一時之選。紫玉很喜歡他，私下與他來往並相互餽贈信物，兩人私訂終身。後來，韓重到齊、魯一帶遊學，臨走時，請求父母去向吳王提親，吳王大怒，不肯答應，紫玉因此香消玉殞，葬在都城的城門外。

三年後，韓重回到家鄉，向父母問起親事，父母告訴他：「吳王大怒，紫玉氣結而死，已經埋葬了。」韓重悲痛大哭，準備了祭品和紙錢，到紫玉墓前憑弔。此時紫玉的靈魂竟從墓中出現，她流著淚對韓重說：「你走了以後，你的父母向我父王求親，原以為一定能夠締結一段良緣，沒想到你我一別後，我竟落得如此！」為答謝韓重來悼念她，紫玉低頭歌唱，歌中唱著：「南山有隻烏鴉，北山張著羅網。烏鴉振翅高飛，羅網又能奈何！我心雖想隨君，又怕流言蜚語。悲傷鬱結成病，性命消磨殆盡。命裡註定無緣，埋怨又有何用！鳥類之首，名叫鳳凰，雄鳥一旦身亡，雌鳥年年哀傷，即使其他鳥類眾多，卻無一個能配成雙。我現身與你相見，身雖遠心卻近，沒有一時能夠相忘！」

唱完，哽咽著邀韓重一起到墓中。韓重說：「生死殊途，我害怕這樣會遭罪過，不敢接受妳的邀請。」紫玉說：「生死異路，我也知道。但今日你我一別，就永遠沒有相見的機會了，你認為我是鬼就會害你嗎？我是想真誠的侍奉你，難道你不相信嗎？」韓重被她的話語感動，送她回到墓中。紫玉設宴款待他，留韓重住了三日三夜，兩人有了夫婦之實。韓重臨走時，紫玉取出一顆直徑一寸長的明珠送給他，說：「我失去了名節了，願望也不可能實現了，沒有什麼好說的了！希望今後你能夠愛護自己。有一天如果到了我家，請代我問候父王。」

韓重從墓中出來後，就去晉見吳王，陳述此事。吳王大怒說：「我的女兒已經死了，你又捏造謠言，玷汙亡靈。這顆明珠是你挖墓所得，卻編造鬼神之事來欺騙我。」於是叫人捉拿韓重，韓重趕緊逃跑到紫玉墓前訴說這件事。紫玉說：「不要憂慮，我今天就回去告訴父王。」吳王正在梳髮，突然見到紫玉，又驚又悲又喜，問道：「妳怎麼復生了？」紫玉跪下說道：「以前韓重來求親，父親沒有答應，以致女兒名節毀損、斷絕希望，因此身亡。韓重從遠方回來，聽說女兒已死，就帶著祭品到我墓前弔唁。女兒被他始終如一的深情感動，與他相見，並送他一顆明珠，這不是他挖墓所得，懇請父王不要治他的罪。」夫人聽說女兒回來，便出來擁抱她，然而紫玉卻化成一縷煙飄散了。

韓憑與相思樹

出自：《搜神記》／干寶

戰國時代，宋康王的門客韓憑，娶何氏為妻，宋康王看見何氏貌美，就把她搶奪過來，韓憑心懷怨恨，於是被宋康王囚禁起來，並被判要去修補城牆服很重的勞役苦刑。何氏暗中送信給韓憑，信中的語句的含義十分曲折隱晦，信中寫著：「久雨不止，河大水深，太陽能照見我的心。」不久宋康王查出了這封信，把信交給親信臣子看，親信臣子中沒有人能解讀信中的意思，後來臣子蘇賀解讀說：「久雨而不止，是說心中的憂愁思念不能停歇；河大水深，是指兩人受到阻隔不得往來；太陽照見心，則是說內心已經立下死志了。」

不久，韓憑自殺。何氏暗中刻意讓自己的衣服朽壞，某日，宋康王帶著何氏一起登上高臺遊覽，何氏從高臺上一躍而下自盡，隨從們想拉住她，卻因為衣服已經朽壞，沒能拉住何氏。何氏藏在衣帶裡預先寫下的遺書說：「大王認為我生得好，我卻認為死去較好，希望能將我的屍骨賜給韓憑，讓我們兩人合葬在一起。」

宋康王十分憤怒，根本不肯接受何氏的請求，讓鄉人埋葬了他們，卻刻意讓他們的墳墓相隔兩處遙遙相望。宋康王說：「你們夫婦既如此相愛，如果你們還能讓兩個墳墓聚在一起，那我就不再阻擋你們。」沒想到在很短時間內，就有兩棵大梓樹分別從兩座墳墓上頭長出來，十天左右就長得要人雙手圍抱那麼粗。兩棵樹的樹幹彎曲合抱，互相靠近，根在地底下交纏，樹枝在上方交錯，又有一雌一雄兩隻鴛鴦，一直棲息在樹上，早晚都不離去，牠們交頸悲鳴，聲音哀婉令人傷感。宋國人都為此哀戚，於是稱這種樹為相思樹。相思的說法，就是從這兒開始的。南方人還說，鴛鴦鳥就是韓憑夫婦的魂魄變成的。

現在睢陽地方有韓憑城，歌頌這個故事的歌謠至今也還在流傳。

牛郎與織女

出自：《述異記》／任昉

在天上銀河的東岸，住著天帝的女兒。她花容月貌、美麗脫俗，卻每天織布縫衣，年復一年地辛勞工作，織成了像雲霧一般輕飄美麗的絲綢衣服。她辛辛苦苦，卻不快樂，也無暇打扮自己。天帝憐憫她小姑獨處，沒有夫婿作伴，便將她許配給銀河西岸放牛的牛郎。但誰知織女出嫁後，貪戀逸樂，再也不回東岸，荒廢了紡織的工作。天帝因此非常生氣，命令她回到河東，規定他們夫妻日後一年只能相會一次。

關於《述異記》

六朝志怪故事集。作者任昉（460～508），南朝梁時人。本書主要記述怪異之事，內容龐雜，有許多故事題材也見於其他古籍。

定婚店

出自：《續玄怪錄》／李復言

杜陵有個叫韋固的人，很小父母就過世了，他想要早點娶妻，但多次求婚卻都沒有成功。元和二年的時候，他到清河遊歷，住在宋城南門外一家客店裡。旅客中有人給他提了一門親事，對方是以前清河司馬潘昉的女兒，並約定他隔天早晨在旅店西邊的龍興寺相見。

韋固因為求婚心切，天色未明就急忙起身赴約，月亮都還斜掛在天邊。到了興龍寺，他看見一個老人靠著一個小布袋，坐在臺階上，藉著微弱的月光看書。韋固偷偷走到旁邊觀察，書上的字卻都看不懂，既不是隸篆，也不是梵文。韋固便問老人：「老先生，您看的是什麼書？我從小苦讀，世間的字自認沒有不認識的，就算是西方的梵文也看得懂，唯獨此書的文字卻從未見過，這到底是什麼字呢？」老人笑著回答：「這不是人間的書，你怎麼會看過上面的文字呢？」韋固說：「如果不是人間的書，那是什麼？」老人說：「這是陰間的書。」韋固問：「陰間的人，怎麼會到這裡來？」老人說：「不是我不該來，而是你來得太早了。凡是陰間的官員都要管陽間的事，怎麼能不在人間行走呢？現在在路上行走的人，一半是鬼，一半是人，只是你無法辨別罷！」韋固又問：「那您是掌管什麼事呢？」老人回答：「天下的婚姻大事。」韋固很高興地說：「我父母早亡，常常希望能早點娶親，多生一些兒女子嗣，但十幾年來多方求親都不順利，如今有人幫我作媒，介紹潘司馬的女兒，請問這次可以成功嗎？」老人回道：「不成，姻緣是天注定的，就算是官宦世家降低身分向低賤的屠夫、賭徒之女求親，尚且不可得，何況是郡佐的女兒呢？你的妻子才剛剛滿三歲，長到十六歲你才會娶她。」

韋固聽了問道：「您口袋裡放的是什麼東西？」老人說：「這是紅線，用來繫在夫妻兩人的腳上。他們出生的時候，我就偷偷用紅線將他們繫在一起，就算兩家彼此是仇敵，出自貧富懸殊的家庭，或者相隔千里，在天涯海角當官，只要繫上這繩子，兩人一定會成為夫婦。你的腳上已經繫上紅線了，為什麼還要追求別的女子呢？」

韋固問：「我的妻子現在在哪？家裡住在何處？」老人說：「在這間店北邊，是賣菜那名陳婆的女兒。」韋固說：「我可以看看她嗎？」老人說：「陳婆經常抱著她來市場賣菜，你跟著我走，我可以指給你看。」

到了天亮之後，韋固所等的人一直沒來，老人收起書籍，揹起口袋要離開，韋固於是跟在他身邊，一起到市場。市場上有個瞎了一隻眼睛的老婦人，抱著一名三歲女童，看起來十分骯髒醜陋。老人指著女童對韋固說：「那就是你的妻子。」韋固看了非常生氣，說：「我殺了她不就好了？」老人說：「這名女子命中注定富貴，跟著你享福，怎麼可能被殺呢？」說完老人就不見了。

韋固罵道：「這個老頭胡說八道！我是官宦人家子弟，娶妻必定要門當戶對，就算不能和良家女子婚配，也可以從歌姬舞女中挑一個扶正，怎麼會去娶個獨眼老婦的粗鄙女兒呢？」於是他將一把刀子磨利，交給手下奴僕，跟他說：「你素來能幹，如果能幫我殺了這個女孩，我給你一萬錢。」僕人答應了。

隔天，僕人將刀子藏在袖中來到市場，趁著人多喧鬧的時候，刺了女孩一刀，隨即轉身跑走。趁著市場一陣騷亂，韋固和僕人趕快逃走。韋固問他：「有沒有刺中？」僕人回答：「我本來想刺她的心臟，不料卻失手刺到她眉間。」從那之後，韋固屢次求婚都沒有結果。

過了十四年後，韋固因為父親的餘蔭，到相州刺史王泰的手下任職，專門處理訴訟案件、審訊犯人。王泰認為韋固很能幹，想要把女兒嫁給他。王泰的女兒當時十六、七歲，容貌很美麗，韋固十分滿意這門親事。但是他發現妻子的眉間常常貼著一片花鈿，即使是沐浴或在私底下的場合，也沒有取下。

如此過了一年後，韋固覺得非常訝異，忽然想起之前僕人說過曾用刀刺到當年那個女孩眉間，所以極力逼問妻子詳情。

妻子流著淚說道：「我是郡守大人的姪女，不是他的親生女兒。我的父親曾經擔任宋城縣令，死在任期上，那時候我還在襁褓之中，之後母親和兄長也接著去世，只留下一座宅院在宋城南邊。之後我跟我的奶媽陳氏住在宅裡，她每天到旅店附近的市場賣菜撫養我，兩人相依為命。奶媽可憐我當時幼小，不忍心和我分離。我三歲的時候，她抱著我到市場上，結果被一個狂徒拿刀刺中，留下的疤痕還在，所以總是用花鈿蓋住。七、八年前，叔叔到盧龍任職，我才能跟在叔叔身邊，以他女兒的名義嫁給你。」

韋固聽了之後問：「陳氏是不是有隻眼睛瞎了？」妻子說：「對，你怎麼知道？」韋固說：「當年是我派人去殺妳的啊！」接著又說：「這事真是太神奇了。果然一切都是天注定啊！」於是把所有事情都告訴妻子。從此之後，夫妻倆更加恩愛，後來生了一個兒子，取名為「韋鯤」，兒子還當到雁門太守，其母被封為太原郡太夫人。

由此可知，陰德註定的事情，是不可改變的。宋城縣長知道這件事之後，就把當年那家旅店題名為「定婚店」。

裴航成仙

出自：《傳奇》／裴鉶

唐代長慶年間，有個叫裴航的秀才，因為考場失利到鄂州一帶遊覽解悶，還在那裡拜訪了舊友崔相國。崔相國送給他二十萬錢，裴航帶了這些錢又回到遙遠的京城去了。

他搭乘了一艘很大的船，船行於湘水、漢水上，同船的還有一位樊夫人。樊夫人國色天香，裴航與她攀談得十分融洽，遺憾的是兩人之間隔著帳幔，裴航一路苦於無法當面表達愛慕之心。樊夫人身邊有個叫裊煙的婢女，裴航送了一些財物給她，並請她轉交一首詩給樊夫人，詩中寫道：「**同為胡越猶懷想，況遇天仙隔錦屏。倘若玉京朝會去，願隨鸞鶴入青雲。**」這首情詩遞送過去之後，許久都沒有回音。裴航多次詢問裊煙，裊煙都說：「娘子見到詩並沒有什麼反應呀。」裴航沒有辦法，又在路邊買一些好酒和新鮮昂貴的果子送給樊夫人，樊夫人這才叫裊煙請他來見個面，互相認識一下。

裴航把撩起帳幔後，見到樊夫人皮膚柔潤光滑，面龐就像花朵一樣美麗，烏黑的秀髮，配上彎彎的眉毛，一舉一動彷若仙人下凡。裴航心想：「這樣的人怎麼可能肯與我配成一對呢？」裴航一而再的行禮，樊夫人的美麗讓他目瞪口呆，癡癡的呆站著看了很久。夫人這才說：「我已經有丈夫了，他在漢南做官，正要辭官到深山中隱居，我現在就是要趕去與他話別的。我的內心悲痛煩亂到了極點，只恐不能及時趕到，哪裡還會有閒情逸致和別的男人調情呢？這一路因為有您同船作伴，心中舒坦了一些，請您不要存心戲弄。」裴航說：「我不敢有此心啊。」樊夫人堅守節操，又十分嚴肅，裴航因此不敢冒犯，喝完酒就回到自己的地方。

夫人後來回贈了裴航一首詩，讓裊煙送過來。詩上寫著：「**一飲瓊漿百感生，玄霜搗盡見雲英。藍橋便是神仙窟，何必崎嶇上玉清。**」裴航看了之後，並不十分瞭解詩中含意，只在心中留下深深羞慚和永遠不能忘懷的遺憾。從那次會面後，樊夫人再也不和裴航見面了，只是偶爾派裊煙過來問候，說些客套話罷了。船行到了襄漢，樊夫人讓裊煙提了梳妝箱，也不和裴航告別，就上岸離去了。也沒有人知道她要到哪裡。裴航到處的尋找，卻一點蹤跡也無，不知她躲哪兒去了。裴航無計可施，也只好收拾了一下行裝，依原本計畫繼續往京城裡去。

路過藍橋驛附近時，裴航口渴得很，就到路邊人家討水喝。路邊的三、四間茅屋非常低矮，裴航看見裡面有一個老太太正把麻折斷，捻成細繩。裴航走過去作了一個揖，向老太太討水喝。老太太呼喚著：「雲英啊！端一碗水來，這位少爺要喝水。」裴航猛然想起樊夫人的詩曾提過「雲英」二字，暗暗吃了一驚，卻還是不理解。過了一會兒，蘆葦簾子底下伸出一雙白嫩的手，捧了一個瓷杯。裴航接過杯子，一飲而盡，那真是玉液啊！裴航只覺室內有一股濃郁的芬芳洋溢出屋外。裴航藉著還杯子時，急忙趁機揭開簾子，看見裡面有一個妙齡女子，容貌像帶露鮮花那般的美，又像春雪將融那樣嫩白，細膩光滑的臉龐比溫潤的美玉還要好看，頭髮高捲像是天上的濃雲。她用手掩面，半側著身子，更顯得無比的嬌羞，即使是那開在幽深山谷內紅色蘭花，也不及她這麼香這麼美。

驚人的美貌使得裴航的腳移動不了，再也不願意離開了。他對老太太說：「我的僕人跟馬都餓了，希望能在您這兒留下歇息，我一定會重重的酬謝您，懇請您答應。」老太太說：「就隨您便吧！」於是就讓僕人在這裡用餐，也替馬添上了飼料。後來，裴航又對老太太說：「剛才有幸親眼看到您家小女兒，她的美麗令人驚豔，如此花容月貌舉世無雙，讓我遲疑留戀，捨不得離開。希望您能收下我準備的厚禮，將她許配給我為妻，還請您同意！」但老太太說：「她已經許配給別人了，只因為還沒有約好婚期，至今仍未嫁出去。我現在又老又病，身邊只有這個孫女兒陪伴。昨天有位神仙送我一匙靈丹，但他囑咐必須用玉杵玉臼舂搗一百天後才可服用，吃了這丹藥就能長生不老。你如果想要娶我孫女為妻，就必須幫我找到玉杵玉臼，我才願意把她嫁給你。至於別的什麼金銀綢緞都不需要，我拿了那些也沒什麼用處。」裴航感激不盡，連忙行禮說：「求您給我一百天的期限，我一定想盡辦法找來玉杵玉臼，您可別再把她許配給別人。」那老太太應允後，裴航才依依不捨的暫時離開。

到了京都，裴航毫不在意科舉考試的事情，只顧每天跑到熱鬧繁華的街上大喊著要買玉杵玉臼，可是卻連個影子都尋不到。由於他心急如焚，專心尋訪玉杵玉臼，路上遇見了朋友，也忘記要打招呼，像不認識一樣。由於裴航像著了魔似的，人們都說他發狂了。過了幾個月，他偶然遇到一位賣玉器的老頭告訴他說：「近來我接到虢州開藥鋪的卞老先生來信，信上說他那裡有賣玉杵玉臼。像您這樣誠心誠意的求購，連我都深受感動，理當寫信向他介紹一下。」裴航真是感激不盡，按著他的介紹，果然找到了玉杵玉臼。卞老先生說：「我這個玉杵玉臼沒有兩百貫錢不能賣。」裴航把全部的錢都倒出來，還不夠數，又把僕人和馬都給賣掉，才正好湊滿。

僕人沒有了，馬也騎不成了，裴航一個人背著玉杵玉臼急急忙忙的趕路，終於到了藍橋。上次的那位老太太見了裴航背著玉杵玉臼來，呵呵大笑說：「世界上居然有這樣誠信的人！為了酬答他的千辛萬苦，我怎能不把孫女兒嫁給他呢！」那女子也微笑說：

「雖然你把玉杵玉臼買來了，但還必須幫我們搗一百天的藥，才能夠確定這門婚事。」老太太從腰帶上把藥取下來，裴航接過去就開始舂搗，每天都日出而做，日落而息。每到夜裡，老太太就把藥連同杵臼一起收進屋裡。裴航在夜裡聽到搗藥的聲音，悄悄爬起來偷看，只見一隻白兔抱著玉杵正在搗藥，那白兔身上發散出銀光照亮了整間房子，室內的東西都看得一清二楚。裴航見了，意念更加堅定。就這樣，一百天終於到了。老太太把藥吞服下去後說：「我要去洞裡告訴各位親戚，讓他們先收拾地方，準備床榻，好迎接裴郎。」於是她就領著孫女兒進山去了，臨行時對裴航說：「你就在此處稍等一下。」

沒過多久，一群僕人駕著車馬前來迎接裴航。抵達之後，看見一座很大的府第，房子又多又高，簡直連綿到天上去了。在陽光照射下，珠寶裝飾的門扉燦爛生光。走進裡面一看，到處都安置著各式各樣的帳幔圍屏，珠寶翡翠，珍奇古玩，無所不有，就像地位顯赫的皇親國戚之家。仙童侍女們領著裴航進入帳幕內，舉行參見儀式。裴航跪在老太太面前，感激得熱淚盈眶。老太太對他說：「裴郎，你本是清冷裴真人的後代，命中應該出世成仙，不需要一直謝我。」接著就帶領他拜見嘉賓，這些賓客大多是神仙。後來見到一位仙女，梳著高高的髮型，穿著彩色的衣裳，說是裴航妻子的姊姊。裴航拜見後，那女人問：「裴郎，您不認得我了嗎？」裴航說：「過去我們非親非故，我不記得是否曾見過您。」那女子說：「您怎麼不記得了，那時我們不是一同從鄂州乘船到襄陽嗎？」裴航聽了誠惶誠恐，十分懇切的表達感謝之意。後來他又問身旁的人，別人告訴他：「這女子是您妻子的姊姊，名叫雲翹夫人，是仙君劉綱的妻子，位階很高，做了玉皇大帝的女官。」老太太要裴航帶著妻子進入玉峰洞，那兒的樓閣珠鑲玉砌，吃的是絳雪瓊英之類的仙丹。日子一天天過去，裴航變得心清體輕，髮色轉為深青色，出神入化自由自在，超度成為神仙。

到了太和年間，裴航的朋友盧顥在藍橋驛的西邊遇見他。裴航講了自己如何得道成仙的經過，還送了盧顥十斤美玉，一粒神仙吃的靈丹，和他暢談了一整天，還請他幫忙給至親好友捎書信。盧顥向裴航叩頭說：「您既然已經得道成仙，請送一句話指點我吧！」裴航說：「老子講過：『虛其心，實其腹。』現在的人，腦袋裡裝滿了欲望，這樣如何得道成仙呢？」盧顥不懂他說的道理，裴航又說：「心中胡思亂想的雜念太多，腹中的元氣精華就會洩漏，還談什麼虛心實腹！話只能說到這份上，你也該懂得為什麼不能成仙的道理了。世上凡人本也有長生不老和煉製仙丹的方法，你也不一定學得會，以後再說吧。」盧顥知道多說無益，只好餐會結束就離開了。後來，世上就再也沒有人遇過裴航了。

有此一說

這個故事也常被叫做「藍橋搗藥」或「藍橋玉杵」。宋元話本《藍橋記》、元代庚天錫的雜劇《裴航遇雲英》、明代龍膺的傳奇《藍橋記》、楊之炯的傳奇《藍橋玉杵記》均以此題材為本。此外詩詞中也常用這個典故，「藍橋」用來代指情人結緣相遇之處，「雲英」則被當作意中人的代名詞。

人面桃花

出自：《本事詩》／孟棨

博陵人崔護，模樣跟氣質都很好，但個性清高孤傲，和別人不太合得來。他參加進士考試沒有考上。清明節那天，崔護獨自到京城南邊遊玩，看到一座簡陋的屋子，周圍花草樹木叢生，安靜得好像沒有人住。他上前敲了很久的門，有個女子從門縫裡偷看他，問道：「是誰啊？」崔護告訴她自己的姓名，說：「我獨自遊賞春景，因為喝酒之後口渴了，想討一杯水喝。」女子進屋裡拿一杯水出來，打開門放好坐榻請他入坐，自己獨自靠著小桃樹的斜枝站著。女子容貌秀麗，神態嬌媚，情意深厚地看著崔護。崔護找話跟她攀談，她卻不回答，只是注視他良久。之後崔護告辭離去，她一直送到大門口，好像有無盡的情意，方才進門。崔護也依依不捨地回去了。然而此後就沒有再來。

等到第二年清明節那天，崔護忽然想起那個女子，思念之情一發不可收拾，於是直接前去尋找她。他回到那裡一看，屋子院落跟原來一樣，但門卻已經鎖上了。崔護於是在門扉左邊題了一首詩，寫道：「**去年今日此門中，人面桃花相映紅。人面不知何處去，桃花依舊笑春風。**」之後又過了幾天，崔護偶然到京城南邊，又前去尋找那人家，他聽見屋子裡傳來哭聲，就敲門詢問原因。有個老漢出來，看見他問道：「您不就是崔護嗎？」崔護回答：「我就是。」老漢又哭著說：「都是您害了我的女兒啊！」崔護大吃一驚，不知道該說什麼。老漢說：「我女兒已經十五歲了，自小熟讀詩書，還未許配給人家。從去年以來，經常神情恍惚，若有所失。前幾天和她出門，回來之後，她看見左邊門上有字，讀完後進門就一病不起，絕食幾天後死去。我年紀大了，只有這個女兒，之所以還沒有讓她出嫁，是因為要找一個才德出眾的人，好託付他養老。現在女兒不幸死了，不就是被您害的嗎？」老漢說完又大哭不止。崔護聽了也覺得感傷悲痛，請求老漢讓他進屋內哀悼致意。女子還容貌整齊地躺在床上，崔護抬起她的頭，把頭靠在她大腿上，哭著禱告說：「我在這裡啊！我在這裡啊！」過了一會兒，女子竟然睜開眼睛，過了半天又活過來了。老漢十分高興，就把女兒嫁給了崔護。

關於《本事詩》

唐代筆記小說。作者孟棨，生卒年不詳。本書主要記錄唐代詩人創作詩歌的背景故事，許多詩篇和唐人軼事因此得以流傳，對於瞭解當時詩人生活和作品頗有參考價值。

田昆侖與天女

出自：《敦煌變文》之《搜神記》／句道興

從前有一個人叫田昆侖，他家的田裡有一口相當清澈的水池。夏末時分，農作物快要成熟時，他走在田裡，竟然發現有三個年輕貌美的女人在池塘裡洗澡。田昆侖偷偷想湊近一點看，三個美女竟然變成三隻白鶴，有兩隻飛到一旁的樹上休息，另一隻還在池裡洗澡。他想看得更仔細點，於是躡手躡腳的躲在稻子後頭。原來，那些美女是天女下凡，那兩個大一點的，已經抱著天衣騰空而去，而最小的那個還留在池子裡不敢出來。田昆侖覺得很有趣，想捉弄她，便把她的衣服藏了起來，留在池中的小天女只好向田昆侖求情：「我們天女三姊妹，難得出來玩耍，在這個美麗的池塘裡戲水，沒想到被主人您看見了，我兩個姊姊很快地飛走了，我不能光著身子從水裡出來。請您大發慈悲，把天衣還給我，穿上了衣服我才好離開池塘，我願意做您的妻子報答您的。」田昆侖反覆考慮，想著若把天衣還給她，恐怕她立即飛走，於是田昆侖對天女說：「我不可能把這件衣服還給妳，不如我把自己的衣服脫下來，暫且讓妳遮一下身體吧。」那個天女一開始不肯從池塘裡出來，說是要等天黑再走。天女一再拖延時間，卻又要不到天衣，僵持許久之後，不得不對田昆侖說：「好吧，就照您的話做，但是請您把脫下來的衣服放在地上！我現在也無法逃走，穿好衣服我就跟您回去。」那田昆侖聽了心花怒放，趕緊將天衣藏在一個沒有人知道的角落，換下了自己的衣服，天女走出池塘對田昆侖說：「您還是把天衣還給我吧，您如果擔心我跑掉，盡可以用力抓緊天衣。我說到做到，絕不會逃跑。」但不管天女怎麼糾纏，田昆侖死活不肯把天衣還給她，帶著天女一起回家給母親看。田昆侖的母親非常開心，將天女當作自己的媳婦，馬上做酒擺宴，請了許多親戚朋友前來慶賀，告訴他們要稱天女為新娘子。雖然新娘是天女，一開始雖然不願意，但是日久之後也頗通人情世故，對夫妻生活也都適應了，最後就跟凡人一樣與田昆侖一家住在一起。歲月飛逝，不久天女就生了一個兒子，長得面目端正，取名叫田章，而那田昆侖被徵召到西方服役，竟然一去不返。

天女自從丈夫離家之後，把兒子帶大到三歲，才開口對婆婆說：「我本來是天女，當初來的時候年紀又小，身體瘦弱，穿著我爸爸給我做的天衣凌空而來。如今我想看看天衣，不知大小是否還合身，如果能夠暫時借給我看一看，就是死了也甘願。」起初，田昆侖臨走之前一再叮囑他的母親說：「這是天女的衣服，千萬要藏好，不然讓您媳婦看到了，她一定會穿上騰空飛走，那就再也見不到她了。」母親問田昆侖：「天衣藏哪兒好呢？」田昆侖和母親一起商量，認為只有藏在臥房才最可靠。於是，他在母親的床底下挖了個洞，把天衣藏在洞裡。想著母親每晚總是睡在床上，不信新娘子能拿得到。於是他們把天衣藏妥了，田昆侖才前往西征。

自從田崑崙走後，天女每天愁眉不展，心中牽掛的都是那件天衣，她對婆婆說：「請您把天衣借給我一會兒，讓我穿穿看。」婆婆每天聽著天女的苦苦哀求，最後於心不忍，於是從床下把天衣取了出來，讓她看上一眼。那新娘看到這件天衣，情緒激動如同波濤洶湧，聲淚俱下，但是沒有機會逃跑，於是她又把天衣還給婆婆，吩咐婆婆收藏好。不到十天後，她又對婆婆說：「請再將天衣借給我看一會兒。」婆婆對新娘說：「假如你穿上天衣拋下我，從此遠走高飛，我該怎麼辦呢？」新娘說：「我以前是天女，現在是昆侖的妻子，還生了一個小孩，哪裡會捨得離開你們呢？絕不會有這樣的事。」婆婆擔心媳婦飛走，只得牢牢地守好大門。天女穿好天衣後，立刻騰空飛起，從窗戶飛了出去。老母親後悔莫及，一邊生氣一邊大哭，急急忙忙跑到門外看，只見天女在天空中朝遠處飛去。婆婆哭聲直達上天，淚如雨下，不停的自責，難過到食不下嚥。

天女在凡間已經生活了五年多，但是天上的時間才兩天。天女回到天界，反而開始思念凡間的生活，擔心自己的小孩。兩個姊姊對小妹說：「妳不要難過，明天我們姊妹三人一道再去那裡玩，一定能見到妳的兒子。」天女的兒子田章這時才五歲，哭喊著要爸爸、要媽媽，又跑到田裡哭個不停。當時正好有個叫董仲的先生遊歷到這邊，發現這小孩是天女的兒子，又推算出天女將會下界，就對小孩說：「明天正中午，你到池塘邊去看，有三個女人穿著白絹裙子走過來，有兩個會抬頭看你，那個低頭不看你的就是你媽媽。」於是他按照董仲先生的話，在正中午的時候，果然看見池塘那邊有三個天女，都穿著白絹裙子在池塘邊漫步。田章凝視著她們，那些天女遠遠就看見田章，知道是天女的孩子來了，兩個姊姊對小妹說：「妳的兒子來了。」田章立刻大喊：「媽媽！」那小天女雖然羞慚而不敢正視孩子，但終究是親生骨肉，母子重逢，悲喜交加，於是三個天女就一起用天衣裹著這個小孩飛回天界。玉皇大帝看見這小孩，知道是自己的外孫，非常憐愛他，教他學習各種各樣的仙術和技能。小孩子到天界過了四、五天，就如同在人世間過了十幾年，學到許多知識。天公對小孩說：「這些書讓你帶走，你將有用之不盡的榮華富貴，如果在朝當官，務必小心說話啊！」田章隨後下凡回到人間，天下的學問都在他的腦子裡，上通天文，下知地理，皇上知道了，就召見他，拜他為宰相。後來，他不小心觸怒皇上，被流放邊疆。過了一段時間，皇上與朝中百官出宮狩獵，在田野裡射到了一隻鶴，囑咐廚師把鶴煮了來吃，廚師割開那隻鶴的嗉囊，居然挖出一個身高只有三寸二分長的小人，身著鎧甲，好像一名猛將，嘴裡不停地叫罵。廚師把這件事情稟奏皇上，皇上詢問文武百官，但是都沒有人知道。後來，皇上又有一次到外面狩獵，撿到一顆堅硬無比的大門牙，有三寸二分長，把它帶回宮中，皇上又詢問朝中百官，仍舊沒有人知道。於是皇上詔告天下，聲稱有誰能知道這兩件東西的來歷，賞賜黃金千斤，各種官職都可任意挑選。儘管如此，還是沒有人能解答。

這時有人建議皇上，天底下應該只有田章一人能知道，於是皇上立刻派出使者找回田章。皇上問他：「據說天下人就你最聰明，天地之間的祕密你都知道，現在我問你，天下有沒有異常大的人？」田章回答說：「有。」「既然有，那是誰？」田章說：「古時候有個人是皇帝的兒子，叫秦故彥，曾經替魯家去戰鬥，有一顆門牙被打落，不知掉到哪裡。如果有誰撿到這顆門牙，可以交給皇上驗證一下，就知道是不是。」皇帝又緩緩地問說：「天下是不是有異常小的人呢？」田章回答說：「有，從前有一個叫李子敖的人，身長才三寸二分，最喜歡做武士的打扮，身穿鎧甲，在田野裡被一隻鶴吞下去了，還能活在鶴的嗉囊裡。如果有人獵到這隻鶴，檢查一下就能得到驗證。」皇上嘖嘖稱奇。接著問他：「天下有沒有特別大的聲音？」田章回答說：「有，雷聲一響，小則百里，大則天下人都被嚇得丟下手邊的工作，這是最大的聲音。」「那天下有沒有最小的聲音？」田章回答說：「有三個人走在一起，其中一個人耳鳴，另外兩個人都聽不到，這就是最小的聲音。」皇上又問道：「天地之間，有最大的鳥嗎？」回答說：「有一隻大鵬，翅膀一張就能到西天王母娘娘那裡，向上一飛就達到一萬九千里高空，然後才開始吃東西，這才算是大鳥。」又問：「那天底下最小的鳥呢？」田章說：「沒有比鷦鷯更小的鳥了，那種鳥曾經在蚊子的角上生了七個孩子，仍然覺得地方太寬闊了，而那隻蚊子也還不知道頭上有鳥呢，這就是最小的鳥。」皇上聽了嘖嘖稱奇，便履行之前的承諾，讓他再回朝當了宰相。

鮫人的珍珠淚

出自：《諧鐸》／沈起鳳

江蘇茜涇鎮有個人名叫景生，在福建客居三年，後來航海返回故鄉，看見沙岸上有一個人僵臥在那裡，有綠眼睛、捲毛髮，渾身通黑，長得像鬼一般可怕。景生喊他醒來詢問，那人虛弱地回答說：「我是鮫人，為水晶宮裡的瓊華三姑子織紫綃嫁衣的時候，不小心把九龍雙脊梭給弄斷了，因此獲罪流放。現在飄泊無依，倘若您能收留我，我一輩子都會記住您的恩德的。」景生正苦於身邊沒有僕人可以使喚，就帶著他一起回去。

鮫人沒有什麼愛好，也沒有特別的本事，經常飯後就到池塘裡洗澡，然後就瑟縮在陰暗的角落裡，也不談天說笑。景生想，大概是因為他遠離大海，孤身一人，所以才感傷，也不忍心時常支使他做事。

浴佛節那天，景生到曇花講寺遊覽，見到一個老婦人領著一個妙齡女子，在佛像慈雲座下禮拜。那女子纖指合掌，就像那潔白的蓮花，楊柳細腰，雙眼顧盼生姿，皎美如輕雲吐月。拜完佛後，她跟著老婦人離去了，景生偷偷跟蹤她們，見她們走進一條狹窄的小巷。景生請教了左右鄰居，知道這女子姓陶，小名叫萬珠，是吳地人，年幼喪父，受到鄰居欺辱，三年前，才隨母親租房住在這裡。

景生以為她們貧困孀居，可以用錢財打動，就上門求聘，允諾要給許多聘金。她們卻始終都不肯答應。景生勸說：「老太太藏著嬌女不嫁，難道要讓令千金梳著雙髻到老，終生孤獨嗎？」老婆婆笑說：「若是藍田所產的雙璧美玉，就算索求高價又有何不可？既然小女名叫萬珠，那就必須準備一萬顆明珠才能答應許配給您。否則就是費盡心思、想盡計策，也只能讓客人您白費心思了。」景生失望的回去了，心裡想著，萬顆明珠就是傾家蕩產，也難倉促辦妥。

他白天煩惱的胡思亂想，夜裡又在夢有所思，就這樣匆匆過了十日，竟然就憂鬱成疾、臥病不起。請醫生來診視，都說：「雜症好治，但相思病可是沒藥醫啊！」那景生瘦骨嶙峋，虛弱的無法下床，精神不振，眼看就要小命不保。

鮫人詢問他的病情，景生說：「我像琅琊王伯輿一樣，最終必定要為情而死了。但你從海角跟我回來此地，相依為命，到現在也才不過半年，倘若我死了，該如何安置你呢？」鮫人聽了他的話，悲從中來，撫床大哭，眼淚流了一地。景生低頭一看，眼淚晶瑩剔透、光亮閃爍，粒粒都成了漂亮的珍珠。景生猛然坐起說：「太好了！」鮫人大吃一驚，問他什麼太好，景生說：「我之所以生病，命在旦夕，就因為少了你的眼淚啊！」於是就詳細的述說事情的始末。

鮫人很高興，撿起珍珠仔細的數，卻還不到規定的數目，轉身嘆息說：「主人果然是窮酸人，得到寶物就馬上喜形於色，怎麼不稍微緩和一下，讓我為您盡情大哭一場。」景生說：「那可以再試試看嗎？」鮫人說：「我們鮫人的笑和哭，都是真誠由內心所發，不像世間那些心懷著機巧的人，成天可以用假面孔來面對人。不過沒關係，明天讓我帶壺酒，登上望海樓，我來替主人籌備一下。」景生照著他的說去辦。

第二天清晨，景生就帶著鮫人登樓觀海，只見那煙波浩渺，海天相連，放眼望去沒有盡頭。鮫人酒喝得多了，略有醉意，跳起旋波宮的魚龍曼衍舞，向南眺望南海的邊際，向北遠眺藍天，只見那之罘島與碣石山，在蒼茫碧波中忽隱忽現。

鮫人深深感嘆：「滿目蒼涼，故鄉何在？」遂舉起袖子，慷慨激昂跳起舞來，思念起家鄉，萬分感慨。他撫胸慟哭，淚珠迸落，景生速速取出玉盤盛裝淚珠，對鮫人說：「已經夠了。」鮫人卻說：「我的心情從內心自然發出，沒辦法說停就停。」繼續放聲大哭，直到淚流盡了才止住。

景生大喜，邀鮫人一起返家。鮫人突然指著東面開心的說：「赤城山的朝霞升起，十二座仙山已由鼉龍架起了橋樑，瓊華三姑子今晚就要下嫁珊瑚島的釣鰲仙史了！我受難的限期已滿，請讓我就此告別。」鮫人縱身跳入海中，留下景生悵然獨自返家。

第二天景生拿出一萬顆明珠，登堂下聘禮，老婆婆看了明珠笑說：「您真是個癡情的人啊，我不過是用那些話來試探你，哪是真的要賣女兒、厚著臉皮求生計呢！」便退回了景生的珍珠，把女兒許給他。後來他們生了一個兒子，景生將他取名夢鮫，就是說不忘鮫人撮合的緣份。

梁山伯與祝英台

出自：〈祝英台小傳〉／邵金彪

祝英台，小名九娘，是浙江上虞縣一戶富翁的獨生女兒，才能出眾，相貌超群。父母想為她選擇夫婿，祝英台卻說：「我要出外遊歷，找到好人家才嫁給他。」於是她偷偷改換男裝，改名叫祝九官。在路上，她碰見來自會稽的梁山伯，兩人同行到義興縣善友山碧鮮岩，共同修築一座庵堂，一起讀書，同屋而宿。整整三年，梁山伯沒有察覺祝英台是女子。

臨近分手時，祝英台約梁山伯說：「某月某日，務必前來我家，我將稟告父母，把妹妹許你為妻。」而實際上，是把自己許給了梁山伯。梁山伯因為家中一貧如洗，感到羞澀，不敢依約前往祝家提親，耽誤了日期。英台父母便把她許配給馬家的兒子。

後來梁山伯就任鄮縣縣令，便順道拜訪祝家，想要找九官。家僮卻說：「我們家只有一位九娘小姐，並沒有祝九官。」山伯才大驚醒悟，說自己曾是她的同學，請求見祝九娘一面。祝英台以羅扇遮面走出來，側著身子向山伯作個揖，兩個人默默無言，梁山伯離開祝家後，又悔恨、又思念，最後生病而死。梁家來信說山伯葬在清道山腳下。

第二年，英台嫁到馬家，在路上，她想祭拜梁山伯，要求船伕繞道。到了那裡，忽然興起狂風巨浪，於是大家停船上岸。祝英台走到梁山伯墓前，放聲痛哭。墳地忽然裂開，英台跳入墳中。她身上穿的繡裙羅襪，化成一群美麗的蝴蝶，翩翩飛走。丞相謝安聽說這件事，請求朝廷封祝英台為「義婦」。

後來，梁山伯又顯神蹟，幫助朝廷打了勝仗，立了功勞，官員為他在鄞縣蓋了一座廟，把梁山伯與祝英台兩人合葬。他們以前讀書的地方叫做碧鮮庵，在建元年間改為善權寺，寺前約一里處，有一個村莊叫祝陵。山上杜鵑花盛開的時候，總有成雙的大彩蝶在花間飛舞，從來不散開，大家都說那是梁山伯與祝英台的精魂。現在，人們還把這種大彩蝶叫做「祝英台」呢。

關於〈祝英台小傳〉

作者邵金彪，生平不詳。梁山伯與祝英台的愛情故事，是中國有名的傳說。最早見於初唐梁載言的《十道四蕃志》，此外晚唐張讀的《宣室志》、宋代李茂誠作《義忠王廟記》、明代馮夢龍的《喻世明言》也均有類似記載。

夜光娘子

出自：《夜語秋燈錄》／宣鼎

有一位孫秀才，名字叫做邕，心地善良，長相俊帥，他住在煙波縹緲的湖邊，讀書聲與漁唱樵歌互相應和，但因為貧窮結不起婚，對選擇配偶又很苛求，所以到了二十歲仍然單身一人。家中瑣事，大多自己動手。屋門前有一千多株楊柳，常常繫著如蜻蜓般的輕快小船。孫秀才生性十分善良，經常替人寫字畫畫，得些錢就買些魚蝦螺蚌之類，親自送到湖中放生。他還寫了一首《湖干雜泳》：

門前老樹罥枯藤，戒殺年來勝野僧；多謝綠蓑人識我，到門不敢掛魚罾。
未採湖鮮與澗毛，筍芹風味亦陶陶；笑他兕鱉生重肪，何苦頭銜署老饕。
雨雨風風怕出頭，書叢人拜小諸侯；忽聽划楫呼生物，又欲拋書泛小舟。

某一天，孫秀才正解下船纜，忽然來了一位不認識的老太太問他：「孫秀才到哪裡去？」他答說：「我要去放生這些小動物。」老太太又說：「你先別走，我要替你說個媒。」孫秀才皺著眉頭：「老太太不要亂說話。」老太太又說：「人人都說秀才性情古怪，看來確實如此。我受人託付，一言九鼎，並不是為了騙吃騙喝。釜山神女夜光娘子仰慕你，想和你結為連理，讓我來作介紹人，請你答應。」

孫秀才不禁失聲大笑：「瘋婆子真是戲弄書生，你可知道人神殊途嗎？」老太太盈盈回笑說：「人說秀才知道天下事。洞庭柳毅、藍橋裴航的故事，難道天天抱著書本的人還不知道嗎？」孫秀才說：「作家虛構的故事，怎麼能夠相信？」老太太說：「秀才不相信，為什麼不隨我去夜光見一見？」兩人便動身離開，划船行了三、四里，只看到萬頃荷花，花朵都呈現五種顏色，花瓣葉紋，宛如一縷縷金絲；水鳥往來穿梭如同織布。其中有十個小女子，蓬著頭髮，梳著烏鴉髻，如同村姑般裝束，一邊採著菱藕，一邊唱著：

採菱復採菱，莫驚翡翠禽；採藕復採藕，惟羨鴛鴦偶。雄鴛文彩如鳳雛，雌鴛渾樸如鷗鳧。雄但憐雌交頸宿，下眼何曾覷野鶩！可憐野鶩不知愁，亦復雙飛古渡頭。

唱完歌，見到兩人便大喊：「解姥姥帶來一位玉郎，這是未來的主人嗎？」答說：「是的。」那些女子又說：「我們自信不比夜光差，解姥姥為什麼偏心？」老太太還來不及回答，孫秀才笑著說：「算了吧。這樣的人都可以算是神女，真是要笑死人了，我還是趕緊走吧，我還要去赴仙人的約會呢。」老太太說：「公子慢點再走，夜光如果在她們中間，那可真算得是鶴立雞群了。」孫秀才說：「看看她們，我可以想像得出來夜光的模樣。我要走了。」立即讓老太太換乘採菱藕的船，自己划著船槳笑著離去了。

一個多月後，老太太又來到茅屋中，說：「夜光娘子長得天姿國色，東海龍王的三兒子從涇陽回來，途中偶然見到夜光，驚為天人，甚至還要拿白玉床、珊瑚枕當下聘的聘禮，娘子因為生氣，差點答應，幸好我極力阻止，所以還有一線希望。你再不把握機會，以後可千萬不要後悔啊。」突然，有一個長得黝黑肥胖的男子從門外走過，老太太指著說：「這就是夜光的弟弟。」孫秀才大笑說：「俗話說：『娶妻子，看舅子』。你看他那肥大笨拙的樣子，就可以知道他姊姊怎麼樣了。」老太太羞紅著臉走了。

一眨眼又到了中秋佳節，湖心花園的桂花茂盛，遊人如織，孫秀才也前去觀看。荷花已經凋謝了，只留枯萎的荷葉，風景顯得蕭條。回頭再看亭園，桂花飄落如黃雨，香味撲鼻，沁人心脾，極為濃郁。走入亭園中，只見各處都被遊人坐滿了。世俗的聲音讓他很不耐煩，於是走遠，到了一座沒有裝飾的茅草亭子，泥壁上頭還題著一首詩：

嫦娥明鏡古今持，照盡人間好影兒；多少斷腸痴女子，可能高眼判妍媸！

詩後面題的跋是：

是夕攜解姥眺月於此，閒話偶拈。

夜光

孫秀才反覆吟誦，如同喪魂失魄，驚訝地說：「難道這是傳說中的夜光？」他面對泥壁輕聲吟誦，幾乎忘記天色已黑，離開時仍然回過頭來看看。半途遇見一條畫舫，裡頭有一位穿著素衣的女子，烏黑的頭髮，蓮花小腳，美麗得不像世俗女子，旁邊坐著一位老太太，正是解姥姥。孫秀才急忙喊道：「是解姥姥嗎？」老太太見到是孫秀才，急忙放下簾幕，划進花叢中，連船都看不到了，也不知道是不是夜光。回家後苦思冥想，吃不下飯，睡不著覺。

第二天，一見到老太太隔著水堤划著小槳，急忙和她搭訕，老太太笑著說：「我每天都要織布，又要替夜光監督女工們，沒空耽誤秀才的時間了。」孫秀才問：「夜光到底長相怎樣？」回答說：「鬼臉夜叉頭，十個手指大如葵扇，秀才怕不怕？」孫秀才說：「我知錯了，懇請姥姥不要跟我開玩笑了。」老太太說：「中秋那天和畫舫相遇，你看癡了的，不就是夜光嗎？」孫秀才說：「她的相貌確實美麗，那座亭子裡題的那首詩，真的是夜光寫的嗎？還請姥姥解我心中之惑。」老太太說：「你真是井底之蛙啊！」說完，匆匆地離去了。

孫秀才從此有時思念有時悔恨，悲憤成病，於是把氣發在當初看到採菱藕的小姑娘身上。一聽見她們的歌聲便追趕過去大罵，一個多月後，竟然得了病，一天天地變得委靡不振，家奴請來醫生為他診治，大家卻都束手無策。家奴哭著說：「少爺您不可以走啊，有任何困難都儘管吩咐，奴才一定去完成。」孫秀才輕聲嘆息，說：「解姥姥……」家奴明白他的意思，便向湖神禱告，果然找到了解姥姥。

姥姥被拉來，見到秀才就說：「求我幹什麼呢？我又不是神醫。」孫秀才只說：「夜光。」老太太說：「傻秀才，請死了這條心吧。她已嫁給了龍王的三兒子，能怎麼辦？」孫秀才一聽，肝腸寸斷，竟暈厥過去！家奴呼喚秀才也不見甦醒，正哭泣著準備為他裝斂，忽然老太太和一位美麗的姑娘一同來了，撫摸著孫秀才的屍體，說：「公子趕快醒來，夜光在這裡。」孫秀才兩眼微微睜開，一看見解姥姥和夜光，只噫地一聲，接著又暈死了。

夜光口中吐出一個白色小球，小的就如彈丸，朝他嘴中吐進去，孫秀才肚裡發出嘓嘓的聲音，頓時便醒了過來。等到孫秀才回過神，他便要求那女子吟誦一遍壁上的望月詩，才願意相信她便是夜光。夜光輕聲吟誦了那首詩，孫秀才說：「我一時糊塗，以後的生和死，就決定在妳和解姥姥手中。」解姥姥笑著說：「傻秀才，之前高高在上，裝模作樣，幾乎害死了自己，這叫自討苦吃。」說完拉著夜光：「救人一命，我們功德已圓滿。」夜光才剛要走，孫秀才伏在枕頭邊哀求說：「請稍留，我已知罪。」順勢捉住神女的衣袖死死不放。

解姥姥說：「娘子不計較你以前的過錯，拯救了你的餘生。你莫非現在還真想做夫妻？」孫秀才跪在枕頭上叩頭。老太太又笑著說：「太不像話了，種田郎娶妻，都還有規矩，何況娘子是神女，難道要委身在這破爛的茅房嗎？窮書生才活過來，就死死地糾纏人。」說完，拉著夜光趕快離去。孫秀才大聲哭喊，家奴擔心他再次死去，急忙撐船追趕，想哀求她們再回來。孫秀才瘋狂哭喊，忽然身後有人撫摸他，並說：「你這痴情郎，何必像小孩那樣無理取鬧地哭呢？」他覺得奇怪，回頭一看，原來是夜光，便說：「妳對我發慈悲嗎？」夜光說：「我和公子有緣份，願意結為連理，擔心公子用情不專，一個不如意就把我拋棄，所以我才特意考驗你罷了。我是神女，不像人間的婚嫁，即使是天下最醜之人，也還要裝模作樣。我要和你百年團聚，能忍心馬上離去嗎？」孫秀才高興得不得了，自己起身關上門，他的病也突然無影無蹤。回頭一看，床上被褥鮮艷潔淨，桌椅茶几整齊漂亮，一切彷彿新造。孫秀才歡天喜地，都還來不及問個明白，就和夜光洞房花燭了。

另一頭，家奴苦苦追趕解姥姥，一直追到蘆葦叢中，進了一間小房子，裡面只有解姥姥在。家奴不停地哀求，姥姥說：「娘子回家了，你住下來，明天清晨和你一起去找。」第二天清早，家奴發現自己睡在沙灘上，房屋全沒了，邊哭邊罵解姥姥騙了自己。划船回來，一進門，只看見神女正對鏡子梳理早妝，孫秀才為她調理鉛粉和雌黃，儼然已成了一對夫妻。

過了一段時間，一天夜裡，夜光忽然流著淚對孫秀才說：「我們不能再在一起了。」孫秀才驚訝地問她原因，她說：「實話告訴你，龍王三太子對我假借他的名義很惱怒，又看我長得漂亮，想要強行奪取我。」孫秀才說：「縱然是龍子，強搶他人妻子，難道就可以饒恕嗎？明天，我要寫奏狀上告天帝。」夜光說：「這件事只能用武力解決。明天他來的時候，你模仿我的樣子抱著孩子坐在樓上，度過一頓飯的工夫，直到災難過去。」接著又喊家奴過來，畫一個符咒黏貼在他的額頭上，並把弓箭交給他，對他說：「你站在門口觀戰，聽見我大喊『破塊子』，你立即對著白衣人射箭，千萬記得。」

到了三更時分，隱隱傳來雷聲，天開始淅瀝瀝下起雨。到了五更，突然找不到夜光娘子，秀才只好照著娘子的吩咐，關上屋門，家奴則拉滿了弓站在門口。這時，只看見夜光穿著柔軟的鎧甲繡衣，和一個白衣人在湖面上交戰。白衣人口吐黑霧鋪天蓋地，夜光口中吐出斗大的紅色珍珠，光芒照耀在天地之間。許多鬼怪爭相湧向茅屋門口，卻都避開了家奴，好像很害怕他額頭上的符咒。過了一會兒，果然聽到夜光大喊「破塊子」，家奴立刻射出一箭，正射中白衣人的腰胯。只聽得雷聲轟鳴，白衣人變成龍向西逃去，而夜光也變成一隻巨蚌，收回紅珍珠後，走進了蚌殼中。那巨蚌大得就像車蓋一樣。而夜光再也沒回來了。後來，孫秀才還時時想念著夜光。

關於《夜雨秋燈錄》

清代筆記故事集。作者宣鼎（1832~1880），他四十歲時開始寫《夜雨秋燈錄》，以寫作狐鬼怪奇之事，反映社會現實，在模仿《聊齋》的作品中屬優秀之作。

第八部

斷案未必如神，明察方能智取

判案故事之所以吸引人，
看清官如何智取罪犯固然是重點，
更重要的是，
破案雪冤所代表的天理昭彰、公道正義。

東海孝婦

出自：《搜神記》／干寶

漢朝的時候，東海有一個年輕守寡的婦人，對婆婆非常孝順。婆婆對她說：「妳一直這麼盡心奉養我，實在太辛苦了。我已經老了，何必吝惜剩下的日子，拖累年輕人這麼久。」於是自縊而死。婆婆的女兒告到官府說：「這個婦人殺了我母親。」官吏便逮捕了婦人，用各種凶狠的酷刑拷問她。這名孝順的媳婦受不了嚴刑拷打，被迫承認了殺人的罪名。當時於公擔任獄吏，他認為：「這名婦人奉養婆婆十多年，以孝順聞名，她一定不會殺害婆婆的。」但是太守並沒有聽從他的話，還是殺了孝婦。於公爭辯無用，抱著獄詞痛哭離開了官府。

從那之後，郡中連續三年大旱，都不下雨。下一任太守到任時，於公說：「這名孝婦不該死，前任太守冤枉殺害了她，就是這件事引起災禍的啊。」太守聽了馬上親自前往孝婦墳前祭拜，在其墓前表彰她的德行，結果天上立刻降下大雨，該年收成特別好。

郡中長老們說：「孝婦名字叫周青。周青臨刑之前，請求用車載著十丈長的竹竿，上面懸掛五色長幡。她在眾人面前立誓說：『我若有罪，甘願被處死，我的血會順著竹竿流下；如果我是被冤枉的，血就會沿著竹竿逆流。』行刑之後，她噴出的血是青黃色的，沿著長竹竿往上逆流，到了竿頂才又沿著長幡流下。」

有此一說

東海孝婦的故事很早就流傳於民間，劉向《說苑》、《漢書・于定國傳》、《後漢書》中都有類似記載，到了元代，關漢卿以這個故事為本，寫下有名的雜劇〈竇娥冤〉。除了在情節與人物上多加鋪排著墨，關漢卿讓竇娥在臨死前發下三大誓願：三年大旱、血濺長練、六月降雪。前兩者見諸《搜神記》、《漢書》，六月雪則出自戰國時鄒衍在燕國遭禍入獄，上天憐其冤屈，時值夏日竟降霜的典故。

古人相信天人感應的說法，認為祥瑞、災異現象和人事行為存在著因果關聯，而政事中的刑獄殺人最為不祥，所以每當天氣出現異常，官員們就開始清理獄訟，務使無冤。後代公案小說除了常會讓鬼神不時插手官吏審判，也會用天降災異示冤，或許傳統其來有自。

泣聲有異

出自：《酉陽雜俎》／段成式

韓滉在擔任潤州刺史的時候，有天晚上和幕僚登上萬歲樓喝酒。正喝得暢快的時候，他忽然放下酒杯，對左右的人說：「你們有聽到女人的哭聲嗎？就在附近某處。」有人回答，是在某橋某街，有位婦人死了丈夫。

第二天早上，韓滉命令差役把昨晚哭泣的婦人抓來審問，連續兩天，被抓的婦人什麼也沒有招供。差役害怕韓滉怪罪，守在那婦人的丈夫屍體旁邊，忽然發現有大隻的綠頭蒼蠅聚集在死者的頭頂，覺得奇怪，就撥開死者的頭髮檢查，這才發現原來是這個婦人跟鄰居有奸情，於是將丈夫灌醉之後，用釘子釘入丈夫的頭頂，將丈夫害死。

差役覺得韓滉可真是神了，就請問韓滉怎麼發現這件事的。韓滉說：「我聽這婦人的哭聲急促但不悲傷，像是因為害怕而勉強裝出來的。王充在《論衡》一書說，鄭國子產早晨出門，聽到婦人的哭聲，他抓著隨從的手，仔細傾聽了一會，便派人將婦人抓來審問，果然查出是這個婦人殺死了丈夫。第二天，隨從問子產是如何知道的？子產說：『自己親愛的人死了，正常的表現應該是知道親人病了而憂愁，知道親人快要死了的時候害怕，親人死了之後則是悲痛。這個婦人的丈夫死了以後的哭聲充滿恐懼，所以我知道她必有奸情。』」

有此一說

《太平廣記》「精察類」記載了情節類似的故事，主角是楊州刺史嚴遵，出自晉代陳壽所寫的《益都耆舊傳》。明代《包公案》的「白塔巷」故事也是以此為本。後世公案小說的故事情節和斷案手法，常常因襲套用前人筆記小說的內容，代表了獄案故事題材血脈相承的延續性。

神探蘇無名

出自《記聞》／牛肅

天后武則天代行處理朝政的時候，賞賜太平公主金銀珠寶，整整裝滿了兩個盛食物的盒子，價值黃金幾萬兩。太平公主收藏起來，過了一年多去取出來，才發現珠寶全部被盜賊偷走了。太平公主稟告了武則天，武則天十分生氣，把洛州的長史找來說：「三天之內，若抓不到賊，就將你治罪。」長史很害怕，回去就對轄下兩個縣負責捕盜的縣尉官員說：「兩天之內抓不到賊，就把你們處死。」縣尉回去，對手下的差役和捕快們說：「限你們一天之內抓到盜賊，抓不到，先處死你們。」差役和捕快都很害怕，但苦於找不到破案的頭緒。他們在街上遇到了鼎鼎有名的湖州別駕蘇無名，大家連忙把他請到縣衙。

差役回稟縣尉說：「找到偷東西的盜賊了。」蘇無名這時快步走到臺階下，縣尉上前問是怎麼回事，蘇無名說：「我是湖州別駕，跟他們一起來這裡商量對策。」縣尉就訓斥手下人說：「為什麼誣蔑別駕？」蘇無名笑著說：「您不要怪罪他們，他們這麼說也是有原因的。我過去當官歷任的地方，擒賊破案小有名氣。只要是盜賊，沒有能在我眼前逃得掉的。他們有所耳聞，所以才把我請來。」縣尉非常高興，連忙向他請教破案的對策。蘇無名說：「我和您去一趟州府，請您可以先進去稟報。」縣尉於是跟長史講述了蘇無名的事情，長史非常高興，走下臺階握著蘇無名的手說：「今天遇到您，等於賞給我一條性命，請您說說我們應該怎麼辦？」蘇無名說：「請您和我去求見天后，到時我自將說白。」於是武則天召見蘇無名，問他：「你抓到賊了嗎？」蘇無名說：「如果委派我去抓賊，必須取消限期，並且放寬對府縣的催逼，叫他們暫時不要追查。還要把兩個縣的捕快差役，全都歸我指揮。用不了幾十天，我一定替陛下把盜賊捕獲。」

武則天同意了。蘇無名命令捕快們，放鬆追查。一個月之後，到了寒食節這一天，蘇無名把捕快們全都召集起來，命令他們：「你們十五個人一隊，分別到東門和北門等候。如果看見有十多個胡人，全都穿著喪服，一同出城往北邙山的方向去，你們就跟蹤他們，並且立刻派人回報我。」於是這些人去埋伏等候，果然發現有這麼一夥胡人，就立刻派人回報蘇無名。蘇無名趕去之後，問跟蹤的人：「這些胡人做了些什麼？」跟蹤的人說：「這些胡人到了一座新墳前，擺設供品祭奠。聽他們哭泣的聲音並不怎麼悲傷，撤了供品之後，他們圍繞墳墓看，還互相笑著交換眼色。」蘇無名高興地說：「可以動手抓人了！」命令捕快將這夥胡人全數逮捕。然後挖開那座墳墓，打看棺材一看，裡面裝的全是失竊的金銀珠寶。

案子偵破，報告武則天之後，武則天問蘇無名：「你為什麼能如此才智過人，能夠順利抓到這夥盜賊？」蘇無名回答說：「我並沒有什麼特別的計謀，只是善於鑑別盜賊。我剛到京城那天，正遇上這夥胡人抬著棺材假裝出殯，我觀察後認定他們是盜賊，但不知道他們把東西埋在什麼地方。等到了寒食節掃墓，我估計他們必然出城。只要跟蹤他們，就可以找到他們埋贓的地方。這夥盜賊祭奠時哭聲不悲痛，說明墓中所埋的不是人。祭奠完，他們圍繞墳墓觀看微笑，是高興墳墓沒有被人動過。如果當初陛下您催促州府和縣衙破案，這些盜賊一著急害怕，必然會挖出珠寶逃逸。而我們不再追查，他們必然放鬆警覺，所以才沒有逃走。」武則天聽了十分嘉許，賞賜蘇無名金子和布匹作為獎勵，並且擢升兩級俸祿。

關於《紀聞》

唐代傳奇小說集。作者牛肅，生卒年不詳。本書除了寫志怪、因果報應故事，也有一些現實生活人物的故事。原書已佚，部分保留在宋代《太平廣記》中。

劉崇龜換刀

出自《折獄龜鑑》／鄭克

唐昭宗時，劉崇龜鎮守南海。當時，一個外地的富商子弟把船停在江岸，看見岸上一所高門大戶裡有位美貌的女子，一點也不迴避人，便調戲她說：「今夜我到妳屋裡去。」女子聽了，一點也沒有為難的樣子。到了夜裡，那女子果然把門敞開著，等那富商子弟前來。

沒料到，正巧有個盜賊闖入女子的房間，那女子還以為是富商子弟來了，欣然迎上前去，而盜賊卻以為主人發現了，要上前捉他，拔出刀來割斷女子的咽喉，逃走了。就在這時富商子來了，一腳踩在血泊中滑倒，還聽見頸血不停噴湧流出的聲音，這才發覺身旁有人倒臥在地，嚇得急忙跑回船上，解開船纜連夜開船逃逸。

女子的家人後來循著血跡追蹤到江岸，便向官府報案。官府派人追捕，循線抓到那名富商子弟，投入監獄拷打審訊。富商子弟把經過情況全都招認了，只是堅決否認殺人。劉崇龜查看兇手遺落現場的兇刀，原來是把屠刀，於是就下令：「某日要舉辦大宴，全境的屠夫都要到球場集合，等候分配宰殺牲口的任務。」等屠夫全都集合之後，又臨時宣布解散，但命令屠夫們各自留下屠刀，次日再來。等屠夫們散後，劉崇龜便派人拿那把殺人的兇刀，換下其中的一把來。第二天，眾屠夫紛紛認領了自己的刀走了，只有一名站著不走，說：「剩下的這把刀不是我的。」問他認不認得是誰的刀，回答說：「是某人的刀。」劉崇龜急忙命人前往捉拿，但那人早已潛逃。於是，劉崇龜以另外一名被判死刑確定的囚犯，假充是富商子弟，在天將黑時予以處決。那名潛逃的罪犯聽到消息，以為沒事了就返回家中，當即被捕獲正法。那位富商子犯了夜闖民宅之罪，僅被判處杖刑。

關於《折獄龜鑑》

中國古代著名的案例集。作者是南宋鄭克，生卒年不詳。本書以五代和凝父子所著的《疑獄集》為基礎來增補，並加上作者自己的評論和分析。以性質分為二十類，如「釋冤」、「懲惡」、「譎盜」等，共三百多則故事，是瞭解和研究中國古代司法制度的重要材料。

楚將失金記

出自：《夷堅志》／洪邁

南宋隆興元年，鎮江軍統帥吳超留守楚州。其先鋒猛將魏勝率領部隊，於東海附近正和金國大軍展開殊死戰，由於補給線過長，糧餉遲遲未到，擔心軍心動搖，於是派遣統領官盛彥速回楚州催討。

吳元帥接獲緊急文書後，早已派遣將領袁彥忠押送糧餉，從丹陽趕送過來。當天傍晚，統領官盛彥在押解船上拜見袁彥忠將軍，約好明日點交；或許是認為緊急公事已辦妥，統領官盛彥開玩笑地說：「銀兩放在這些竹簍裡，很容易就可以背走，我今夜就帶些壯漢來搬走，可以嗎？」袁彥忠也笑哈哈地回答：「好哇，無妨。」沒想到當天深夜，竟有二十個強盜登船綁人，將四百錠白銀全數抬走。

第二天清晨，袁彥忠趕緊返回帥府，一口咬定是盛彥所為，吳超元帥立即下令逮捕盛彥及其屬下。由於吳元帥已經先入為主認定是盛彥劫餉，於是不分青紅皂白地以軍棍逼供，經過好幾番酷刑，盛彥部屬全部承認跟隨統領官犯下劫餉罪；唯獨贓款依舊毫無著落，盛彥只好承認已交給一姻親，送往湖南採購魚米等軍糧。

吳元帥認為自己天縱英明，案子破得漂亮，下令三天後處決盛彥，以儆效尤。

行刑前一天，有個市井無賴王林所開的酒店發出吵嚷聲，原來是妖豔的老闆娘正拿著棍子追打隔壁情夫的七歲兒子，似乎要他閉嘴；那小孩兒吃疼，掙脫後跑到門外大罵：「你們家昨天忙著拆灶整修，肯定是偷了官銀，藏在窯裡呢！」

帶隊巡邏的劉小隊長聽到這小孩兒叫罵的內容，覺得事有蹊蹺，加上王林又是慣竊，便帶領士兵進入酒店飲酒。劉小隊長表示要點些煎魚與滷蹄膀當下酒菜，老闆娘用撒嬌的口吻說：「今天沒賣下酒菜，只有乾糧，軍爺們將就些吧！」

不久，劉小隊長使個眼色，兩位士兵假裝酒醉而鬥毆，打到廚房內，其中一位士兵故意推落一塊新砌灶磚，老闆娘當下破口大罵：「軍爺就可以欺侮良家婦女哪！」

劉小隊長主動過來陪不是，並說：「只不過是小事一樁，我立刻讓弟兄們來幫妳砌好爐灶。」老闆娘忙要過來阻攔，被劉小隊長拉住，這樣一來他就心裡有數，再使了個眼色，弟兄們迅即推倒大灶，只見裡頭果然堆滿大錠官銀。

劉小隊長當場逮捕王林夫婦並把官銀帶回帥府，之後又循線逮獲十九名匪徒，王林和匪首判斬首，其餘判有期徒刑。

統領官盛彥在鬼門關外走了一遭，可謂感慨良多。

藍姐智擒強盜

出自：《夷堅志》／洪邁

紹興十二年時，京城東有個以家產豐饒聞名的王知軍，寄居在臨江新淦縣的青泥寺。這個地方離城鎮很遠，且地處偏遠，盜賊很多。有一天他與客人飲宴，直到深夜才散，夫婦都喝醉了，睡得很沉。

沒想到不一會兒，一夥盜賊闖入家門，差不多有三十人，把王的子女和婢女都捆綁起來。婢女叫說：「負責當家理財的只有藍姊一人，我們哪裡有參與？」原來藍姊是王知軍寵愛的人，她從人群中走出來說：「主人家裡的財物都由我來管理，各位若想要拿去，我也不敢吝惜，只是主公主母才剛睡熟，希望不要驚嚇到他們。」說完，她就拿起桌上的大蠟燭，領著盜賊到西邊的一間偏房裡，指著床上的箱籠一一說：「這裡面是酒器，這裡面的是各色絲綢，這裡面則是衣服被子。」並把鑰匙都交了出去，讓盜賊隨意拿取。盜賊把被套拆下來，做成一個大包袱，取出金屬器皿，踩扁後裝到裡頭。蠟燭燃完了，藍姊又為盜賊點上一支新的。盜賊喜出望外，個個從容不迫地搜刮，大約過了十刻鐘這麼久的時間才離去。

盜賊走了很久，王知軍也醒來了，藍姊這才稟告剛才發生的事，並且解開捆綁眾人的繩索。天一亮就到縣府報案，縣府又把案情上報給郡。王知軍又急又氣，鬱鬱成疾。藍姊卻偷偷的告訴他：「您哪需要擔憂呢！盜賊不難抓呀。」王知軍怒罵：「妳一個女人家懂什麼？把家財盡數奉送給盜賊，又胡說盜賊容易抓，到底是什麼意思？」藍姊說：「三十個盜賊都穿著白布袍，我手持蠟燭時都用燭淚滴在他們的背上，只要看背上是否有燭淚去尋賊，盜賊自然就躲藏不了啊。」王知軍把她的話告訴追捕盜賊的捕快，果然不久就從賣牛的商場中抓到了七人，順藤摸瓜後四處搜查，一個也沒有漏掉，劫去的財物也都全數追討了回來，一樣都沒少。

易貴杖石

出自：《棠陰比事》／桂萬榮

明代成化年間，易貴擔任辰州知府，有個窮人挑了一擔紙，在路旁休息，因為太疲倦而睡著，結果紙被偷了。那人向易貴申訴，易貴就命人去弄丟紙的地方，把附近的一塊大石頭抬回官府階下，用杖責打。來圍觀的人非常多，有如去市集一般，易貴就把官府的門關起來，要那些看熱鬧的人罰錢，以資助這名窮人。他又問窮人說：「你的紙有做記號嗎？」窮人回答：「有。」於是安排他悄悄在外面住下。

過了幾天，官府貼出公告，大量收買商人們的紙。紙送來以後，在上面寫下各個商人的名字。之後易貴召窮人來辨認，果然找到他原本丟失的紙，偷紙的人也認罪了。

關於《棠陰比事》

南宋記載刑事訴訟、斷案故事的重要著作。作者桂萬榮，南宋人，生平不詳。本書參考五代和凝父子的《疑獄集》和宋代鄭克的《折獄龜鑑》編寫而成，明代吳訥又加以刪補。本篇應為明代刊刻時新增的。

有此一說

「棠陰」即「棠蔭」，源自《詩經．召南．甘棠》。甘棠一名棠梨，因樹形高大，古代常種植此樹於社前，稱為社木。古代的社是聽訟斷案的場所，傳說召伯曾在社前的甘棠樹蔭之下聽訟斷案，公正無私，人們便唱這首《甘棠》來歌頌紀念他。而「比事」據桂萬榮在序中解釋，取「比事屬詞」之義，即「排比事類，連綴文辭」的意思。

張老翁分遺產

出自：《折獄龜鑑補》／胡文炳

清朝有位姓張的富戶，妻子只生了個女兒便不幸死去。張老翁因此把女兒視為掌上明珠，百般溺愛，養成了一副刁蠻習氣。待女兒長大後，張老翁就招了個贅婿。不料小夫妻倆婚後對他並不孝順。張老翁為此十分傷心，寂寞難耐之下便又納了小妾。小妾對他溫柔體貼，百般照料。一年後，小妾替他生了個胖兒子，取名一飛。奇怪的是，自一飛出生後，女兒女婿一改常態，居然對張老翁孝順起來，為此他心中倒也很高興。

一飛四歲時，張老頭染病不起。病危時，將女婿叫到床前悄悄說：「我活不久了，我死後，因為小妾不是正房，她兒子沒有資格繼承我的財產，所以應當歸你們夫婦。但你們要好好養活她們母子，不讓他們餓死在山溝裡，就是你們積了陰德了。」說完，便拿出紙筆寫道：「張一非吾子也家財盡與吾婿外人不得爭奪。」寫完念道：「張一，非吾子也，家財盡與吾婿，外人不得爭奪。」女婿聽了大喜，滿口承諾丈人的請求。

沒多久，張老頭便去世了。留下的小妾和兒子卻開始受罪，先是被張老頭的女婿驅趕到後院草房居住，還把小妾充當傭人，百般使喚。小妾吃盡了苦頭，過了幾年，疾病纏身，丟下小一飛赴了黃泉。一飛在家處處遭姊姊及姊夫白眼，好不容易熬了幾年長大成人，他覺得自己理應分得父親的一份遺產，便告官要求重分財產。可縣官一見張老頭女婿遞上的那張遺囑，就無話可說，對一飛的狀子不再理睬。

有一天，奉命查訪民情的官員到了這裡。一飛不服氣，決定直接向這位官員上訴。聽完他的訴辭，官員思忖了一下，便傳喚張老翁女婿到堂。女婿仍然以岳丈遺囑當作證據呈交官員。這位官員看後微微一笑，這樣讀遺囑：「張一非，吾子也，家財盡與。吾婿外人，不得爭奪。」然後說：「你岳丈明明是說『吾婿外人』，你怎麼竟敢侵占他的家業呢？你岳丈假意把『飛』寫作『非』字，是他顧慮一飛幼小，恐怕被你害了啊！」張老頭的女婿目瞪口呆，無可辯駁，眼睜睜地看著家產全部被判給了張一飛。鄰里的人聽說了這件事，都紛紛叫好。

關於《折獄龜鑑補》

作者胡文炳，生卒年不詳。本書是增補南宋鄭克的《折獄龜鑑》而寫成，約成書於光緒年間，整理蒐集了更多歷朝歷代的案件及審理紀錄。

第九部

世間無非人情義理

善人必有好報，惡人終將受懲。
在一則則的故事裡，是非善惡、忠孝節義，
再也不是老生常談。

楚人學隱身術

出自《笑林》／邯鄲淳

楚地有個人，家裡很窮，有一次他讀《淮南方》這本書，書裡面寫到：「螳螂要伺機捕蟬，會躲在葉子後面，可以隱去身形。」於是他就到樹下，抬頭等待，看有沒有螳螂躲在葉子後面捕蟬。守了好一會兒，果真被他看到有隻螳螂躲在葉子後面，就去摘那片葉子，一不小心，葉子掉到地上，跟一大堆落葉混在一起，分不出來了。於是他只好把落葉全部掃起來，足足有好幾斗那麼多，全部帶回家裡。回家之後，他把葉子一片片拿起來，遮在自己面前，然後問妻子：「妳看得見我嗎？」剛開始，妻子都回答：「看得見。」結果那人每換一片葉子就問一次，問到他妻子煩得受不了，就騙他說：「看不見了。」楚人大喜，就把這片神奇的葉子帶在身上，走到市場，當著人家面前拿了貨物就走。衙裡的差役把他捆送到衙門裡治罪，縣令審問他是怎麼回事，他只好一五一十地供出原委。縣令聽了大笑，就把他放了，也沒有治他的罪。

關於《笑林》

中國最早的一部笑話專書。作者邯鄲淳，三國魏時人，生族年不詳。本書記載了許多當時的幽默趣事和諷刺笑話。原書到宋代之後佚失，魯迅曾輯錄到《古小說鉤沉》裡。

有此一說

邯鄲淳也是三國時有名的書法家，以大書法家扶風、曹喜為師，擅長大篆和八分隸。此外博學多才，曾被蔡邕稱讚為「絕妙好辭」的曹娥碑文，就是出自他之手。

傳說漢代時會稽上虞縣令度尚欲為曹娥立碑，嘉獎其投江尋父的孝行，於是請當時已有文名的魏朗撰寫，結果魏朗沉吟許久仍未寫出，度尚遂命當時才二十出頭的弟子邯鄲淳作碑文。邯鄲淳略微構思後就從容下筆，一揮而就。文成後眾人大加讚賞。當時蔡邕曾聞名來觀之，閱後在碑文背面寫了「黃絹幼婦，外孫齏臼」八字。

後來曹操與楊修經過曹娥碑，楊修見到那八個字，立即解出蔡邕是在盛讚碑文為「絕妙好辭」。（事見《世說新語》）

干將造劍

出自：《搜神記》／干寶

楚國人夫妻干將和莫邪為楚王打造寶劍，分為雌劍和雄劍兩把，三年才造成。楚王很生氣，說要殺了他們。莫邪懷孕即將臨盆，干將對她說：「我替楚王造劍造了三年，楚王非常的生氣。我這回前去送劍，他一定會殺了我。如果妳生的這個孩子是男的，等他長大後，妳要告訴他，出門可以望見南山的地方，松樹生長在石頭上，劍就在松樹的背面。」說完干將就帶著雌劍去見楚王了。楚王果然十分憤怒，鑑定寶劍的劍工回報說：「干將為您鑄的劍應該有兩把，一雄一雌，現在雌劍來了，雄劍卻沒來。」楚王聽了就把干將殺了。

後來，莫邪生下了一個兒子，取名赤比。赤比長大了以後問母親：「我的父親在哪裡？」母親告訴他：「你父親為楚王造劍，造了三年才完成。楚王發怒殺了他。他離開時曾囑咐我：『告訴兒子：出門可以望見南山，松樹長在石頭上，劍就在松樹背面』。」於是赤比出門往南方望去，沒看見山，只見屋前用松樹做的屋柱，下面有石礎墊著，就用斧頭劈開松柱的背面，果然得到藏在裡面的劍。赤比天天想著如何向楚王報仇。楚王夢見一個少年，兩道眉毛間有一尺寬，這個少年對著他說：「我要找你報仇。」楚王害怕的用千金徵人獵殺少年的人頭。赤比聽說這件事，就逃跑到山裡，他邊走邊悲傷的唱歌，在路上碰到一個俠客，俠客問他：「你年紀這麼小，為什麼哭得這麼悲傷呢？」赤比告訴俠客：「我是干將和莫邪的兒子，楚王殺了我父親，我要報仇！」俠客說：「聽說楚王用千金買你的人頭，拿你的人頭和劍來，讓我幫你報仇。」赤比答應他：「太好了！」馬上割下了自己的頭，用雙手捧著頭和劍給俠客，然後就僵直的站著。俠客說：「我不會辜負你的。」得到俠客的承諾，赤比的屍體這才倒下。

俠客拿著赤比的頭去見楚王，楚王非常高興。俠客說：「這是勇士的頭。應該用大鍋來煮。」楚王照著俠客的話做了。但赤比的人頭煮了三日三夜還沒有爛，在滾湯中上下躍騰，張著眼睛很憤怒的樣子。俠客說：「這個少年的頭久煮不爛，希望大王能親自來看看它，那它就會爛了。」楚王因此走近大鍋觀看，霎時，俠客迅雷不及掩耳地用劍砍下楚王的頭，楚王的頭掉進湯中，俠客又砍下自己的頭，也掉進了湯中，三個頭都煮爛了，無法分辨誰是誰的頭。眾人把鍋中的湯與肉分開埋葬，通稱為「三王墓」。這個墓就在汝南北部宜春縣的境內。

孝感動天的董永

出自：《搜神記》／干寶

漢代時千乘這個地方有個人名叫董永，從小沒有了母親，與父親相依為命。他事親至孝，連耕作時都用小車載著年邁的父親帶在身旁照顧。但父親死了，窮困的他沒有錢替父親辦理喪事，就把自己賣給人家作幫傭的長工，用賣身的錢辦喪事。主人體諒他孝順善良，施捨他一萬錢後，就讓他回家。董永守滿三年孝，預備回主人家去當長工償債。在途中竟碰到一個女子主動對他說：「我願意作您的妻子。」就隨董永一道回到主人家了。主人對董永說：「我已經把工錢給你了。」董永說：「承蒙您的恩惠，父親的喪事才妥善的完成了。我雖然貧賤，但知道要盡力為您效勞，報答您深厚的恩德。」主人見到那女子便問：「那這女子能做些什麼？」董永說：「她會紡織。」主人說：「既然如此，就讓你的妻子替我織一百匹布吧。」於是，董永和妻子就在主人家紡織，十天就織完了。女子走出門來，對董永說：「我是天上的織女。因為天帝被您的孝行感動，派我幫您還債。」說完，就朝天上飛，不知去向了。

白水素女助謝端

出自：《搜神後記》／陶潛

晉安帝時，侯官這地方有個叫謝端的人，自幼父母去世，沒有親人，幸而有鄰居撫養他。他為人謹慎，安份守己，從不做非法的事。到了十七、八歲，他離開撫養他的鄰居家，自己一個人獨居，因尚未娶妻，鄰居們都很憐惜、照顧他，熱心的為他介紹親事，但一直沒有找到合適的對象。

謝端起早貪黑，耕田種地，總是不分日夜十分勤奮的工作。有一天，他在城外撿到一個大螺，像能裝三升水的壺那般的大，他感到很奇特，便拿回家放在甕中，就這樣過了十幾天。謝端仍舊每天辛勤的耕作，但回家就見家裡已經準備好了吃的喝的，也燒好了熱水、升了火，像是有人為他做好的。謝端以為是鄰居幫他的忙，連續幾天都這樣，他便前往鄰居家道謝，沒想到鄰居竟說：「我根本就沒這麼做，為什麼要感謝我？」謝端以為鄰居為善不欲人知，想要默默幫助他，卻接連好多天都是這樣的情形，他再度去問，鄰居笑著說：「你已經娶了妻子，祕密的藏在家裡幫你燒火煮飯，卻又說我給你做飯？」謝端沉默不語，心裡非常疑惑，還是不知道緣故。

有一天，謝端還是在雞鳴時就出外耕種，但天剛亮時又悄悄的回到家來，躲在籬笆外偷偷觀察家裡。這時只見一個少女從甕中出來，到廚房熱灶燒火。謝端進門，查看甕中的螺，發現螺不見了。於是到灶下問少女：「姑娘從哪裡來的？為什麼幫我做飯？」少女非常惶恐，想要躲回甕中，又不能進去，便回答：「我是天河中的白水素女。天帝可憐你少年孤苦，又恭慎自守，派我暫時來為你看守房子、煮飯做菜。本來預計十年之中，要使你變得富有、娶妻生子，然後我再回去。但你現在無故偷看，趁我不備而突然出現，我已經現了原形，不能再留下來了，就此要離開你。不過即便如此，今後你的生活還是會慢慢好轉的，一定要勤懇耕田，捕魚打柴，料理生計。這個螺殼就留下來，可以用來貯藏米穀，這樣可保常年不缺糧食。」謝端請她留下來，她還是堅持不肯答應，這時天突然颳起風下起雨來，轉眼間少女就不見了。

謝端為她立了一個神位，按時節祭祀她。從此，謝端生活逐漸豐饒富足，但也不算是非常富有，鄉裡有人把女兒許配給他，後來謝端還當了縣令。現在侯官縣這地方還有奉祀素女祠。

重義輕生的荀巨伯

出自《世說新語》／劉義慶

東漢有位名叫荀巨伯的人，有一次，他去探望住在遠方生病的好朋友，不料正好遇到胡人要攻打這位朋友所住的地方，友人就對荀巨伯說：「我就快死了，你還是趕快走吧！」荀巨伯說：「我這麼大老遠來看你，你卻叫我走，我怎麼可能做出這種貪生怕死、沒有道義的事！」

不久，胡人攻進城裡發現了他們，就問：「我們大軍一到，全城的人都逃光了，你們怎麼敢留在這裡？」荀巨伯說：「我的朋友生重病，我不忍心拋棄他一個人逃命，我願意用我的性命來換他的性命。」胡人們聽了慚愧地對彼此說：「我們這些不講道義的人，今天到了一個講道義的國家。」於是班師撤軍，整座城也因此獲得周全。

關於《世說新語》

原名《世說》、《世說新書》，魏晉南北朝筆記小說的代表作，南朝宋劉義慶（403～444）

和其門下客所撰。本書開後世說部（小說）之先河，全書以性質分類，分成「德行」、「言語」、「文學」等共三十六類，內容大多記載東漢到東晉間文人名士的思想言行和生活面貌。以分則記載的形式，一則單獨記一事。

《世說新語》不僅保存了魏晉時人的遺聞軼事，其生動精鍊的語言文字，也留下許多膾炙人口的名句佳言，成為後世作者取材引用之典故。

周處除三害

出自：《世說新語》／劉義慶

周處這個人年少時，凶惡逞強，任俠使氣，是鄉里的一個禍患。加上義興這個地方的水裡有一隻大蛟，山中有一隻凶猛的老虎，義興人將他們合稱為「三害」，而周處正是其中最厲害的禍端。後來有人勸周處去殺虎斬蛟展現勇猛，但實際上是盼望三害可以互相殘殺，至少只留下一個。沒想到周處後來真的殺死了老虎，又進水裡去殺了蛟。他殺蛟時，蛟在水中浮浮沉沉，周處和牠搏鬥了三天三夜，廝殺了幾十里。鄉里的人都以為周處已經死了，互相道喜。但最後周處卻殺死蛟回來了，他聽說鄉人以為他已經死了而相互慶賀，才知道自己是人們心目中的一害，從此有了悔改之意。

周處於是從吳地出發，尋找當時的名士陸機、陸雲兄弟。平原內史陸機不在，只見到清河內史陸雲，周處把殺三害的事情詳細告訴了陸雲，說想要自我修鍊改過，但很怕虛度了這麼久的光陰，最終不會有所成就。陸雲說：「古人推崇說，早上聽到有意義的道理，即使傍晚就死去，也沒有遺憾了。更何況你還有人好的前途，一個人擔心的是不立志，哪裡是擔心名聲是不是顯赫呢！」周處於是改過自勉，後來成為一名忠臣孝子。

虛空的細紗縷

出自：《高僧傳》／慧皎

從前有個狂人，有一天他請紡織匠紡棉紗，要求紡得盡量又細又精緻。紡織匠盡心盡力，紡出的紗已經像塵粒那麼細緻了，但那狂人還是嫌粗。織匠大怒，往空虛處一指，叫狂人看：「這便是剛紡出的細紗！」狂人說：「我怎麼看不見紗呢？」紡織匠說：「這種紗極細，我們這行業中最優秀的匠人都看不見，更何況其他人呢？」狂人聽了之後非常興奮，把紗交給其他織匠織布，這些織匠也學前面織匠的作法，假裝有在織布的樣子，狂人因此給他們最好的獎賞。但實際上既沒紗，也沒有布。

關於《高僧傳》

南北朝時的佛教僧人史傳，作者是南朝梁的僧人慧皎（497～554）。記錄東漢到南朝間的著名僧人事蹟，內容大量引用史料，對後世頗有參考價值。這篇〈虛空的細紗縷〉出自書中的「鳩摩羅什傳」，西方直到十三世紀才出現類似的《國王的新衣》故事。

棄家贖友的吳保安

出自：《紀聞》／牛肅

吳保安，字永固，河北人，在遂州方義縣擔任縣尉。他的同鄉郭仲翔，是當朝宰相郭元振的侄兒。郭仲翔很有才學，郭元振想要幫助侄兒取得功名地位。這時雲南地方剛好遇上蠻族作亂，朝廷命李蒙為姚州都督，率領部隊前去征討。李蒙出發前，來向郭元振辭行。郭元振見此機會就叫郭仲翔出來拜見李蒙，並拜託李蒙說：「這是我弟弟的獨子，現在還尚未有一官半職，您暫且帶著他一起去吧。倘若能破賊立功，我在朝廷上會引薦你們，讓他也能有個機會得個官職。」李蒙答應了。郭仲翔也很有才幹，李蒙安排他擔任判官，將軍機大事都委託給他。兩人就一同率領部隊到達四川境內。

吳保安寄信給郭仲翔說：「在下很榮幸能與您出生於同一個故鄉，早就仰慕您卓越的風采才華。雖說從來沒能親自拜見過您，但心中卻常懷對您的敬仰。……我年幼時就喜好讀書，對經書深入鑽研，才幹名望也略有過人處，卻只得到縣尉這一個微小的職位，而且這縣又處在劍門關以南的偏遠之地，接近蠻族聚居之處，離我們的家鄉有幾千里之遙，交通十分不便。我任官的期限也已經滿了，以後如何安排難以預料。……曾聽說您能夠急人之所急，不忘我們同鄉的情誼，特地拜託您給予我特別的關照，希望我能在貴部中謀個差事，供您調遣。」

郭仲翔收到信，深受感動，馬上向李將軍稟告，讓吳保安到軍中來擔任書記。但吳保安還未趕來赴任，南蠻又來進犯了。李蒙將軍部隊挺進姚州，與南蠻短兵交接打了一仗，擊潰了蠻軍，正乘勝追擊，深入其腹地時，不料蠻軍埋伏反攻過來，將李蒙軍隊擊敗。李蒙戰死，全軍覆沒，郭仲翔則被活捉。南蠻人貪圖漢人的財物，凡被俘獲的漢人，皆向俘虜的家人發消息，要家人用三十匹絹來贖。

吳保安雖已經到達姚州，但正要投奔的李蒙軍隊已覆沒，他只得滯留姚州，無法立刻返回。

郭仲翔在南蠻敵營中，輾轉寄了一封信給吳保安，信中說：「永固兄您好！不久前收到您的來信，還來不及回覆，大軍就向前開拔，深入蠻賊腹地，卻不幸遭遇失敗！李將軍陣亡，我也成了俘虜，如今是苟延殘喘著姓命，與您猶如相隔天涯海角了。……我現在身處困境中，自己毫無力量和辦法掙脫。而南蠻規定凡被俘獲的，允許漢人親屬用財物來贖，且由於我是宰相的侄兒，不同於其他俘虜，他們要求要一千匹絹才能贖我。我寫這信時又懇求他們減少數目，但他們仍要一百匹雙絲絹。我只好趕快請您附上說明我現況的信件，轉告我的伯父，拜託他盡快贖我回去，讓我遊魂般的生命得以回歸故土，將枯死的骨頭上重新長出肉來，這事的希望全寄託於您了。信上所說的事，懇請您千萬不要推辭。如果我的伯父已離開朝廷失去了權柄，無法幫忙的話，就拜託您親自設法贖我，像管仲解下自己的馬贖石父（編按：此處作者用典有誤，贖石父的應該是晏嬰），像宋國人贖回他們的大臣華元一樣。幫助別人這件事，即便古人做起來也很困難，因為您素來崇尚道義，名譽與節操也特別出眾，所以我才膽敢這麼毫不遲疑地請求您。如果連您都不同情我、可憐我，想法同一般俗人一樣，那麼我活著只會是個可恥的俘虜，死了也只是個冤死南蠻異地的鬼魂，還能有什麼希望啊！我要說的就是這些了，永固君，請求您莫忘了我拜託您的事！」

吳保安收到信，十分同情郭仲翔的境遇。這時郭元振已經去世，在這件事上幫不上忙。吳保安就請人通報南蠻，答應由他想辦法來贖郭仲翔。

他變賣全部的家當，換得了二百匹絹；又為此事前往嶲州，十年沒有回家，忙著經商攢錢，前後共賺得絹七百匹。但還是不夠贖郭仲翔所需的數目。

吳保安素來家境清貧，妻兒又都在遂州，他一心只想著如何贖出郭仲翔，完全棄家不顧。每當他得到一點東西，哪怕只是一尺布、一升粟，也都積蓄起來。後來他的老婆孩子挨餓受凍，在遂州實在無法生活下去了，他的妻子就帶著年幼的孩子，騎著驢到瀘南一帶尋找吳保安。途中母子兩人將糧食吃光了，而距離姚州卻還有幾百里，吳保安的妻子想不出辦法，就在路旁痛哭，悲淒的模樣路人見了都十分同情。

此時姚州新任都督楊安居正乘著車馬到郡府去，見到吳保安的妻子在路旁哭，覺得奇怪，便問她為什麼而哭。吳保安的妻子說：「我丈夫是遂州方義縣尉吳保安，因為朋友被南蠻俘虜，請求我丈夫去贖他，我丈夫便去了姚州，拋開我們母子不管，十年來音訊全無。如今我窮得過不下去了，只得到處尋找丈夫，只是糧食吃完了，路途還這麼遙遠，忍不住傷心痛哭。」楊安居大為驚奇，對她說：「我先到前面驛站去，在那兒等候夫人，準備一些您缺乏的物資給您。」

楊安居到驛站後，賜給吳保安的妻子幾千文錢、一匹馬，讓他們母子騎著走。

楊安居催車趕到郡府，第一件事便是差人尋找吳保安，見著之後，握著他的手一起升堂，對吳保安說：「我曾讀古人的書，知道只有古人才做得到這樣的善行，沒想到今天卻親眼看到您的義行。您是為何能把朋友情份看得這麼重，把妻兒看得這麼輕，以致於拋棄自己的家室，只求能贖回朋友，要如何才能達到這種境界呢？我遇見您的妻子來尋夫，十分敬佩您有道德且守信義，心中期待著能見到您。我剛剛才到任，自身也沒什麼東西可相助，暫且就從官庫中借出公家的絹四百匹，讓您派上用場。等把您的朋友贖出來後，我再慢慢填還官庫。」

吳保安驚喜不已，取了這些絹布，叫來往南蠻送信的人帶回去。過了兩百天，郭仲翔終於輾轉回到姚州，已經憔悴得不成人形了。此時此刻，郭仲翔與吳保安才第一次見面，兩人在交談中不禁潸然淚下。

楊安居昔日曾在宰相郭元振手下做事，他安排郭仲翔梳洗一番，送了一套衣服給他，帶他與自己同坐，並且設宴奏樂款待。楊安居十分敬重吳保安的義勇作為，很喜歡他。

之後楊安居請郭仲翔擔任手下的尉官。仲翔在蠻族中生活多年，知道其中的各種風俗詳情，他派人到南蠻那裡買來十名漂亮的姑娘。這十個姑娘到達姚州府後，郭仲翔就向楊安居告辭，說想要回北方家鄉去，要將十名蠻人姑娘送給楊安居。楊安居不肯接受，說：「我不是市井小人，幫助您並非想得到報答，僅僅是出於欽佩吳先生他那股對朋友的情義，全靠他才成全這件事的。您北方家中有長輩、老母要供養，這十名僕人您就帶去當作供養老人家的資本吧！」郭仲翔辭謝說：「我能夠回得來，是靠了大人您的恩典啊；我的小命得以保全，也是靠了大人您的恩賜啊。我郭仲翔即使死，也不敢忘記您再造之恩情！只是這些蠻族僕人，本意是為大人您找來的，現在大人您不肯要，我就只好以死來請您接受了！」楊安居難以拒絕，於是叫出自己的小女兒，對郭仲翔說：「您既然如此堅持，我也不好再拒絕您的好意。我這個女兒是我最小的孩子，也是我特別喜歡的。現在就為了她，收下您十個僕人中其中一個小姑娘吧。」於是辭退另外九個。吳保安也受楊安居厚待，帶著許多財物糧食離開。

郭仲翔回到家，距離他離開家人已經十五年了。後來他又到了京城，因有功而被任命為蔚州錄事參軍。他把家人接到任官的地方一起生活。又過了兩年，因才幹出色而升任為代州戶曹參軍，任期屆滿時正碰上母親去世。郭仲翔安葬完母親，依習俗在墓旁守墓服喪後，心想：「我是靠吳保安贖我，才能得到官職、奉養老母。現在母親已過世，守喪也結束，我可以按照心願去報恩了。」於是出發尋訪吳保安。而吳保安已經從遂州方義縣尉調任眉州彭山縣丞，郭仲翔於是到蜀地去尋訪他。

但吳保安在彭山的縣丞任期屆滿後，沒有回到家鄉，和妻子都在當地去世了，被人暫時用棺木擱葬在寺廟。

郭仲翔聽到這個消息，哭得十分傷心，做了粗麻喪服，腰繫麻帶，手拄哭喪棍，從蜀郡一路赤腳哭著走來。到了彭山的寺廟內，先擺好香蠟、紙錢、酒食來祭奠亡魂，之後再取出吳保安的骨頭，每節骨頭都用墨標示記錄，寫明順序，以防日後下葬時放錯位置，然後再用絲布口袋裝好。接著又取出吳保安妻子的骨頭，同樣也作了墨記，放進竹籠裡。再赤著腳親自背著兩人的骨頭，步行幾千里，回到了他們的故鄉魏郡。吳保安遺留下的一個兒子，郭仲翔將他當作弟弟般疼惜愛護，並耗盡家財二十萬厚葬吳保安，還立石碑頌揚吳保安的為人義行，在墓旁建造一間草廬，獨自守墓服喪長達三年。

後來，朝廷任命他為嵐州長史，又升為朝散大夫。他帶著吳保安的兒子赴任，為這年輕人娶妻，關懷養育都極為周到。郭仲翔卻覺得這樣都還不足以報答吳保安的救命之恩。唐玄宗天寶十二年時，他朝見皇上，把自己的級別和官位讓給了吳保安的兒子，以此報答吳保安。當時的人們都十分推崇他的品行和舉動。

原來當初郭仲翔剛被俘的時候，被轉賜給南蠻某部族首領當奴隸，這個首領倒還喜歡他，讓郭仲翔吃與他相同的食物。過了一年，郭仲翔想念故國，於是偷偷往北逃，卻被追上抓了回去，轉賣給南洞。南洞洞主既嚴厲又凶惡，得到郭仲翔後便派他去幹苦力，還不時狠狠地鞭打他。郭仲翔又逃離洞主，卻又被補獲，再轉賣到另一個南洞裡。這個洞名稱叫「菩薩蠻」，郭仲翔在那邊生活，一年到頭都苦不堪言，又想辦法逃走，南蠻人又追捕到他，再將他賣到另外一洞去。這一洞的洞主得到郭仲翔，生氣地對他說：「你這奴隸這麼會逃跑，就無法禁止你嗎？」於是拿來兩塊各長數尺的木板，叫郭仲翔站在木板上，用鐵釘從腳背直釘進木板裡去。每次派郭仲翔幹活，都要他帶上這兩塊木板行走，夜裡則把他關進地牢，並親自鎖上門。過了好幾年，郭仲翔兩隻腳的傷口才癒合。腳釘木板關地牢的生活，他整整過了七年，任誰都忍受不了這種折磨。吳保安派人去贖郭仲翔時，是郭仲翔為奴後的第一個主人，輾轉幫忙打聽之下才找到的，因此他才得以返回故國家鄉。

旁㐌兄弟與金錐子

出自《酉陽雜俎》／段成式

朝鮮半島新羅國的第一貴族叫金哥，他的遠祖名叫旁㐌。旁㐌有一個弟弟，弟弟家裡頗有些資產，而兄長旁㐌和弟弟分了家以後，日子過得很窮苦，只能行乞為生。鄰人分給他一畝空閒地，旁㐌向弟弟討了些蠶籽和穀種想要耕種。弟弟居然將蠶籽和穀種蒸過再給他，旁㐌不知道，到了出蠶的時候，只生出一條蠶。不過這條蠶一天能長一寸多長，過了十幾天，蠶竟長得像牛一樣大，吃光了好幾棵樹的葉子還不飽。旁㐌的弟弟知道了，竟偷偷的找機會殺死了他的蠶。但是，只過了一天，四周百里內的蠶，全部都聚集到旁㐌家。鄰人稱那條被殺死的蠶叫「巨蠶」，認為牠是蠶王。由於蠶都聚集到了旁㐌家結繭，鄰居們一起來幫忙整理蠶絲，都還忙不過來。

而旁㐌種下的稻穀也只有一株長出來，它的穗長了一尺多長，旁㐌經常守在它旁邊。突然來了一隻鳥將穀穗折斷銜走，旁㐌急忙追趕鳥兒，跑了約五、六里地上山，鳥鑽進了一條石縫中。這時太陽下山，路也看不見了，於是旁㐌就待在石頭邊等著。到了半夜時分，月光明朗，出來了一群穿紅衣服的小孩子在嬉戲。有個小孩問：「你們要什麼東西呢？」一個回答：「要酒。」那問話的小孩就拿出一把金錐子，敲了一下石頭，酒和酒杯都備好了。另一個又說：「要食物。」那小孩又用金錐子敲擊石頭，各種糕餅食品、紅燒肉、烤肉就排列在石頭上。小孩們又吃又喝，過了很久才各自散去，小孩把金錐子留著插在石頭縫中，旁㐌高興極了，拿起那把錐子就跑回家。從此旁㐌所想要的東西，用金錐子一敲就有了，後來他家的財力富可敵國。

旁㐌常常把各式各樣的珠寶分送給弟弟，他弟弟這才後悔以前將蒸過的蠶籽和穀種給哥哥的事，就對旁㐌說：「你也試著用蒸過的蠶籽和穀種來欺騙我，我或許也會像你一樣得到金錐子。」旁㐌知道他弟弟的想法很愚蠢，但怎麼勸也說不動，就只好照著弟弟的話辦。

弟弟孵化了蒸過的蠶籽，也只孵出一條蠶，可這蠶跟普通的蠶沒什麼兩樣；將蒸過的穀種種下，也只有一株長出來。這株穀穗快成熟時，也來了一隻鳥將穀穗銜走，弟弟好高興，跟著鳥兒就往山裡跑，到了那鳥兒鑽入石縫的地方，遇到了一群魔鬼，魔鬼很憤怒的說：「就是這傢伙偷走我的金錐子！」就將弟弟捉起來，對他說：「你願意給我修三個夾板高的糠牆呢？還是願意讓你的鼻子變成一丈長？」旁㐌的弟弟要求修築三個夾板高的糠牆，但因為糠不易凝聚，弟弟忙了三天，又餓又累的，還是沒有築成，只好苦苦向魔鬼哀求，魔鬼使勁拔他的鼻子，拔得鼻子跟象鼻一樣長才放他回家。

弟弟回來後，城裡的人都感到十分稀奇古怪，聚集過來圍觀，弟弟又慚愧又懊惱，竟然就氣死了。後來，旁㐌家的小孩們鬧著玩，敲擊金錐子說要狼糞，結果雷聲震耳，金錐子就不見了。

有此一說

童話故事的主題，常常是善有善報、惡有惡報，本篇可算是「兩兄弟」類型故事的原型，裡面的正反兩個人物雖然做相同的事，卻有不同的結果，善良的好人得到寶物變富有，貪心的惡人卻得到懲罰。

此外值得一提的是，下篇的〈葉限姑娘〉可說是最早的灰姑娘故事（九世紀），比十七世紀法國夏爾·佩羅《鵝媽媽的故事》和十九世紀《格林童話》還早了好幾百年。

葉限姑娘

出自：《酉陽雜俎》／段成式

在遙遠的南方，廣西的少數民族中流傳有這樣的一個故事：在秦漢以前，有個洞主（首領）姓吳，當地人稱他為吳洞。他娶了兩個妻子，其中一位妻子死了，留下個女兒，名叫葉限。葉限從小就聰明能幹，很會淘金，很得父親疼愛。後來，吳洞死了，後母虐待葉限，常常叫她到危險的山上砍柴，到很深的溪邊取水。

有一天，葉限取水時撈到一條兩寸多長的小魚。這條魚長著紅色的鰭，金黃的眼睛。葉限把魚帶回家，偷偷地養在一個盆子裡。魚一天天長大，換過好幾種容器，最後長大到實在裝不下牠了，葉限只好把魚放養到屋後的池塘裡，只要有吃剩下的食物，就帶到池塘邊餵魚。每當葉限一到池邊，魚就浮出水面，把頭靠在岸邊。但若是其他人來到池邊，魚就絕不肯出來。

葉限的後母發現這件事，好幾次到池塘邊偷看，魚就是不肯出來。狡猾的後母就假意對葉限說：「妳不是很辛苦嗎？我給妳做件新衣服穿吧。」於是把葉限的舊衣換下來。後來，她差遣葉限到一個非常遠的水泉打水，自己換上葉限的衣服，在袖子裡藏一把利刃，走到池邊呼喚魚。魚一露出頭來，她就一刀將魚砍死。那條魚已經長到一丈多長。後母把魚肉煮成菜餚，味道比平常的魚還要鮮美許多。她又把魚骨頭埋在堆糞土堆裡。第二天，當葉限來到池塘邊，卻再也看不到魚了。她很傷心，就跑到野外大哭起來。突然，一個披頭散髮、穿粗布衣服的人從天而降，安慰葉限說：「妳不要哭了，魚已經被妳的後母殺了。她把魚骨頭埋在糞土中。妳快回去，把魚骨頭挖出來藏在房子裡，妳需要什麼東西，只管求它，它會滿足妳的要求。」葉限回去後照著那人的話做，不管是金銀珠寶還是衣物食品，想要什麼，就有什麼。

洞人們的節日到了，後母去趕節，卻叫葉限看守庭院裡的果樹。葉限等後母走遠了之後，就穿上有翠鳥羽毛裝飾的衣服，金色絲線編織的鞋子，也去參加洞節。後母的親生女兒認出了葉限，對母親說：「這人很像大姊。」後母看了也懷疑是葉限。葉限發覺自己引起她倆注意，便匆忙趕回家，結果不小心掉了一隻鞋。這隻鞋被當地人撿去了。後母回到家，只見葉限正抱著一棵樹睡覺，就不懷疑她了。

當地附近有一個海島，島上有個陀汗國，國勢強大，統治著周遭幾十個島嶼，控制了好幾千里的海域。撿到鞋的洞人將鞋子賣到陀汗國。國王得到鞋之後，命令他身旁的人試穿，結果鞋比眾人中最小的腳還小一寸。於是國王下令要全國的女人都來試鞋，最終卻沒有一人可以合腳。這隻鞋像羽毛一樣輕，踩在石頭上也不出聲。國王認為賣鞋的洞人來路不正，就把他監禁起來，拷問他，他卻始終說不出這鞋的來歷。因為這鞋是從路邊撿到的，國王於是下令到附近各家各戶搜捕，若誰家有女子能穿這種鞋，就立刻逮捕回報。後來，在葉限家找到了另一隻鞋，國王很覺得奇怪，就下令搜查她們的房子，找到了葉限，命令她穿上鞋子證實。於是葉限就穿上翠羽裝飾的衣服和金線編織的鞋子去見國王，美麗得像天仙一般。葉限將事情原原本本地向國王陳述，國王就帶著葉限及魚骨一起回到王國。而狠心的後母和她的女兒，被國王下令向她們丟石頭處死。洞人們可憐她們，把她們的屍首埋在石頭坑裡，取名為「懊女冢」。洞人們把她們當作媒神，祈求都很靈驗。

陀汗國王回國後，封葉限為王妃。頭一年，貪心的國王就向魚骨求了無數的玉石寶貝。過了一年，魚骨再也不靈驗了。國王就將魚骨埋在海邊，用了一百斛珠寶和許多金銀圍在魚骨四周。後來，國王要征討作亂的叛軍時，決定挖出金銀珠寶供給部隊。結果一夕之間，海潮就淹沒了埋藏魚骨的地方。

水鬼變城隍

出自：《感應類鈔》／史潔珵編

在松陵這個地方有個漁翁名叫李正，他住在一個很偏僻的小港灣旁。一天傍晚，他捕到了一些魚，買了點酒在家獨飲。一會兒，他發現有一個人站在他門外。李正問：「你從哪裡來？」那人說：「我是鬼，死在水裡很多年了。我見你一人獨飲，想分杯酒喝。」李正說：「你想喝酒，就坐下來吧。」鬼便坐下來和他對飲。酒酣耳熱，兩個人開心地聊起天來。以後，鬼經常與李正來往，差不多半個月了。一天，鬼對李正說：「明天，代替我的人就要來了。」李正問：「是什麼人？」回答說是個駕船的。

第二天，李正在河邊等候，果然有個人駕著船來，但沒有發生任何意外。等到晚上，鬼來的時候，李正問：「為什麼沒讓他代替你呢？」鬼說：「那個人從小沒有父母，又要撫養他的小弟弟，我把他害死了，他弟弟也活不成，所以把他放了。」

又過了半個月，鬼又說替代他的人來了。果然有個人在水邊徘徊，但走來走去，最後走掉了，什麼事都沒發生，李正又問鬼為什麼不取他作替身。鬼說：「這人的老母無人依靠，我怎麼能害他呢？」李正說：「你有這樣的善心，絕對不會長久淪落陰間的。」過幾天，鬼對他說：「明天會有位婦女來代替我，特地來跟你告別。」

第二天晚上，李正看見一個婦女站在岸邊，幾次想跳水，結果又上岸走了。晚上鬼又來了，李正問：「你為什麼又放棄這次機會？」鬼說：「那位婦人剛懷有身孕，如果害了她，等於害死兩條命。我作為一個男人，尚且困在水中這麼久了，換成那孕婦，她要等到何年何月呢？」話才說完，淚水竟流了下來。

過了幾天，鬼穿著大紅袍子，戴著官帽身佩玉帶，領了一大群隨從，來與李正告別。他說：「上帝因為我的仁德好生，下詔封我作這裡的土地神。」告別完，李正就再也沒有看過他了。

關於《感應類鈔》

清代史潔珵編輯，康熙初年成書，民國後重刊改名為《德育古鑑》。本書以「功過格」為綱，分為孝順、和睦、慈教等共十一類，自史籍中選了近三百則德行小故事，且加上評論。內容都是講因果報應，勸人為善的故事。

經典中國童話

從文學經典中採集童話，從閱讀童話中親近文學

編著者　漫遊者編輯室
美術設計　陳瑀聲
文字校對　謝惠鈴
行銷企畫　劉育秀
行銷統籌　駱漢琦
業務發行　邱紹溢
業務統籌　郭其彬
責任編輯　何維民、吳佳珍
總編輯　李亞南
發行人　蘇拾平
出　版　漫遊者文化事業股份有限公司
台北市105松山區復興北路三三一號四樓
電話：（02）2715-2022／傳真：（02）2715-2021
讀者服務信箱：service@azothbooks.com
漫遊者臉書：http://www.facebooks.com/azothbooks.read
發　行　大雁文化事業股份有限公司
台北市105松山區復興北路333號11樓之4
劃撥帳號：50022001／戶名：漫遊者文化事業股份有限公司

初版一刷　2012年4月
初版七刷1　2020年7月
定　價　新台幣299元
I S B N　978-986-6272-91-2

經典中國童話／漫遊者編輯室編
初版. —台北市：漫遊者文化出版：大雁文化事業股份有限公司, 2012.4
384 面； 14.8 x 21 公分
ISBN 978-986-6272-91-2　(平裝)　NT$: 299

539.52　　101000938